研究生系列教材

管理心理学通识课十六讲

SIXTEEN LECTURES ON MANAGEMENT PSYCHOLOGY FOR GENERAL EDUCATION

张 旭 编著

中国科学技术大学出版社

内容简介

这是一本写给青年学生的管理心理学通识读本,作者根据多年开设管理心理学通识课的教学经验,结合青年学生的身心特点、发展需求,在传统的管理心理学学科体系中选取和青年学生的校园生活及毕业后的职业生涯关系最为密切的内容,以课堂教学单元的形式呈现,每一讲由理论知识、案例讨论、相关资料等部分组成,在经典的心理学实验及丰富的案例中诠释理论,具有较强的实用性及可读性。

本书可以作为大学本科生及研究生的通识课教材或课外读物,也可供对管理心理学感兴趣的青年读者阅读。

图书在版编目(CIP)数据

管理心理学通识课十六讲/张旭编著. —合肥:中国科学技术大学出版社,2024.5
ISBN 978-7-312-05973-5

Ⅰ. 管⋯ Ⅱ. 张⋯ Ⅲ. 管理心理学 Ⅳ. C93-051

中国国家版本馆 CIP 数据核字(2024)第 088092 号

管理心理学通识课十六讲
GUANLI XINLIXUE TONGSHI KE SHILIU JIANG

出版	中国科学技术大学出版社
	安徽省合肥市金寨路96号,230026
	http://press.ustc.edu.cn
	https://zgkxjsdxcbs.tmall.com
印刷	安徽省瑞隆印务有限公司
发行	中国科学技术大学出版社
开本	787 mm×1092 mm　1/16
印张	18.5
字数	369 千
版次	2024 年 5 月第 1 版
印次	2024 年 5 月第 1 次印刷
定价	68.00 元

前　言

管理心理学是应用心理学的一个重要分支,是研究管理过程中人的心理活动和行为规律的科学。管理心理学的学科特点决定了它在培养青年学生研究与解决问题的能力、良好的人际沟通及协作意识等方面,有其独到的作用。作为管理心理学的几大板块,个体心理可以帮助学生认识自己的个性、了解他人的个性,客观地认识自我、树立正确的价值观。群体心理可以帮助学生找准团队中的角色定位,了解人际沟通交流、团队协作的技巧。领导心理和行为可以培养学生用科学的逻辑思维看问题、做决策。组织心理强调组织文化的作用,鼓励学生创造与创新。

高校的大部分专业中,几乎没有涉及管理方面的课程。然而,当他们走上工作岗位后,就会立即面临人际关系、团队协作、沟通技巧、处理压力等诸多问题。管理心理学理应是青年学生职业生涯发展路上的一门必修课,可以为青年学生提供最低限度的"职场进入准备"。

笔者在中国科学技术大学开设了多年的管理心理学通识课程,基本上每两个学年会做一次课堂问卷调查,了解学生的选课需求、课程建议、兴趣点等,通过课堂讲授、小组讨论、案例分析、心理测验、模拟训练等多种形式和方法进行课堂教学,注重从管理者、被管理者两个层面诠释管理心理学基本理论的应用价值,目的是增强课程的参与性与感染力,激发学生的学习动力和热情,培养学生运用管理心理学的理论和方法分析、解决实际问题的能力,为学生将来从事各种管理工作奠定基础,同时也为其批判性思维能力和创新创造能力的培养提供帮助。

本书的写作拟延续课堂教学的风格,内容的选取上以应用为准绳,结合多年对青年学生身心特点、发展需求的了解,在传统的管理心理学学科体系中选取和青年学生的校园生活及之后的职业生涯关系最为密切的内容,主要从人性与管理、认知与管理、个性与管理、激励与管理、群体心理与管理及心理健康与管理等几个模块展开,把理论讲解和案例分析、经典的心理学实验及相关资料链接等相结合,增强可读性及应用性。

教学过程中,学生们多次表达出对校园案例的渴求。因而,在征得学生同意的基础上,本书附上了部分学生的课程作业,期望为青年学生读者提供学习参考。在此感谢学生们对本书的贡献!感谢所有选修过这门课程的学生对课程的支持和帮助!

非常感谢中国科学技术大学研究生院的教育创新计划教材出版项目(2021ycjc23),笔者可以有机会把多年来的授课积累整理成书,和更多的青年学生朋友分享。

本书的出版得到中国科学技术大学出版社的大力支持,相关工作人员付出了辛苦的努力,在此向他们表示衷心的感谢!

笔者在教学及本书的编写过程中,参考引用和借鉴了多位专家学者的相关文献和研究成果,在此一并表示感谢!

限于水平和能力,书中难免有不妥之处,敬请专家和读者朋友批评指正!

张　旭

2023 年 10 月

目 录

前言 ……………………………………………………………………………… (Ⅰ)

第一篇 绪 论

第一讲 什么是管理心理学 ………………………………………………… (3)
　一、什么是心理学 ……………………………………………………………… (3)
　二、什么是管理心理学 ………………………………………………………… (6)
　三、青年学生为何要学习管理心理学 ……………………………………… (12)

第二篇 人性与管理

第二讲 认识人性——"经济人" …………………………………………… (19)
　一、"经济人"假设与 X 理论 ………………………………………………… (19)
　二、"经济人"假设相应的管理措施 ………………………………………… (21)
　三、"经济人"假设的启示 …………………………………………………… (21)

第三讲 认识人性——"社会人" …………………………………………… (27)
　一、什么是"社会人"假设 …………………………………………………… (27)
　二、"社会人"假设与人际关系学说 ………………………………………… (27)
　三、"社会人"假设的管理原则 ……………………………………………… (32)
　四、"社会人"假设的启示 …………………………………………………… (33)

第四讲 认识人性——"自我实现人"/"复杂人" ………………………… (40)
　一、"自我实现人"的人性假设 ……………………………………………… (40)
　二、"复杂人"假设 …………………………………………………………… (44)

课堂讨论 ………………………………………………………………………… (51)

第三篇 认知与管理

第五讲 了解知觉 (57)
一、什么是知觉 (57)
二、知觉的基本特征 (58)
三、影响知觉的因素 (66)

第六讲 社会知觉与管理 (75)
一、什么是社会知觉 (75)
二、社会知觉的类型 (76)
三、影响社会知觉的因素 (83)

第七讲 印象管理 (95)
一、何谓印象管理 (95)
二、印象管理的理论 (96)
三、印象管理的策略 (98)
四、印象管理与面试 (102)

第八讲 归因 (106)
一、归因的定义 (106)
二、几种主要的归因理论 (107)
三、归因理论的应用 (110)
四、归因的偏差 (112)

课堂讨论 (119)

第四篇 个性与管理

第九讲 能力差异与管理 (125)
一、能力的概述 (125)
二、能力的差异分析 (128)
三、能力差异与管理 (129)

第十讲 气质差异与管理 (138)
一、气质的概述 (138)
二、气质差异与管理 (145)

第十一讲　性格差异与管理 ··· (151)
　　一、性格的概述 ··· (151)
　　二、性格的类型 ··· (153)
　　三、性格与职业选择 ··· (157)
　　四、性格与能力、气质的关系 ······································· (159)
课堂讨论 ··· (162)

第五篇　激励与管理

第十二讲　激励理论与实践 ··· (171)
　　一、马斯洛的"需要层次论" ··· (172)
　　二、克雷顿·奥尔德弗的 ERG 理论 ··································· (177)
　　三、麦克莱兰的成就需要理论 ······································· (179)
　　四、赫兹伯格的"双因素理论" ······································· (182)
　　五、期望理论 ··· (185)
　　六、公平理论 ··· (187)
　　七、目标设置理论 ··· (189)
　　八、强化理论 ··· (192)
课堂讨论 ··· (196)

第六篇　群体心理与管理

第十三讲　群体与个人 ··· (203)
　　一、群体的概述 ··· (203)
　　二、群体对个体行为的影响 ··· (205)

第十四讲　解读人际心理 ··· (212)
　　一、人际关系概述 ··· (212)
　　二、人际吸引的秘密 ··· (213)
　　三、人际交往的基本原则 ··· (220)
　　四、人际关系的"PAC 分析模型" ····································· (223)
课堂讨论 ··· (228)

第七篇　心理健康与管理

第十五讲　认识心理健康 (233)
一、健康新概念 (233)
二、心理健康的标志 (234)

第十六讲　影响心理健康的因素 (243)
一、遗传因素 (243)
二、工作压力 (244)
三、个性特征 (247)
四、挫折 (249)

课堂讨论 (256)

附录一　常用心理评估量表 (258)

附录二　学生作业展示 (271)

参考文献 (287)

第一篇

绪　论

　　青年学生并不是管理者,为何需要了解管理心理学的知识?什么是管理心理学?本篇将跟同学们聊聊管理心理学的"前世今生"——它的学科定位、研究内容、发展历程等。

第一讲　什么是管理心理学

要了解什么是管理心理学,我们先要了解什么是心理学。要了解什么是心理学,需要先了解什么是心理。

一、什么是心理学

(一) 什么是心理

心理也叫心理现象,包括心理过程和个性心理(图1.1)。

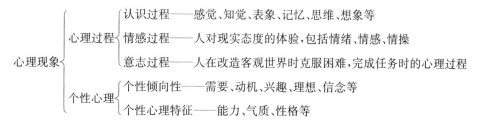

图 1.1　心理现象

心理过程,即心理活动的过程,主要包括认识过程、情感过程、意志过程。认识过程是人们在认识现实过程中表现出来的心理特点，主要包括感觉、知觉、表象、记忆、思维、想象等。情感过程是人认识世界、改造世界过程中的主观体验，或者说是人对客观事物的态度的体验。人不仅能认识世界，对事物产生某种情绪体验，而且能在自己的活动中有目的、有计划地改造世界。这种为努力实现某种目标的心理活动过程就是意志过程。意志过程对人的成功具有非常重要的作用。正如苏轼《晁错论》所说："古之立大事者，不惟有超世之才，亦必有坚忍不拔之志。"

相关链接：棉花糖实验

心理学教授沃尔特·米歇尔（Walter Mischel）在20世纪60年代开展了一项开创性研究，即"棉花糖实验"。

在这项具有里程碑意义的行为研究中，共有600名4到6岁的儿童参与，他们均来自斯坦福大学的附属幼儿园，这些儿童被要求做出选择：在你面前放着一块棉花糖，如果能坚持15分钟别碰它，那么15分钟后你将被额外再奖励一块棉花糖。若没坚持住吃了就没有了。米歇尔离开实验的房间后，一台隐藏摄像机开始记录接下来发生的事情。

有的小孩在米歇尔一走就吃掉了棉花糖，有的则尝试转移自己的注意力：用手捂住眼睛、踢桌子玩或是用手指戳棉花糖。还有的孩子凑上去闻、舔一下，或是在棉花糖边缘咬一小口，希望等米歇尔回来的时候不会被发现。大约有1/3的小孩坚持了15分钟，并得到了奖励。

研究人员进行了跟踪观察，发现那些以坚韧的毅力获得两块棉花糖的孩子，长到上中学时表现出较强的适应性、自信心和独立自主精神；而那些禁不住棉花糖诱惑的孩子则往往屈服于压力而逃避挑战。

米歇尔教授对当年参与实验的儿童进行了长达50年的追踪和访谈，得出结论，是否拥有延迟满足能力与日后生活幸福、成功有着相关性。

米歇尔教授也因对自控力、延迟满足、意志力的研究，两次获得美国心理协会临床心理学组"杰出科学贡献奖"。

认识过程、情感过程、意志过程，简称知、情、意，是统一的心理活动的三个不同方面，三者是紧密联系、相互作用的。

个性心理也叫"人格"。日常生活中，我们说某某人格高尚、某某人格卑劣，是从道德品质的角度去使用人格概念的。心理学中的"人格"是指一个人在活动中经常表现出来的、带有一定倾向性的、比较稳定的心理特征的总和,也叫个性心理,主要包括个性倾向性和个性心理特征。个性倾向性是个体在社会生活中逐渐形成的一定的思想倾向,主要包括兴趣、需要、动机、理想、信念、世界观等。个性心理特征指在心理活动过程中表现出来的比较稳定的成分,它包括气质、性格和能力,人和人在个性心理特征方面是有差异的,这种差异使个人的心理与行为区别于他人而具有自己独特的风格。

(二) 什么是心理学

心理学是研究人的心理现象的形式及其规律的科学。

关于心理学的产生与发展,我们可以用一句话来概括——古老的学问,年轻的科学。或者用德国心理学家赫尔曼·艾宾浩斯(Hermann Ebbinghaus)的说法,就是:"心理学有着漫长的过去,却只有短暂的历史。"

之所以说心理学有着漫长的过去,是因为心理学源于西方哲学,而西方哲学源于两千多年前的古希腊。古希腊百科全书似的学者——亚里士多德,在《论灵魂》里就对心理学问题有所涉及。在《诗学》中,亚里士多德用"净化"或"宣泄"描述悲剧给人的精神带来的影响。他认为悲剧可以唤起观演者心中悲悯和畏惧的情感,可以适当地"净化"或"宣泄"不良情绪,这将有利于保持公民的身心健康。亚里士多德的宣泄概念,成为后世心理治疗理论的一部分。20世纪30年代,美国心理学家、教育家玛格丽特·南姆伯格(Margaret Naumburg)提出"艺术治疗"(Art Therapy)的概念,主张"艺术具有治疗的潜能"。如今,"艺术治疗"已经得到广泛应用,成为心理咨询和治疗的主要技术之一。

心理学有着漫长的过去,为什么又说它只有短暂的历史呢?因为心理学虽然可以追溯到古代哲学思想,但在1879年之前,心理学一直隶属于哲学的范畴,包含在哲学的母体中,并没有成为一门正式的科学学科。1879年,德国生理学家、哲学教授威廉·冯特(Wilhelm Wundt),在德国莱比锡大学创立了世界上第一个心理学实验室,并创立了心理学刊物,从而使一向从属于哲学范畴的心理学分离出来,成为一门独立的学科,所以,从这个意义上来说,心理学作为一门科学又很年轻。

心理学包含的研究领域非常宽广,主要分为理论心理学和应用心理学两大领域。其下又可分为许多次领域,比如,认知心理学、发展心理学、变态心理学、教育心理学、管理心理学,等等。当前,心理学已广泛应用于人们生活实践的各个领域。

相关链接：哲学家、心理学家——威廉·冯特

威廉·冯特（Wilhelm Wundt），德国生理学家、心理学家、哲学家，被公认为是实验心理学之父（图1.2）。他于1879年在莱比锡大学创立世界上第一个专门研究心理学的实验室，这被认为是心理学成为一门独立学科的标志。他学识渊博，著述甚丰，一生作品达540余篇，研究领域涉及哲学、心理学、生理学、物理学、逻辑学、语言学、伦理学、宗教等。

图1.2 威廉·冯特

二、什么是管理心理学

管理心理学是以管理活动中人的社会心理因素为研究对象，探讨人性观与管理理论，研究个体、团体、组织及领导行为的特点和规律，调动人的主动性、积极性、创造性，以提高劳动生产率和工作效率为目的的科学。

（一）产生与发展概况

管理是人类社会自古以来就存在的活动，只要有协作劳动的地方就有管理。曹雪芹《红楼梦》中有一个王熙凤协理宁国府的章回，王熙凤的管理才能给读者留下了深刻的印象，她上任后首先摸清楚宁国府的人员架构，对人员进行合理分工，谁负责的部分谁承担责任，对所有人员一视同仁，不管是"有脸的"还是"没脸的"，违反规定一律给予处置，对所有东西的领用都建立详细的台账，管理非常严格，她的做法放在现在的企业管理也是很好的案例。

相关链接：王熙凤协理宁国府

那宁国府中婆娘媳妇闻得到齐，只见凤姐正与来升媳妇分派，众人不敢擅入，只在窗外听觑。只听凤姐与来升媳妇道："既托了我，我就说不得要讨你们嫌了。我可比不得你们奶奶好性儿，由着你们去。再不要说你们'这府里原是这样'的话，如今可要依着我行，错我半点儿，管不得谁是有脸的，谁是没脸的，一例现清白处治。"说着，便吩咐彩明念花名册，按名一个一个地唤进来看视。

一时看完，便又吩咐道："这二十个分作两班，一班十个，每日在里头单管人客来往倒茶，别的事不用他们管。这二十个也分作两班，每日单管本家亲戚茶饭，别的事也不用他们管。这四十个人也分作两班，单在灵前上香添油，挂幔守灵，供饭供茶，随起举哀，别的事也不与他们相干。这四个人单在内茶房收管杯碟茶器，若少一件，便叫他四个描赔。这四个人单管酒饭器皿，少一件，也是他四个描赔。这八个单管监收祭礼。这八个单管各处灯油、蜡烛、纸札，我总支了来，交与你八个，然后按我的定数再往各处去分派。这三十个每日轮流各处上夜，照管门户，监察火烛，打扫地方。这下剩的按着房屋分开，某人守某处，某处所有桌椅古董起，至于痰盒掸帚，一草一苗，或丢或坏，就和守这处的人算账描赔。来升家的每日揽总查看，或有偷懒的，赌钱吃酒的，打架拌嘴的，立刻来回我。你有徇情，经我查出，三四辈子的老脸就顾不成了。如今都有定规，以后那一行乱了，只和那一行说话。素日跟我的人，随身自有钟表，不论大小事，我是皆有一定的时辰。横竖你们上房里也有时辰钟。卯正二刻我来点卯，巳正吃早饭，凡有领牌回事的，只在午初刻。戌初烧过黄昏纸，我亲到各处查一遍，回来上夜的交明钥匙。第二日仍是卯正二刻过来。说不得咱们大家辛苦这几日罢，事完了，你们家大爷自然赏你们。"

说罢,又吩咐按数发与茶叶、油烛、鸡毛掸子、笤帚等物。一面又搬取家伙:桌围、椅搭、坐褥、毡席、痰盒、脚踏之类。一面交发,一面提笔登记,某人管某处,某人领某物,开得十分清楚。众人领了去,也都有了投奔,不似先时只拣便宜的做,剩下的苦差没个招揽。各房中也不能趁乱失迷东西。便是人来客往,也都安静了,不比先前一个正摆茶,又去端饭,正陪举哀,又顾接客。如这些无头绪、荒乱、推托、偷闲、窃取等弊,次日一概都蠲了。(摘自《红楼梦》第十三回)

虽然管理活动自古就存在,但对管理进行正式研究则是工业革命前后的事,所以,管理学是一门较新的科学,而管理心理学更是诞生于管理学之后。

管理心理学的前身是工业心理学,它主要是把心理学的原理应用到工业中,研究人机配合、人事配合、人人配合的问题。据美国四卷本《工业与组织心理学手册》记载,最早将心理学应用于工业领域的是美国学者沃尔特·斯科特(W. Scott)。1901年12月20日,斯科特向芝加哥的一些企业家讲述心理学在广告方面的应用潜力,受到了人们的重视,并于1903年出版了《广告原理》一书。但真正将心理学知识广泛地应用于工业领域的是德裔美籍心理学家胡戈·闵斯特伯格(H. Munsterberg)(图1.3)。1913年,他出版了《心理学与工业效率》一书,标志着工业心理学的兴起,他也因此被誉为"工业心理学之父"。随着学科的发展和演化,人机配合的研究发展演化为工程心理学,人事配合的研究发展演化为人事心理学,

图1.3 胡戈·闵斯特伯格

而人人配合问题的研究就发展演化为后来的管理心理学。20世纪50年代,具体说,是1958年,在美国正式定名为"管理心理学"。绝大多数学者赞同,把1958年美国斯坦福大学莱维特(H. J. Leavitt)教授出版《管理心理学》一书作为管理心理学产生的标志。现在,它既是应用心理学的一个重要分支,又是管理科学的一个重要组成部分。

从学科产生、演化的历史来看,管理心理学是把企业作为自己的主要研究对象,但实际上这门学科涉及管理各领域中人的心理行为问题。实践也证明,这门学科的研究成果对各行各业的管理工作都有重要的参考价值。在笔者多年教学过程中,有很多听课对象是各行各业的管理者,他们对这门课的评价,说得最多的是两个字:"有用"。随着社会经济的不断发展,研究者们也在不断拓宽这门学科的研究视野,研究的范围已由工业组织扩大到政治团体、公共机构、政府机关、军队、医院等各种组织。

管理心理学在中国心理科学中曾经是一个空白点,很少有人研究过。20世纪70年代末80年代初,随着西方现代科学技术的引进,管理心理学被介绍到我国,80年代之后,各高校陆续开设课程,开展科研工作。

总的来看,管理心理学是一门较为年轻的科学,多年来,中国学者紧密结合我国经济社会发展的需要,开展了一系列广泛而深入的学术研究工作,对我国管理心理学发展作出了重要贡献,对我国经济社会发展也起到了积极作用。

(二)主要研究内容

管理心理学研究对象包括的内容与范围主要是:人性假设与管理理论,影响生产效率与工作效益的个体心理、团体心理、组织心理、领导行为等。

1. 人性假设与管理理论

管理心理学中把管理者在管理过程中对人的本质属性的基本看法叫作人性假设,人性假设及其相应的管理理论是管理心理学的基本理论。

最先将人性假设与管理问题明确联系起来的是美国管理心理学家道格拉斯·麦格雷戈(Douglas M. McGregor),他在《企业中人的方面》一书中指出:在每一项管理措施背后,都必然有着某种关于人性本质及人性行为的假设。各类管理人员以他们的人性假设为依据,然后采用不同方式对人进行管理。显然,持一种人性假设的管理人员会用一种方式来管理,而持另一种人性假设的管理人员会用另一种方式来管理。如果一位管理者深信人不会自觉工作,那么他必然会在组织内部建立起严密的控制手段,以保证员工按时上下班,员工会时时处处受到严密监控。反之,如果一位管理者深信人会自觉地去努力工作,那么他必然十分重视在组织内部贯彻"参与管理"原则,鼓励员工自我约束、自我管理,而不是对员工实行严密监控。人性假设,作为管理思想与观念的认识基础,直接决定着管理者的领导方式、风格与做法。

案例:规章制度是严点好还是宽点好

某中学召开领导班子会议,研究学校规章制度建设问题。党支部书记提出,根据依法治校精神,要对学校规章制度进行全面修订,规章制度究竟是严点好还是宽点好,请同志们讨论一下,定个调子,让各部门根据这个调子进行修订。

规章制度是严点好还是宽点好?参会者议论纷纷。有人认为规章制度要从严、从细,越严越细越能堵塞漏洞。有人认为出问题就说制度有漏洞、不科学,规章制度要靠人来操作,关键在于人的素质,高素质的人就是没有制度约束也不会出问题。制订制度要建立在对教职工基本信任的基础上,并不是制度越严越好,把什么都规定得很死,不利于发挥责任人的作用,要给责任人一点负责的空间。双方争执不下。

人性假设问题影响着组织管理的方方面面。管理者确立什么样的管理思想,制定什么样的管理原则和制度,采用什么样的管理方法和措施,建立什么样的组织结构等,都与如何理解和看待人的本质、人的价值有关系。了解这一部分内容也有助于我们对一些社会现象进行解读。

2. 关于个体心理研究

个体心理和行为是管理心理学的主要研究课题之一。

个体心理与行为研究的核心是激励问题,即如何调动人的积极性的问题。同样的激励手段,对有些人有效,对另一些人可能则无效。激励问题涉及个体的需要、动机、态度、认知差异、个性差异等问题。比如,同样是奖励员工,20世纪60年代,一些油田的做法是给受表彰员工戴上大红花,骑上高头大马,领导为员工牵马,在油田里走上一圈,而这种奖励方式显然已经不适合今天的年轻人。再说说惩罚,如果你领导的团队里,有林黛玉、薛宝钗、史湘云、李逵等成员,当她(他)们犯了同样的错误时,你会采取同样的批评或惩罚方式吗?

3．关于群体心理研究

群体心理与行为管理的核心课题是人际关系问题。人际关系的测评、人际关系的条件、人际关系的障碍与改善等是群体心理研究的中心课题。此外，群体的凝聚力、群体士气、群体信息交流与意见沟通、群体的决策、群体的竞争与合作、群体意识等也是重要的研究课题。

青年学生的成长过程中，人际的问题、沟通交流的问题有着特别重要的意义。

人际关系融洽不仅可以减轻因高度紧张的工作所带来的负面影响——压力，而且对个体的职业生涯发展、人生的成功都起着至关重要的作用。

沟通交流的重要性也是不言而喻的。人群中的矛盾和冲突在许多时候就是由于沟通存在障碍造成的。与人沟通和相处的问题在青年学生中的表现有特殊性。学生沟通中存在的问题主要有不敢沟通、不愿沟通、不善沟通、缺乏技巧等。

案例：大学生为何难以胜任家教

英语专业大三的小王同学经一家教服务机构介绍，找到了一份辅导小学英语的家教兼职工作。当雇主看到小王门门功课都是高分的成绩单时，认为遇到了好老师。可是上岗之后任凭小王怎么努力，就是难以让他的学生说出一句连贯的英语，而且学生还表现得很健忘。小王一气之下顺口说了句气话："这孩子真是没出息。"家长很反感，辞退了他。孩子的父母后来说，以前他们也请过家教老师，对孩子都有较大的帮助，可这一次却令人失望。为小王介绍工作的家教服务机构解释说，小王学习成绩确实很优秀，出现这种情况可能是由于实践不足，缺乏与孩子交流的经验，在辅导时不能调动孩子的学习兴趣。

案例：大学生因丢失银行卡挨饿一周

一名大二学生由于自理能力太差，又不善于与老师、同学沟通，在丢了银行卡后没钱吃饭饿着肚子挺了一周，最后实在坚持不住才向远在云南的父母求救。经了解，这名大学生在家的时候除了学习外什么都不会。上大学之前，他习惯了父母安排的一切，不愁吃住，也不与其他同学交往。去大学报到的时候，所有的琐事都是父母帮他办的，银行卡怎么来的都不知道，因为长期不与别人打交道，他对与别人沟通产生了畏惧心理。

4．关于组织心理研究

组织是一个较大的系统，是由两个或多个不同层次、不同职能的团体，为实现共同目标而组合起来的。组织理论及其演变、现代社会组织结构的内容、特点及管理原则，组织改革的心理分析，组织发展、组织效能、组织文化等是组织心理研究的重要课题。

5．关于领导行为研究

领导行为是管理心理学中的一个重要课题，是影响组织、群体、个体行为，进而影响工作效率与效益的一个关键因素。领导理论及其发展，领导的素质、结构、功能与影响力，领导者的选拔、考核、培训，领导体制的演变等均是领导行为与心理的重要研究课题。

三、青年学生为何要学习管理心理学

这个问题，可以从两个层面来说。

首先，一部分青年学生以后可能从事管理方面的工作，可能是自己的主动选择，也可能是成长为一个管理者。作为一个管理者，要关注的主要问题其实就是人的问题。比如：如何调动下属的工作积极性，激发他们的工作热情；如何与上司及兄弟部门沟通，以获得更多的资源和支持；如何处理员工间的冲突纠纷，营造一个和谐的工作环境；等等。要想成为一个有效的管理者，就必须了解人、认识人，就应该掌握必需的人际能力，就应该学会分析、解释和预测人的心理、行为，从而提高自己管理活动的有效性。

美国著名的管理学学者——罗伯特·卡茨（Robert L. Katz）1955年在美国哈佛商业评论发表了《高效管理者的三大技能》一文，认为有效的管理者应当具备三种基本技能：技术（technical）技能、人际（human）技能和概念（conceptual）技能。

技术技能——指使用某一专业领域内有关的工作程序、技术和知识来完成组织任务的能力，如工程师、会计、技术员等。技术技能强调内行领导。

人际技能——指与处理人际关系有关的技能，如人际交往等。

概念技能——是指能够洞察企业与环境相互影响的复杂性，并在此基础上加以分析、判断、抽象、概括，迅速作出决断的能力。具体包括：系统性、整体性能力，识别能力，创新能力，抽象思维能力。

以上三种技能在不同管理层次中的要求不同，技术技能由低层向高层重要性逐渐递减；

概念技能由低层向高层重要性逐步增加;人际技能处于中间位置,高中低管理者都需要。人际技能是与人共事、理解别人、激励别人的能力。许多人在技术上是出色的,但在人际关系上有些欠缺。例如,他们不善于倾听,不善于理解别人的需要,或者不善于处理冲突。由于管理者是通过别人来做事,因而必须具备良好的人际关系才能实现有效的沟通、激励和授权。

现代管理学之父——彼得·德鲁克(Peter F. Drucker)认为一个组织就像一首美妙的乐曲,不过,它不是单个个人的音符罗列,而是由人们之间的和声所谱成。因而各层管理者都必须具备人际关系能力。

相关链接:一位项目经理的自述

张蓝是一位项目经理,最近一直很苦恼。她说:"我在大学里学的是人工智能,这对我目前工作所面临的巨大挑战并没有多大帮助。在学校里从没有学过如何激发别人的干劲、鼓舞士气。对我来说,关于人的知识是一个陌生的领域,而正是这些我不了解的东西决定了我工作的成败。拟定计划、开发项目我都可以应付自如,但只要出现问题,几乎百分之百都是人的问题。"

人的问题,往往是工作中最大的挑战,解决人的问题,要依靠处理人的问题的技巧,而管理心理学就是要研究这种技巧。

其次,从被管理者层面来说。也许我们青年学生中的许多人日后不会成为管理者,但却会成为一个组织或群体的成员。无论在组织中扮演什么角色和做什么工作,学习和掌握一些管理心理学知识,开发和提高自己的人际关系技能等,将有助于成为一个卓有成效的、受欢迎的组织成员。

相关链接:苏黎世联邦工业大学为毕业生开设应急管理心理学课程

苏黎世联邦工业大学开设了一系列管理心理学方面的强化、应急课程。其主要内容涉及时间及压力管理,不同的管理风格,交际技巧,冲突处理等方面。这些专题强化教学班,每班人数不超过12人,除要求学生了解重要的原理外,特别强调能够立刻应用。为此他们设计了大量的实践练习、情景练习,并配有相应的教材。这一短期应急课程对所有专业即将毕业的学生开放。多年来的实践证明,这一做法的确是行之有效的。

案例:小张如何解困

小张本科学的是计算机通信专业,研究生学的是通信工程专业,毕业后在一家研究机构工作,两年后,因为工作表现突出,被任命为项目经理,负责管理一个10人的团队。小张总开玩笑地说自己就是干活的命,领导给个活,加班加点地干,一点问题都没有,现在让自己带个团队,怎么办呢?以前都把精力放在计算机、通信等专业课程和项目上了,对于管理,基本上没有涉足。

半年下来,小张感慨,原以为学技术难,现在却发现管理更难。自己团队的成员都是学技术出身的,而且几乎清一色都是名牌高校毕业生,每个人都很有个性,要使他们能够协同一致,其中的难度不是自己单兵作战的时候可以想象到的。在和其他项目经理交流的时候,大家都有同感。

现在小张又碰到一个棘手的问题:如何对待下属小刘。小刘比小张年长,是公司的业务骨干,在一些项目中勇挑重担,为公司的业务发展立下过功劳,但小刘脾气暴躁,恃才傲物,与公司一些员工闹过矛盾,所以一直没有升迁机会。以前和小张相处得还可以,所以上级领导把小刘安排到小张这个项目组里了。现在小刘因为不满小张在春节期间安排他出差,公开和小张闹矛盾了。

小张面临的主要问题在于如何与小刘进行沟通,小刘的工作能力是团队十分依赖的,春节期间安排他出差也主要是因为他业务本领过硬,有能力解决一些突发故障,但他的性格与所作所为又严重影响到团队的管理。这种矛盾使小张陷入了两难。

我们或许对案例中的小张、小刘并不陌生,生活中我们常常看到一些员工和管理者工作十分努力,也有很出色的专业技能,但由于缺少人际技能,他们不能很好地与他人合作,难以充分发挥自身的最大潜力,并影响到自己在职业道路上的成长。

要想成为一个卓有成效的管理者,需要具备多方面的条件,其中了解和运用管理心理学知识和技能是必不可少的。通过管理心理学的学习,会有助于我们提高工作的有效性和获得多种技能。从"小张如何解困"这个案例中可以看到,作为管理者,如果对管理心理学有深入的学习和研究,那么在安排小刘的时候可能会作出更为妥善的任用和沟通。作为被管理者,如果小刘对管理心理学的一些基本理论有所了解,那么他的人际关系可能不至于是现在这样一个状况。而现在小张和小刘都陷入了颇为尴尬的境地。

　　无论做管理者,还是做被管理者,青年学生学习一些管理心理学知识,了解如何运用技巧做好沟通,如何把握个性心理,如何加强印象管理,如何提高自己的人际技能等,都将是有益的。

第二篇

人性与管理

任何有组织的活动,从本质上来说都是对人的管理活动,既然是对人的管理活动,也就必然涉及对人的认识。怎样看待人的本性,直接关系到管理者对组织系统中各类人员的基本看法,关系到对他们工作动机和工作态度的解释,关系到管理决策的制定和管理措施的实施。

在如何看待人性的问题上,西方管理科学中曾提出过各种不同的假设,后来这些不同的人性假设便构成了西方管理心理学的基石。1965年,美国心理学家沙因(H. Schein)把流行于西方的几种人性理论概括为"经济人""社会人""自我实现人""复杂人"的假设。这四种假设表明了西方管理对于人性看法的发展历程。

第二讲 认识人性——"经济人"

一、"经济人"假设与X理论

（一）什么是"经济人"假设

"经济人"（rational-economic man）也叫"唯利人"或"实利人"。这种假设把人当作"经济动物"来看待，认为人的一切行为都是为了最大限度地满足自己的私利。人们工作的目的就是为了获得经济报酬。

"经济人"假设起源于享乐主义哲学和英国经济学家亚当·斯密的关于劳动交换的经济理论。

"经济人"假设首先是作为经济学概念由亚当·斯密（A. Smith）提出。斯密在《国富论》中对"经济人"假设是这样描述的："在文明社会中……人总是需要有其他同胞的帮助，单凭善意是无法得到这种帮助的。他如果诉诸自私之心（self-love）向他人表明，他要求他人所做的事情是于他人自身有好处的，那他就更有可能如愿以偿……不是从屠夫、酿酒师和面包师的恩惠，我们期望得到自己的饭食，而是从他们自利的打算。我们不是向他们乞求仁慈，而是诉诸他们的自利之心,从来不向他人谈自己的需要,而只是谈对他人的好处。"在斯密看来,所有的人都是"通过契约、通过交换、通过购买"来满足自己的物质生活需要的。斯密主张的是一种关于劳动交换的经济理论。他认为人的本性是利己的,追求个人利益是人们从事经济活动的唯一动力。同时人又是理性的,作为理性的经济人,人们能在个人的经济活动中获得最大的个人利益。如果这种经济活动不会受到干预,那么,经由价格机制这只"看不见的手"引导,人们不仅会实现个人利益的最大化,还会推进公共利益。

(二)"经济人"假设与X理论

美国著名的行为科学家道格拉斯·麦格雷戈(Douglas M McGregor)(图2.1)在《企业中人的方面》一书中,总结了资本主义国家的管理经验,提出两种对立的理论:X理论与Y理论。

图2.1 道格拉斯·麦格雷戈

X理论的主要内容包括以下几点:

第一,多数人天生懒惰,尽可能逃避工作。

第二,多数人没有雄心大志,不愿负任何责任,心甘情愿受别人的指导。

第三,多数人的个人目标都是与组织目标相矛盾的,所以必须用强制、惩罚的办法才能迫使人们为达到组织的目标而工作。

第四，多数人干工作都是为了满足基本的生理需要和安全需要，只有金钱和地位才能鼓励他们努力工作。

第五，人大致可以分为两类，多数人是类似上述设想的人；另一类是能够自己鼓励自己，能够克服感情冲动的人，这些人才能负起管理的责任。

从以上观点可以看出，X理论就是对"经济人"假设的概括，或者说，X理论的人性出发点就是"经济人"。

二、"经济人"假设相应的管理措施

基于"经济人"对人性的看法，X理论主张的管理措施主要是：

第一，管理工作的重点是在提高工作效率，完成工作任务方面。而对于人的感情和道义上的责任不是管理者考虑的问题。这种管理方式被叫作任务管理。

第二，管理是少数人的事，被管理者只能听从管理者的指挥而无权参与管理。

第三，奖励制度方面，主张金钱刺激。

这种管理的特点被人们形象地概括为"胡萝卜＋大棒"。胡萝卜的作用在于满足人的物质追求，保持行为动力；大棒的作用在于迫使人的行为与组织目标保持一致。

三、"经济人"假设的启示

"经济人"假设产生于资本主义社会早期，在早期的自由资本主义时代，"经济人"是社会经济发展的核心推动力，其对社会的积极意义毋庸置疑。但唯"经济人"是从，忽略人类行为的其他推动力则造成了资本主义社会的诸多社会问题，其最为突出的问题在于使资本主义社会成为一个强权的社会。

以历史的眼光来看，"经济人"的假设既是资本主义国家经济发展的动力，同时也是强权社会危机重重的根源，因此，如何既有效利用其巨大的推动力，又较好地约束其对社会的巨大破坏力，就成为一个社会走向持久繁荣所必须面对和解决的重大问题。

我国经济自经济体制改革之后快速增长，经济发展成就举世瞩目。从人性的角度而言，就是因为改革基本符合了现实的人性状况。而市场经济客观上具有双重性，它既可能因为对生产力的解放作用，为人的自由全面发展创造条件，又可能使人物化，成为片面发展的"经济人"。

马克思在《资本论》里讲过"一旦有了适当的利润,资本就会大胆起来,如果有了10%的利润,它就会到处被使用;有了20%的利润,它就会活跃起来;有了50%的利润,它就会铤而走险;而为了100%的利润,它就敢践踏一切人间的法律,为300%的利润,它就敢犯任何罪行,甚至冒着绞首的危险。"资本具有逐利本性,如不加以规范和约束,就会给经济社会发展带来不可估量的危害。在我国市场经济实践中,在某些时期,有一些领域的资本,存在着程度不一的无序扩张、野蛮生长、不当竞争、扰乱市场等消极行为。生活中,我们也时常看到,一些劳动者的合法利益受到侵犯,一些企业违法违规排污恶化生态环境,食品安全问题引起社会强烈反响等。

我国作为尚处于社会主义初级阶段的发展中国家,社会主义市场经济的实践价值就在于通过发展生产力促进整个社会的良性发展,并在此基础上实现人的自由全面发展。因此,大力发展生产力仍然是现阶段我国经济发展的重要任务,而人民利益的至上性又始终是中国改革与社会主义市场经济建设的根本立场。因而,如何在有效利用"经济人"动力来推动社会经济发展的同时,较好地制约不当的"经济人"行为就成为我们面对并必须要很好地去解决的突出问题。

案例:红包问题

某市有两家医院,都对医生收红包问题作出了相应的管理规定。

第一家医院针对病人送红包问题制定的规定是:凡发现某个大夫有收受病人红包现象,经查实,除了要退还病人的红包外,该患者的全部医疗费用也将由这个大夫全额负担;同时,医院负责全额退还患者负担的一切医疗费用。

另一家医院针对医生收红包作出的规定是:发现医生收红包,立即下岗。

两种方案的执行效果是不一样的,第一家医院收红包的现象很少,而第二家医院收红包的现象比较严重。为什么会这样?如果你是医院的院长,你会采取什么方案呢?

这个案例在课堂上引起同学们热烈的讨论,两种方案都有人支持或反对。有学生非常精彩地分析了为何第一种方案会有比较好的效果。

在第一种方案里,隐含着医院管理者对人性的看法:医生和病人都是"经济人",都想谋取自己利益的最大化。在没有制度约束的情况下,作为"经济人"的医生会尽可能地收红包,作为"经济人"的病人为了得到更好的治疗也会选择送红包。但现在有了这项管理制度的制约，作为"经济人"的医生会选择拒收红包，因为他知道病人同样是"经济人"，病人告发医生收红包的积极性是很高的，因为一旦告发，病人既看好了病又省了医药费，非常划算，而医生的损失会很大。所以该方案执行效果较好。

第二种方案看起来非常严厉，但可操作性不强，最重要的一点是，谁告发？这种方案下，病人告发不会获利，所以缺乏告发的积极性。制约违规者的权力不是直接来自于利益损失密切相关的主体，因而执行效果会大打折扣。

因此，在"经济人"前提下制定的管理制度，才有可能对"经济人"不合理的行为实施最大限度的合理约束。

我们来看历史上一个制度建设的著名例证。

18世纪末期，英国政府决定把犯了罪的英国人统统发配到澳洲去。一些私人船主承包从英国往澳洲大规模运送犯人的工作。英国政府实行的办法是以上船的犯人数支付船主费用。当时那些运送犯人的船只大多是一些很破旧的货船改装的，船上设备简陋，没有什么医疗药品，更没有医生，船主为了牟取暴利，尽可能地多装人，船上条件十分恶劣。一旦船只离开了岸，船主按人数拿到了政府的钱，对于这些人能否远涉重洋活着到达澳洲就不管不问了。有些船主为了降低费用，甚至故意断水断食。3年以后，英国政府发现：运往澳洲的犯人在船上的死亡率达12%，其中最严重的一艘船上424个犯人死了158个，死亡率高达37%。英国政府花费大笔资金，却没能达到大批移民的目的。

英国政府想了很多办法。每一艘船上都派一名政府官员监督，再派一名医生负责犯人的医疗卫生，同时对犯人在船上的生活标准做了硬性的规定。但是，死亡率不仅没有降下来，有的船上的监督员和医生竟然也不明不白地死了。原来一些船主为了贪图暴利，贿赂官员，如果官员不同流合污就被扔到大海里喂鱼了。

英国政府又采取新办法，把船主都召集起来进行教育培训，教育他们要珍惜生命，要理解去澳洲开发是为了英国的长远大计，不要把金钱看得比生命还重要。但是情况依然没有好转，死亡率一直居高不下。

一位英国议员认为是那些私人船主钻了制度的空子，制度的缺陷在于政府给予船主的报酬是以上船人数来计算的。他提出从改变制度开始：政府按到澳洲上岸的人数付给船主报酬。

新的付酬制度实施后，问题迎刃而解。船主主动请医生跟船，在船上准备药品，改善船上的生活环境，尽可能地让每一个上船的人都能健康地到达澳洲。船上的死亡率降到了1%以下。

曾有一位肉联厂的厂长分享过他的管理经历。他刚去肉联厂上任时,发现厂里每宰杀1000头猪,会丢失200个猪腰子。于是厂里制定了严厉的惩罚措施,厂保卫科也加大了管理力度,但效果并不好。后来厂里出台了新的规定:检举揭发偷盗者获奖,偷盗者的罚金由检举者和保卫科工作人员平分,厂里一分不要。这个规定出台后,一个猪腰也没有丢过了。

在前面几个案例中,我们看到:管理者都是把经济奖惩作为纠正或鼓励人的某些行为的主要手段,其逻辑起点是把人看成"经济人","经济人"趋利避害,为了获得经济收益或免除经济损失会不断调整自己的行为。因而,大多数条件下,经济奖惩能够起到相当大的作用,但是,我们看下面这个案例。

案例:罚款的效果

父母接孩子迟到,使得幼儿园的老师无法按时下班,令老师们很不愉快。曾经有学者为了纠正家长们经常接孩子迟到的现象做过一番努力。学者们联合幼儿园的老师和管理者对家长们的迟到行为进行惩罚,并跟踪调查了20周左右。

学者们随机选择六家幼儿园,如果家长接孩子迟到将被罚款。同时又另外选择了几家幼儿园作为参照组。幼儿园的管理者认为,在实施罚款规定之后,家长们迟到的情况会有所改善。然而,出乎意料的是,迟到的现象不降反增,迟到的家长数量翻了一倍还多。更令人吃惊的是,在罚款规定取消后,迟到率仍居高不下。而在作为参照组的幼儿园里,父母迟到的情形没有发生变化。

依照"经济人"假设,人们为了避免金钱的损失,罚款规定应该使家长力求准时,迟到的人数和次数都应该减少,但没想到经济惩罚起了相反的作用。其实,这个案例中,罚款规定实施后,家长们的心理发生了变化:迟到不再是一种令人不安的不良行为,而是变成了一种有定价的合理行为,交了罚金,家长们便心安理得地迟到。所以,只要罚款是在家长们可承受的范围内,就非但不能制止迟到,反而会助长迟到。罚款规定取消后,家长们只是认为迟到行为的市场定价发生了改变,降为零,现在他们可以放心迟到了,不用交罚款,也毫无愧疚感,所以迟到率不会下降。

生活中,还有一些罚款失灵的现象。比如,有些单位对开会迟到者罚款,但效果并不明显。有城市在创建文明城市月里规定:对随地吐痰者罚款5元,却招致有些人掏10元钱以便再吐一口。实践表明,处理这些问题更加有效的方式并不是经济处罚。比如,有些单位对开会迟到者实行"鼓掌法",迟到者一进门,会议便暂停,全体起立,大家的目光都投射到迟到者身上,热烈的掌声随后响起,如此一来,迟到者感觉非常尴尬。有报道:"鼓掌法"在公司的会议上实施几次后,基本杜绝了开会迟到现象。

所以,面对不希望出现的行为不能都采取经济处罚的办法,其实,有时在没有实施罚款规则时,人们并未表现出"经济人"的逻辑和特征,比如,家长接孩子迟到多为不得已,与会者迟到可能是不够重视或者时间没有把握好,并不是出于经济利益的考虑。但是,管理者以"经济人"的思维去制定规则后,人们被拉上了"经济人"轨道,只要认为罚款的价格相比于内心的歉疚还算合理,这种行为就不会减少反而会增加。所以,经济惩罚不可滥用,不能用经济手段去解决一切问题,经济奖惩的效果也未必最优。

美国心理学家奥格登(Ogden)曾于1963年做过一个"警觉性实验"。该实验是在选定人数相等的四个组中间进行,方法是调节某一选定光源的发光强度,记录被试辨别光照强度变化的感觉,从而测定其警觉性。参与实验的被试者被分为A、B、C、D四组,四个组给予如下条件:

A组为控制组,不施加任何激励措施,只是一般性地告知实验的要求和方法。

B组为挑选组,该组的人被告知,他们是经过挑选的、观察力最强的人,因此错误率也应该是最低的。

C组为竞赛组,告诉他们各小组之间要展开竞争,评定小组的优劣和名次。

D组为奖惩组,对警觉正确或错误实施经济奖惩,每错一次罚1元,每对一次奖0.5元。

那么,哪一组的警觉性最高?

各组实验结果(即平均误差次数)如表2.1所示。

表2.1 奥格登"警觉性实验"

组 别	施加的条件	误差次数	名 次
A	控制组(不施加任何措施)	24	4
B	挑选组(肯定个人能力)	8	1
C	竞赛组(集体竞赛)	14	3
D	奖惩组(经济奖惩)	11	2

如果按照"经济人"的动机和行为模式,实施经济奖惩的D组应该是错误率最低的,因为他们有足够的动力使自己的经济利益最大化。但最终的实验结果是:B组错误最少,D组第二,随后是C组,最后是A组。B组的错误率仅为A组的1/3,而D组的错误率不到A组的1/2。这个实验说明了激励具有强大的作用,同时也说明了经济奖惩的效果不一定是最

优的。

  在很多情况下,经济奖惩激发出来的只是人们的功利心,而信任和鼓励激发出来的是更强大的动力,这种动力不是源于外在的金钱得失,而是来自于对自身的肯定、自信和自我实现的强烈愿望。因此,如果管理者仅以物质奖惩作为激励手段,有时候反而压低了员工行为的主动性和工作热情,相反,如果采取对员工本身的激励,或者是以员工自身激励为主,经济奖惩为辅,会实现更优的激励效果。

第三讲　认识人性——"社会人"

一、什么是"社会人"假设

社会人（social man）又称之为"社交人"。这一假设认为，人们在工作中得到的物质利益，对于调动积极性只有次要意义，人们最重视的是在工作中与周围的人友好相处，良好的人际关系是调动人的工作积极性的决定因素。

二、"社会人"假设与人际关系学说

"社会人"假设的理论基础是人际关系学说，这种学说是著名的霍桑实验的重要领导者——美国哈佛大学心理学家乔治·埃尔顿·梅奥（George Elton Mayo）（图3.1）提出来的，之后又经英国塔维斯托克学院煤矿研究所再度验证。

霍桑实验于1924～1932年在美国芝加哥郊外的西方电气公司的霍桑工厂进行。霍桑工厂是一个制造电话交换机的工厂，具有较完善的娱乐设施、医疗制度和养老金制度。但工

图 3.1　乔治·埃尔顿·梅奥

人们仍愤愤不平,生产成绩也很不理想。这种情况使管理当局颇为不解。为探明原因,1924 年 11 月美国国家科学院所属的全国科学研究委员会成立了一个由各方面专家组成的研究小组,在霍桑工厂进行实验研究。

霍桑实验的全过程分为四个阶段。

第一阶段——照明实验。研究小组挑选了一批女工,把她们分成两组,即实验组和对照组,两个组都干同样的活——装配电话继电器。对她们进行照明实验的目的是想探明照明条件与生产效率之间的关系。实验时对照组的照明度保持不变,实验组的照明度则逐渐增加。结果表明,两组产量几乎等量上升。研究者曾设想增加照明度会使产量上升。实验组的产量随着照明度逐渐增加而上升在意料之中,但对照组的产量也同样上升却出乎研究者的意料。于是研究者又采取相反的措施进行实验,结果表明,尽管照明度一再下降,但实验组的产量并没有显著下降。看来,照明强度并不是影响生产效率的重要因素。

第二阶段——福利实验。由于照明实验结果与研究者的设想不一致,于是他们又进行了福利实验,目的是探明福利措施与生产效率之间的关系。实验对象、从事工种与照明实验阶段相同,所谓福利措施是指缩短工时、延长休息时间、提供免费茶点等。研究者设想,增加或取消福利措施会使产量上升或下降。其具体做法是:执行一段时间的福利措施后又取消,以观察前后的产量变化。结果表明,执行福利措施期间的产量未见明显提高,取消福利措施后的产量不仅没有下降反而有所上升。看来,福利措施的有无也不是影响生产效率的重要因素。

照明实验和福利实验持续了近三年,其结果使研究者感到茫然。既然照明、福利等物质条件不是影响生产效率的重要原因,其中的原因究竟是什么呢?于是研究者邀请哈佛大学工业心理学副教授梅奥等人参与研究。梅奥于1927年冬应邀来到霍桑工厂后,组成了一个新的研究小组,继续进行实验研究。梅奥等人对前述两项实验进行深入分析后发现,实验中生产效率提高的原因是:让工人在特定条件下进行劳动,工人认为这是管理当局对他们的格外重视,而且实验过程中管理者与工人之间、工人与工人之间关系融洽。梅奥等人由此推论,良好的心理状态与人际关系比照明、福利等物质条件更为重要,更有利于提高工效。于是梅奥着重从社会心理因素方面考虑问题,组织了访谈实验和群体实验。

第三阶段——访谈实验。1927~1931年,梅奥等人用了三年多的时间对工人进行访谈,受访工人达21126人次。每次谈话时间从0.5小时到1.5小时不等,谈话内容不受限制,研究者只是耐心地倾听工人对厂方的意见和不满,不做任何解释、反驳和训斥,只做详细记录。这项访谈实验收到了意想不到的效果,此后产量大幅度提高。研究者解释个中缘由:谈话使工人长期以来对工厂工作环境、待遇、管理制度、管理方法等方面的不满发泄出来,感到心情舒畅;通过访谈使领导者了解到工人的不满,进而调整了管理方法,创造了一种较为融洽的心理气氛。

第四阶段——群体实验。在访谈实验中,梅奥等人感到在工人中似乎还存在着一些自发形成的"非正式群体"在起作用,于是又安排了电话交换机布线小组进行实验(1931~1932)。这个小组有14名男工,其中9名绕线工、3名焊接工、2名质检工。这个小组实行"计件工资制",但以小组的总产量为基础付给每个工人工资。梅奥等人原先设想,实行这种特殊的工资发放办法,可能会使工人更加努力工作,以便得到更多报酬。经过6个月的实验发现,这个小组的产量总是维持在某种固定水平。如厂方给焊接工规定的定额是每人每天焊7312个接点,而工人则"自定"标准为每天焊6000~6600个接点。进一步调查发现,这个小组有自己的一套规范:谁也不能干得太多,以突出自己;谁也不能干得太少,以影响全组产量。他们还约法三章,不准向管理者告密,违者将受到惩罚。这样做的目的是避免厂方提高定额或者裁减人员。成员用他们自己确定的"规范"来保护群体的利益。梅奥发现,群体不仅有自己的规范,而且成员间有特殊情感,这些规范和特殊情感左右着成员的行为。首先,成员非常看重他们自定的规范,为了符合小组规定的产量,有些工人在产量较多时会隐瞒产量并放慢工作速度,避免成为"冒尖者";在产量较少时也会加快速度以免成为"落后者"。其次,成员之间为了避免伤害情感,宁愿放弃物质利益的诱惑。最后,成员对小组的利益非常重视,不允许向管理者告密等任何不利于他人的事。

在霍桑实验的基础上,梅奥分别于1933年和1945年出版《工业文明的人类问题》和《工业文明的社会问题》两部名著,从而奠定了他作为工业社会心理学创始人的地位。

霍桑实验得出了有价值的结论。一种新的管理理论——人际关系学说,因此而诞生。这种理论和传统理论相比,有一些新观点:

首先,传统的"科学管理理论"把人当作"经济人"看待,认为金钱是刺激积极性的唯一动力。霍桑实验证明,工人不是单纯追求金钱收入,他们还有社会心理的需要。人是"社会人",不能忽视社会心理因素对员工积极性的影响。管理应注意从社会心理角度调动人的积极性。

相关链接:"科学管理之父"泰勒

弗雷德里克·温斯洛·泰勒(Frederick Winslow Taylor)(图3.2),美国著名管理学家、经济学家,西方古典管理理论主要代表人物之一,被后世称为"科学管理之父"。

图3.2 弗雷德里克·温斯洛·泰勒

泰勒所处的时代正是美国资本主义蓬勃发展的时期,但由于生产混乱,劳资关系紧张,工人"磨洋工"现象大量存在,因此企业生产效率低下。如何提高企业的生产效率,改善经营管理,寻求科学管理的方法,是当时急需探索的课题。

泰勒进行过一系列劳动时间与工作方法的研究,有著名的"搬铁块实验""铁锹实验""金属切削实验"等。1898年,泰勒在伯利恒钢铁公司进行了著名的"搬铁块"实验。搬铁块是很辛苦的体力劳动,工人们拼命地干,平均日搬铁量为12.7吨。他经过观察分析,设计了一套合理的操作方法,按这套操作方法去训练工人,结果使生铁块的搬运量提高了3倍多。"金属切削"实验最主要的成果是取得了有关车床、刨床、钻床及其他机床适当转数和进刀量的资料。这些实验研究不仅为提高工作效率提供了科学依据,而且使泰勒进一步提出了建立在科学分析基础上的"计件工资"制。泰勒的计件工资制并不保证基本日工资,而是在操作分析的基础上确定工作成绩的标准,超过标准按高工资额付酬,低于标准按低工资率付酬。

1911年出版的泰勒的《科学管理原理》一书,被誉为科学管理的代表作,而泰勒本人则得到了"科学管理之父"的美名。他发明的这一套办法,包括后人的改进与发展,统称为"泰勒制"。1918年,列宁在《苏维埃政权的当前任务》一文中对"泰勒制"做过评述:"泰罗制(即'泰勒制',编者注),同资本主义其他一切进步的东西一样,既是资产阶级剥削的最巧妙的残酷手段,又包含一系列最丰富的科学成就,它分析劳动中的机械动作,省去多余的笨拙动作,制定最适当的工作方法,实行最完善的计算和监督制,等等。苏维埃共和国无论如何都要采用这方面一切有价值的科学技术成果。"

一百多年来,科学管理思想仍然发挥着重要的作用。但是泰勒的科学管理思想也存在一定的局限性,比如人性假设上,认为人仅仅是经济人,把人设定为机器的一部分,按照机器的要求去设定人的行为动作,忽略了人的情感性。

其次,传统的管理认为生产效率主要受工作方法和工作条件的制约。霍桑实验证明,生产效率主要取决于员工的态度以及企业内部的人际关系。

第三,传统的管理只注意了"正式团体"的问题,即注意组织机构、职权划分、规章制度等。霍桑实验发现,除了"正式团体"外,还有"非正式团体"。这种无形的、非正规的团体,有它自己特殊的感情、规模和倾向,并影响其成员的行为。

第四,霍桑实验还发现新型领导、民主管理对提高生产效率的作用。主张通过"员工参与管理""倾听职工的意见""沟通人际关系""改善员工对公司的态度"等方式来提高管理的效果。

梅奥等人在"霍桑实验"中总结出的观点在塔维斯托克研究所的研究中再度得到验证。

> **相关链接：塔维斯托克研究所**

塔维斯托克是伦敦的一个研究所，该所一批研究人员在一个煤矿进行技术改革。该煤矿原来是采用短壁法采煤，即手工采煤。采煤工6个人组成一个班，一般都是自愿结合，班组内部非常团结。塔维斯托克研究所的技术改革主要是改短壁法为长壁法，即采用传送带采煤。结果就不得不改变原来小组集体工作的办法，明确个人分工，单个矿工在不同的作业面上独立工作。这样分工细了，技术比较简单，效率按理说应该提高。但是，技术的改革反而造成了出勤率下降、士气低落、生产率下降。其原因主要是技术改革取消了工作小组，工人单独在封闭的矿道内采煤，导致矿工孤独感的产生。

三、"社会人"假设的管理原则

从"社会人"假设出发，在管理上重视以下几方面：

第一，管理人员不应只注意完成生产任务、工作目标，而应把注意重点放在关心人、满足人的需要上。

第二，管理人员除了注意工作目标的完成外，更应该重视员工之间的关系，培养和形成员工的归属感和整体感。

> **相关链接：归属感与抑郁症**

美国密歇根大学研究人员的一项研究显示：缺乏归属感可能会增加一个人患抑郁症的风险。

研究人员给31名严重抑郁症患者和379个社区学院的学生寄出问卷，问卷内容主要集中在心理上的归属感、个人的社会关系网和社会活动范围、冲突感、寂寞感等问题上。调查发现，归属感是一个人可能经历抑郁症的最好预测剂。归属感低是一个人陷入抑郁的重要指标。

第三,实行奖励时,提倡集体的奖励制度,培养集体精神。

第四,提出"参与管理"的新型管理方式,以满足员工的社会性需要。

四、"社会人"假设的启示

(一)关爱员工——营造良好的心理氛围

人是社会性的动物,与他人进行有意义的交往是人类社会生活的前提。1995年,心理学家鲍麦斯特(Baumeister)等人就指出:归属的需要是人类最重要、最基本、最广泛的社会动机。"社会人"假设管理原则的一个核心就是非常强调良好的人际关系,因而,作为管理者,应该注重关心员工,满足员工的归属需要,营造良好的心理氛围。金钱并不是调动积极性的唯一因素。

学生在学生会管理工作中没有很多的资金去进行物质的奖励,有学生干部尝试借鉴了"社会人"假设管理原则。

> 一次工作安排时,给组员小李安排了两次比较辛苦的工作,而其他人都比较轻松,导致他的心理上有些委屈,觉得为什么自己要比其他人辛苦。在接下来的一次会议中,我重点表扬了他的工作,通过这种在同届组员面前的表扬调整了他心理上的不平衡,让他得到心理和感情上的安慰。后来又找了合适的时间请他吃宵夜,之后就感觉他没有那种委屈感了。

管理者关注成员的心理变化,并根据情况给予精神上心理上感情上需求的满足。比如闹情绪时的交谈,心理不平衡时的安抚,付出辛苦后的表扬和勉励等,都是有效管理的体现。

《大趋势》作者约翰·奈斯比特(John Naisbitt)认为,现代企业和组织的一个重要特点就是高感情。在企业内部创造一种共识共和的精神,是现代企业管理所迫切需要的。

一个人的工作有三种境界:一种叫尽职,在其位,干其活,到点下班;第二种叫尽责,带着责任感工作,除做好本职工作外,还能够承担分外工作;第三种叫尽心,把工作作为人生价值来追求,敢于担当、勇于负责、善于创新。实践证明,境界不同,结果各异,尽心属于最高境界。如何才能让员工达到尽心的境界呢?江苏黑松林粘合剂公司董事长刘鹏凯认为不在于给予其名誉利益,而是施以仁心博爱、知心融心。

案例：黑松林的心力管理

江苏黑松林粘合剂厂有限公司虽是一家小企业，却是"全国企业文化建设先进单位""中国化工企业文化建设十佳示范单位"，企业人均产值超过百万元。作为"心力管理"的创始者，董事长刘鹏凯先生提出"不做500强，要做500年"。他坚信，百年企业，靠的不是百年机遇，百年老板，而是百年机制，百年文化。刘鹏凯说，在黑松林公司多年来对职工的关爱实践中，体会到这种关爱的作用远远超越于金钱之上。

高考祝福。财务科老何在女儿高考三天的上午想请半天假，刘鹏凯不但爽快地答应，还让他统计全厂有多少员工的孩子也参加高考，并派人给他们送去一箱牛奶和一束鲜花，祝孩子们金榜题名！

农忙义务帮工。每年农忙期间，工厂都派出义务工帮助劳力少的员工家庭抢收抢种，既赢得了员工的感动，也赢得了员工家乡的赞誉。

送头盔。一天早上，天下着毛毛细雨，营销员小张未穿雨衣，骑着他那辆新摩托车，飞一般地朝工厂驶来。见董事长在厂门口，小张一个急刹，忙从车上跳了下来，笑嘻嘻地推着摩托车，进了厂门。看着小张满面春风的笑脸刘鹏凯的心里直打鼓：年轻人少不经事，雨虽不大，可路滑易出事。下班后，刘鹏凯让行政科长买了顶头盔送给小张，并带给他两句话：保持冷静头脑，家人盼你早归。自此，大凡厂里员工买了摩托车，厂子总要送上一顶头盔，另加上述两句话。这个规矩已延续了好多年。

助学津贴皆动情。凡是有子女上学的黑松林员工，每年都可以从财务科领到一笔数额不等的钱，这是企业一年发放一次的员工子女助学津贴。从幼儿园、小学、初中、高中，到大学毕业，分别按不同的级别，享受助学金。

春游鼓励体验情。每年春天，厂里都会组织员工及部分员工家属进行一次"春天向我召唤，市场向我招手"为主题的春游。

有章可循、违章必究，早已成为人们熟知的管理常规。实践证明，常规仅能取得"常效"，而真正能够取得奇效的是那些具有仁心和创意的企业家。刘鹏凯就是制度无情，执行有情，跳出窠臼，善于权变的企业家。一个典型的例子是"今天迟到不罚款"的故事。一天早上，大雨倾盆，上班时间到了，近一半员工却未能到岗，劳资员小朱按照惯例，将迟到罚款的员工名字一一公布在黑板上。刘鹏凯看到被大雨淋湿的员工，赶忙安排行政科长熬姜汤分送到车间,预防员工受凉感冒。接着,他走到黑板前,叫小朱停止公布,并将已经公布的人员名单全部擦掉,重新写一份"今天迟到不罚款"的安民告示。员工看到这份以人为本的告示后,在姜汤驱去了寒气的同时,更感到温暖了整个心扉。

刘鹏凯认为,在一个员工处处被尊重、事事受关心的企业文化氛围中,对有传统文化的中国人来说,滴水之恩,会涌泉相报,必然会用一颗企业心,自觉自愿地为企业发展献出全心全意全力。黑松林的"心力管理"多次走进清华大学课堂,成为中国工商管理案例中心典型案例。

20世纪90年代后期,"爱多VCD"红遍大江南北,一度是中国家电行业的引领品牌之一,爱多公司也成为了当时民营企业的光辉典范。爱多的发展曾创造了中国家电行业发展史上的一个奇迹,这个奇迹既包括成功的一面,也包括失败的一面。爱多从无到有、从小到大、从辉煌走向破灭,仅仅只用了四年左右的时间。爱多的"破灭"有多种多样的原因,其中人们批评最多的是其人才激励机制的欠缺。

爱多公司不缺人才,缺乏的是一个有效的人才激励机制。挖来了人才并不等于拥有了人才,如何发挥这些人的才能才是最重要的。爱多公司的绝大多数员工被聘之初,只是简单地进行3~6天的基本技能和劳动纪律方面的培训,之后就再也无人过问了。至于员工的衣食住行、文化娱乐等方面的安排几乎是一片空白,爱多公司的激励机制之糟糕由此可见一斑。

有些企业创立了几十年,在行业中也是多年的元老,但总是难以发展壮大,甚至在遇到困难时,很快就分崩离析,其中一个重要原因就是不能善待员工,没有关爱员工。

一部名为《满城尽是加班族》的短片曾经在网络上迅速传播,尽管情节夸张,但不少上班族在观看之后依然感同身受。短片中的男主令狐冲在公司工作了5年,经常加班,又没有加班费,本身的才华也不能发挥,于是想要跳槽到日月集团,没想到日月集团也是加班加点且没有加班费,并且在城市的所有企业几乎都是要加班的,令狐冲在得到经营秘籍《葵花宝典》后,决定自主创业,日月集团的任盈盈也受到宝典的启发辞职与令狐冲一起创业。给人印象深刻的是短片中经理人岳不群的表现,当他知道令狐冲经常看经营管理方面的书,找令狐冲谈了一次话,全程的表现非常冷漠,高高在上,以一种居高临下的态度和下属谈话,对下属挖苦、讽刺、敲打,看不到一丁点对员工的关爱。"高压"不但剥夺了员工的话语权,更是对员工情感的伤害。而且如果只知一味地给钱给物,而忽视了尊重员工,不在情感上与员工沟通,不善于倾听大家对管理层的意见、建议、牢骚和不满,使员工长期生活在一种受压抑的氛围中,那么物的价值也会贬值。

2020年9月,一则视频在短视频平台广泛流传,视频的拍摄地点是在江苏昆山某电子厂。视频的内容是三名管理人员在为新进员工发厂牌(证件),但是这三名管理人员给员工发厂牌(证件)的方式有些另类,他们不是让员工来取,也不是一个一个发给员工,而是每喊一个员工的名字,就往地上扔一个证件,听到名字的员工就上前来低头弯腰捡回自己的证件。

从视频拍摄的角度看,每一位员工来捡证件的时候都要低头弯腰,感觉就像在给这三名管理人员鞠躬,同时发证件的三名管理人员神态貌似有些傲娇,一副高高在上的样子,这种发证件的方式伤害到了新员工的尊严和人格,同样也伤害到了广大网友的感情。这件事在网络上曝光之后,这家电子厂立刻就被推到了风口浪尖,成为了互联网舆论焦点中的焦点,引来众多网友的"口诛笔伐"。

随后厂方发布了一个说明,称公司新人培训单位因招工旺季、场地受限,现场管理不到位,工作人员发放员工证件时方式不当,致使新进同仁感到不受尊重,公司深表震惊和遗憾,并表达万分歉意。

这个事件之所以产生如此大的反响,反映出新生代员工的需求变化。时代在不断进步,随着人们生活水平和员工受教育程度的提高,员工在职场收获物质报酬的同时,也希望获得一份尊重。

《孙子兵法》上说:"令民与上同意也,可与之死,可与之生,民弗诡也。"意思是说要以道义爱抚民众,上下一心,民众情愿出生入死,而不违抗命令。懂人心的管理者懂得把管理隐藏在细致温暖的关心里。比如,一些公司每月举办员工生日晚会,把当月过生日的员工聚在一起;暑假的时候,一些公司允许员工把孩子接到公司,公司专门请老师,带着孩子们一起过暑假;员工父母每年生日的时候,以公司的名义送一份生日礼物,或者是一个慰问电话或者是生日红包。这种种看似很微不足道的小事,其实都体现了公司对员工的一份关爱,都会增强员工的归属感。

案例:中国好老板——满足员工追剧,特设"叫兽假"

春节假期刚过,厦门某公司负责人苏先生一下收到52张请假条,员工们集体请假的理由居然是去看《来自星星的你》的大结局。

苏先生在公司内部做了一项调查,发现一半以上的同事都在追看这部电视剧。好奇之下,回家熬夜恶补了这部电视剧,理解了员工追剧的苦心。2014年2月25日,苏先生特批周五放假一天,还晒出放假说明:本周五是热播剧《来自星星的你》的大结局,考虑到公司追剧的同事甚多,为满足大家心愿,作出设立"叫兽假"的决定。

"叫兽假"一词,在一小时内登顶新浪微博热门榜。网友纷纷称赞苏先生的做法"很人性化",是"中国好领导",不少人更问"贵公司还要人吗","求聘走"。

(二)参与管理——满足员工的社会心理需求

我们前面提到,"经济人"假设认为,管理只是少数人的事,与广大员工无关;而"社会人"假设的突出贡献在于提出了一种新型的管理制度——参与管理,即通过一些制度或授权的方式,让中下层管理人员和员工有提供意见的机会,在不同程度上让他们参加组织决策的研究和讨论。

"参与管理"比"任务管理"更有效,已为许多实验研究和管理实践所证实。

马罗(A.J.Marrow)在哈乌德公司主持了一项实验,该公司要实行一项改革,这项改革涉及改革部分工人的工作方法和工作性质,估计会遭到一些工人的反对。实验目的是要测定,让工人参加改革方案的讨论是否有助于克服工人对改革的抵制。实验过程:把工人分为参与组和非参与组。实验结果见表3.1所示。

表3.1 哈乌德公司改革方案实验

组别	参 与 组	非 参 与 组
措施	向工人们详细说明为什么要进行改革,并组织工人讨论如何改变工作方法,如何降低工作成本等问题	只向工人们交代新工作的安排与新的计件制度
结果	改革后第二天产量就恢复到改革前的水平,三个星期后产量比改革前提高14%,没有人离职,也没有人抱怨	产量下降35%,而且一个月后情况仍未见好转,有9%的工人要求离职,其余人均抱怨工资降低了,六个星期后情况仍未见好转。管理当局决定解散这个小组,组内工人另行安排工作。两个半月后,又把解散的非参与组工人重新组织起来,按参与组的方式要求他们讨论改革方案。结果,该组产量迅速回升,一个星期内产量就超过了改革前的水平,没有人要求离职,也没有人抱怨

这一实验证明,参与管理效果明显。它不仅使工人明确了工作任务,更为重要的是使工人与管理者处于平等地位,改善了工人与管理者之间的关系。

案例：飞机制造商的委员会人选

一家大型飞机制造商在10年间雇用了5000~20000名的车间工人。它有一个安全委员会系统，每个部门要派一名工人代表参加。在这10年间出现了一种令人惊奇的现象（这一现象有案可查）：当工人们成为安全委员会成员时，他们不再会出现工伤致残事故。尽管10年间有成百上千的工人加入委员会，甚至有时，一些"易发生事故"的工人被指定为委员会成员，但都无例外。这个事实表明，委员会成员与非委员会成员间在发生致残工伤事故率上有显著差异。

案例：如何节约成本？

某公司计算机运行费用超出预算10万元。对此，管理层想方设法降低消耗。最初他们几次开会讨论这一问题，但管理者们在任何主要的节约成本变革上都不能达成一致。于是管理层征询公司顾问的建议，但仍收效甚微。最后，一名管理者建议管理层应向员工征求意见。一些管理者对这种方法能否有帮助表示怀疑，但经过讨论，他们还是决定，让计算机部门的员工充分参与节约方案的制定。30天中，员工们提出了许多节约成本的建议，使得最终实际节约的成本约为所期望的两倍。

人人都渴望参与，参与的力量和效果是相当可观的。

相关链接：斯凯伦计划

斯凯伦计划（Scanlon Plan）是美国帕帕因梯钢铁公司工会的工作人员斯凯伦提出来的。20世纪30年代美国发生经济危机，许多公司濒临破产，帕帕因梯钢铁公司也是其中之一。这时斯凯伦提出了改革方案：成立劳资联合委员会，共同商讨如何降低成本，如何提高产量和质量等问题，并发动全体员工提出合理化建议，实行集体分红制，超产部分按一定比例作为员工的集体奖励。这个计划由于提高了员工的参与度，使员工感到自己是企业的一分子，是为了实现共同目标而工作，从而缓解了劳资矛盾，增强了归属感，大大提高了生产效率，使濒临破产的帕帕因梯钢铁公司绝处逢生，扭亏为盈。斯凯伦计划是典型的参与管理模式。

虽然"社会人"假设以及相应的管理理论远不是全面揭示人的社会性的科学理论，它对人的经济动机作用的忽视也是不适当的。但它对被管理者社会心理需求的重视、对"参与管理"的强调等，对我们的管理工作具有借鉴意义。

第四讲　认识人性——"自我实现人"/"复杂人"

一、"自我实现人"的人性假设

(一) 什么是"自我实现人"

"自我实现人"(self-actualizing man)也叫"自动人"。这种假设认为人并无好逸恶劳的天性,人的潜力要充分表现出来,才能充分发挥出来,人们才会感受到最大程度的满足。

(二) "自我实现人"假设与Y理论

"自我实现"这一概念是人本主义心理学家马斯洛(Abraham H. Maslow)提出的。马斯洛认为,每一个人都有一种力求充分发展自己的潜能、有超过自己目前状况的需求;虽然每个人都会遇到环境和社会的各种阻扰和障碍,但是人们的天性则是趋向于实现自己的潜能。马斯洛把这种需求称为"自我实现"。

麦格雷戈总结并归纳了马斯洛等人的观点,结合管理问题,提出了Y理论。其基本内容包括:

第一,厌恶工作并不是普通人的本性。工作可能是一种满足(因而自愿去做),也可能是一种惩罚(因而只要可能就想逃避),到底如何?视控制条件而定。

第二,外来的控制和处罚的威胁不是促使人们努力达到组织目标的唯一手段。人们愿意实行自我管理和自我控制,完成应当完成的目标。

第三,报酬是各种各样的,其中最大的报酬是通过实现组织目标而获得个人的自我满足、自我实现的需要。

第四,逃避责任、缺乏抱负以及强调安全感通常是经验的结果,并不是人的本性。人可以学会接受职责与谋求职责。

第五,在人群中广泛存在着高度的想象力、智谋和解决组织中问题的创造性。

第六,在现代工业化社会条件下,普通人的智能潜力只利用了一部分。

Y理论的人性的出发点就是"自我实现"人的人性假设。

(三)"自我实现人"假设相应的管理原则

1. 管理重点

管理重点是创造一个适宜的工作环境、工作条件,能充分发挥人的潜力和才能,充分发挥个人的特长和创造力。

"经济人"假设的管理重点是重视任务而轻视人的因素;"社会人"假设的管理重点是重视人的因素;而"自我实现人"假设把管理重点又从重视人的因素转移到重视工作环境上来了,而"自我实现人"假设重视工作环境的实质是更加重视人的因素,更加注意人的价值和尊严。

2. 管理者职能

管理者的主要职能就是创造适宜的环境条件,以发挥人的聪明才智和创造力。就是说,管理人员要去寻找什么工作对什么人具有最大的挑战性,最能满足其自我实现的需求,使员工在工作中不再感到负担,而感受到生活的乐趣和意义。

3. 奖励制度

"经济人"假设依靠物质刺激调动员工积极性,"社会人"假设依靠搞好人际关系来调动

员工积极性，"自我实现人"假设则主张通过内在激励，满足人的高级需要——自我实现，来调动积极性，即重视员工获得知识，施展才能，满足人的自尊和自我实现的需要，从而极大地调动起员工的积极性。外在奖励，如工资、提升、良好的人际关系等降到次要位置。

4．管理制度

管理制度方面，"自我实现人"假设主张下放管理权限，建立较为充分的决策参与制度，选择富有挑战性的工作，使员工显示出自己的能力，满足其自我实现的需要。

（四）"自我实现人"假设的启示

从理论上来看，"自我实现人"的理论基础是错误的，人既不是天生懒惰的，也不是天生勤奋的，人格与人性的发展是先天素质与后天环境和教育的结果。当然我们在看到其局限性的同时，也要看到在"自我实现人"假设相应的管理原则中有值得我们借鉴的成分。比如，管理者应尽可能为员工创造一个良好的、有利于发挥个人才能的环境和条件，重视员工的学习深造、能力提升，把奖励分为外在奖励与内在奖励，重视内在奖励的作用，相信员工的自主性和创造性，等等。

纽约州立大学宾汉姆顿分校心理学教授史蒂文·杰伊·林恩（Steven Jay Lynn）的意识与认知实验室曾做过一项调查，在接受调查的员工中有88%的人说他们对公司最大的不满是"公司不能充分认识到他们的贡献"，因为绝大多数员工感到自己没有被赏识。美国泰纳公司的两位管理专家合著的《管好你的"隐形员工"》一书中提到"隐形员工"现象。什么是"隐形员工"？由于感到自己被轻视、不被赏识或不能作为，不少员工躲在组织内的犄角旮旯里，发泄着抱怨和不满，得过且过、消极怠工甚至无所作为，慢慢地变成了"边缘人""隐形人"。这是一种组织中普遍存在、却容易被管理者忽视的现象。造成"隐形员工"大量存在的关键因素，就是领导者和管理层没有对员工给予充分尊重，他们眼中只有员工工作的成效，只强调以适当的薪酬作为员工价值与贡献的体现形式，而没有通过信任、赏识等内在激励，去调动人的积极性。

丰田生产方式的创建者与倡导者大野耐一曾经这么评价丰田倡导的全员参与改善："没有人喜欢自己只是螺丝钉，工作一成不变，只是听命行事，不知道为何而忙，丰田做的事很简单，就是真正给员工思考的空间，引导出他们的智慧。员工奉献宝贵的时间给公司，如果不妥善运用他们的智慧，才是浪费。"

大学生的班级管理、社团管理中是不是也有这样的问题？中国科学技术大学计算机学院的前学生会主席这么说：

想到前段时间科技活动周，学生会为学院招募志愿者，谈及钱的时候，其实没什么效果，因为金钱补助是象征性的，金额较少。负责的同学抱怨钱太少了，没有吸引力，如果多点就好了。实际上"重赏之下必有勇夫"，增加金额确实可以解决问题。但是，且不说学生会能否支付起这样的奖励，仅仅是为了保证学生会的纯洁性，我们也不能这样做。

所以，这就要求我们从其他的角度去实现。

其实我们应当注意到很多人刚进入大学加入学生会时的理由是"希望能锻炼自我""希望能交到更多的朋友"，实际上他们最希望能在学生会满足的需求是自我实现，是归属与爱的需求，而不是生理需求、物质上的需求。

所以我们可以采取的方式除了实际的利益如提高综合评测中学生会的分数比重，更应该侧重自我实现和归属与爱的需求，例如形成团结互助的关系满足友谊需要，或者提供更多的锻炼和发展机会比如支持参加全国青年领导者会议，等等，都具有一定的操作性和吸引力。

每个人都希望自己工作富有意义，自己能够承担更多责任，能力得以施展，并且得到人们的认可，这是人们努力工作的一个重要动力。今天的高新科技公司对其高级技术人员的管理方式就是借鉴了"自我实现"的人性理论，知识经济就是依靠这些高新科技人才的创造力来发展的，如何挖掘其创造力是管理者面对的难题，相比其他资源，人才资源的开发弹性是最大的。据美国一家软件协会调查，各种同类设备之间性能差距最多不超过30%，而一个好的软件工程师和一个差的软件工程师的生产力可相差100倍。管理者最核心的作用就是去创造良好的，能让绝大多数人充分展现其创造力、智慧的环境，优秀的管理者之优秀就在于其能创造一个有益于发挥绝大多数人智慧的环境。

我们来看"北大方正的用人之道"。

案例：北大方正的用人之道

方正聚集着一大批创造性人才，怎样将他们组成一个强大的阵容，是一个不容回避的课题。

有一次，时任北大校长丁石孙出访。有人问，当北大校长有什么与众不同的地方？丁沉思片刻，答道："当北大校长，谁都可以不听你的。"丁校长实际上给我们阐述了一种管理理念:领导绝不意味着控制,谁的意见合理就听谁的,出了问题我替你扛着,这才是领导者应尽的责任。

方正领导层也秉承了这样一种理念。北大方正集团原总裁张兆东曾举过一个例子,"经常有人拿着花了一个星期写好的报告来请教我。我说我提不出意见,你花这么长时间准备,你是专家,我相信你的判断。当然他可能也有毛病,但你应该放手,让他自己迈步,他会加倍努力来回报你的信任和尊重。"

方正元老王选准备从科研一线退下来时说,以后衡量他的工作是否有成绩,要看他能否培养出超过自己的年轻人。王选有个笔记本,上面记录着研究院几百名年轻人的性格和特长。每隔一段时间他会对照其实际表现,修订记录的内容,考虑如何安排才能将他们的聪明才智最大限度地发挥出来。每次在公开场合介绍新的研究成果,王选都会把幕后的新人隆重地推向前台。

二、"复杂人"假设

(一) 什么是"复杂人"假设

"复杂人"(complex man)假设认为,人的需要在不同的情境、不同的年龄,其表现形式是有差别的。人的需要和潜力随着年龄的增长、知识的积累、地位的变化、环境的改变以及人际关系的变化,也在不断地变化。因此,无论是"经济人""社会人"还是"自我实现人"的假设,虽然各有其合理性的一面但并不适用于一切人,人类的需要和动机是复杂多变的。

(二)"复杂人"假设与超Y理论

X理论和Y理论的产生,在西方管理界引起不同的反响。其后,有研究者就根据这一理论,选择了亚克龙工厂、史脱克顿研究室与哈特福工厂、卡媒研究室进行研究。研究结果表明:亚克龙工厂和卡媒研究室实施X理论,采取严密的组织,实施指令式的控制管理,结果因人员素质不同,效果并不一样。工人比例高的亚克龙工厂效率高,而研究员比例高的卡媒研究室效率则低。另外,史脱克顿研究室和哈特福工厂实施Y理论,实验结果则相反。这说明了X理论并不一定是毫无用处,而Y理论也不是普遍适用,以X理论为指导的管理方式和以Y理论为指导的管理方式都有其适用的环境。

"复杂人"假设是20世纪60年代末至70年代初提出的。美国管理心理学家约翰－莫尔斯(J. J. Morse)和杰伊－洛希(J. W. Lorscn)根据"复杂人"的假设,提出了一种新的管理理论,就是超Y理论,它是有关"权变理论"的别称。

超Y理论认为,没有什么一成不变的、普遍适用的最佳的管理方式,必须根据组织内外环境自变量和管理思想及管理技术等因变量之间的函数关系,灵活地采取相应的管理措施,管理方式要适合于工作性质、成员素质等。超Y理论在对X理论和Y理论进行实验分析比较后,提出一种既结合X理论和Y理论,又不同于X理论和Y理论的,主张权宜应变的经营管理理论。实质上是要求将工作、组织、个人、环境等因素做最佳的配合。即因人、因时、因事、因组织环境不同,而制定不同的管理措施和采取灵活多样的管理方法。

> **相关链接:参与管理 民主管理 权变管理**

参与管理(management by participation)是指通过一些制度或授权的方式让中下层管理人员和员工有提供意见的机会,在不同程度上让他们参加组织决策的研究和讨论。

民主管理(democratic management)是指让员工有权参与组织重大事情的决策和管理,并对管理者进行监督,体会到当家作主的愉快,从而充分调动其积极性。

权变管理(contingency management)是指要因人、因时、因事、因组织环境不同,而制定不同的管理措施和采取灵活多样的管理方法。

(三)"复杂人"假设相应的管理原则

根据"复杂人"假设提出的超Y理论,并不要求管理人员放弃前面三种人性假设为基础的管理理论。而是要求管理人员根据具体情况,灵活地采取不同的管理措施。主要内容有以下几点。

1. 采用不同的组织形式提高管理效率

依据工作性质的不同,可以采取固定的组织形式,也可以采取灵活、变化的组织形式。有的采取结构简单、命令统一、各级直线管理者亲自处理各种业务的直线式,有的采取直线－职能式:直线管理者按命令统一原则对各级组织行使指挥权,职能人员按专业化原则,从事职能管理工作,行使参谋职能,进行业务指导;有的采取适用于横向协作和攻关项目的矩阵式;等等。不同的组织形式和结构都有自己的优势和不足,管理者应根据工作任务、内部管理需要、组织战略目标等,选择合适的组织形式和结构。

2. 采取弹性应变的领导方式

若组织任务不明、工作混乱,应采取严格控制的领导方式;若组织内部任务明确,工作井然有序,则应采用民主的、授权的领导方式,让下属充分发挥自己的能动性和创造性。一般认为"独裁型"管理适宜治乱,但从长期的管理效果看,民主型领导方式优于"独裁型"。

> **相关链接:企业生命周期与独裁式领导**

在独裁式管理作为反面教材不断得到鞭挞、参与式管理正在成为潮流的背景下,伊查克·爱迪思(Ichak Adizes)独树一帜,提出了企业生命周期理论为独裁正名。

爱迪思把企业生命周期分为十个发展阶段,分别是孕育期、婴儿期、学步期、青春期、盛年期、稳定期(成熟与衰退期)、贵族期、官僚初期、官僚期和死亡期(图4.1)。爱迪思认为,同样的事物,在生命周期的某个时期是正确的,但到了生命周期的另一个时期也许就是错误的了。婴儿期企业的主要问题是生存问题。在婴儿期企业中,独断专行的领导风格几乎是不可避免的,这样才能适时处理危机。贵族期企业的本质就是两个字——平庸,企业内部好像波澜不起的一潭死水。他认为参与式管理并不适合婴儿期和贵族期的企业。独裁式管理并不一定意味着令人憎恶和无礼,它也可能意味着有力、果断和公正。

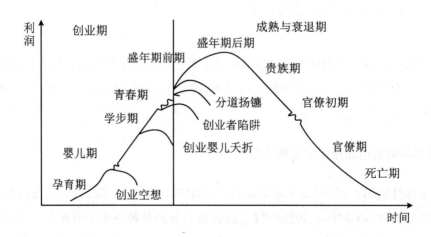

图4.1 爱迪思企业生命周期理论

生活中,有人认为人性化的民主式管理优于"军事化"的独裁式管理,而有人则认为"军事化管理"更适合当前中国企业的实际。事实上,同一种领导风格在不同的组织内运用时,有的成功,有的失败;成功管理者的领导风格,有的较民主,而有的偏专制。因而,正像超Y理论主张的,领导方式应是弹性应变的,独裁式的管理、民主型的领导,哪一种更有效,也是根据具体情况,不能一概而论。

3. 采取灵活多变的管理方式与奖酬方式

管理者要善于发现员工在需要、动机、能力、个性上的个别差异,因人、因时、因事、因地制宜地采取灵活多变的管理方式与奖酬方式。

案例:如何改变一个人

约翰50岁,是大银行分行经理助理。他已做助理11年,表现平庸,分行经理都不愿要他,都设法打发掉他。11年里,约翰转过8个分行,现在是第9个。经理了解到约翰没有经济负担,衣食不愁,继承了一笔遗产,有几套公寓,太太在家打理家务,两个孩子都大学毕业,有很好的收入。

通过仔细分析,经理认为,约翰也许会更需要别人的认可。在分行周年庆祝会上,经理定做的大蛋糕上写着分行最近一个财务纪录,这是在约翰的努力下实现的。经理对此特别夸奖。约翰的情绪受到这种赞扬以及很多同事的祝贺所鼓舞。从此以后,他的行为彻底改观。经过不断的认可和赞扬,约翰有了极大进步,两年后成为另一家分行的杰出经理。

并不是只有物质奖励才能调动积极性,赞赏也是一种激励方式,激励的效果取决于是否与员工的需求相契合。

案例:如果你是陈经理

财务部陈经理走到休息室门口,突然听到休息室里有人在交谈,他从门缝看过去,原来是自己部门的员工小马和销售部员工小李两人在里面。小李对小马说,"你们部陈经理对你们很关心嘛,今晚又请你们吃饭哈。""得了吧。"小马不屑地说道,"他就这么点本事来笼络人心,遇到我们真正需要他关心、帮助的事情,他没一件办成的。你拿上次公司办培训班的事来说吧,谁都知道如果能上这个培训班,工作能力会得到很大提高,升职的机会也会大大增加。我们部几个人都很想去,但陈经理却一点都没察觉到,也没积极为我们争取,结果让别的部门抢了先。我真的怀疑他有没有真正关心过我们……"陈经理满腹委屈地躲进自己的办公室。

陈经理作为中层经理,手中掌握的资源有限,不可能经常给员工加薪和升职,因而,他选择通过"小恩小惠"来博得下属的好感,融洽人际关系,为工作增添"润滑剂",所以陈经理如果从工作角度出发,对下属实行"小恩小惠"是正常的。但是在这个案例中陈科长的"小恩小惠"得到了下属的抱怨,为什么呢?是因为他使用的方式不对,员工最重要的需求没有得到满足,培训的机会没有争取到,所以对员工来说,"小恩小惠"就变了滋味,没有了效果。

课堂上让同学们分析过这个案例,假定自己是陈经理,接下来会如何处理这件事?少部分同学主张如果自己是陈经理,接下来的饭不吃了,回头好好教训教训小马;大部分同学主张这顿饭可以继续吃,并趁这个机会征求部门员工的意见,了解他们的需求。

正如"复杂人"假设管理原则主张的,人的需求是多种多样的,管理方式与奖酬方式也应随之改变。

(四)"复杂人"假设的启发

"复杂人"假设及其相应的管理理论同其他人性假设和管理理论一样,并不是完备的理论,有其局限性。"复杂人"假设过分强调个别差异,在某种程度上忽视了共性,过分强调管理措施的应变性、灵活性,不利于规章制度的稳定性,不利于对管理规律一般性特征的把握和研究。当然,"复杂人"假设及其相应的超Y理论强调根据不同的具体情况,针对不同的管理对象,采取不同的管理方式和方法,包含有辩证法因素,对管理思想发展和实际管理工作具有积极的意义。

现代管理理论随着社会经济的进步,正出现空前的繁荣,随手翻开一种书籍或报刊,各种管理名词比比皆是。在色彩缤纷的管理理论和方法面前,怎样看待管理,怎样运用管理,是至关重要的。尺有所短,寸有所长。管理理论和方法的运用要根据具体情况,单一的管理理论和方法不可能医治各不相同的管理弊病,不同的管理方法有不同的定位。

案例：教案风波

一所学校领导决定用展览教案的方式检查教师的教学质量，却出现了一场不大不小的风波：两位年轻教师的教案，条理分明、语言漂亮，可称一流，但教学效果不好；两位老教师教案简单、间用符号、不合规范，但他们的教学深受学生欢迎；另有一位教师的教案只有一份"板书设计"和一份"双基归类表"，而他讲课时用这两份"自行设计"的板书和图表，再加上教学参考书，教学效果非常好。以上情况让校长遇到了难题。

对于不同的教师，要求和管理的措施应该有所不同，对待教案的要求也不能"一刀切"。对待新教师应要求比较详细、具体，而对于老教师就应大胆放手，更多地发挥教师的主动性。

案例：你赞同校长的做法吗？

某中学校长管理教师分三种情况：对青年教师，尤其是新来的教师，他每月交代一次任务，并告诉他们怎样去具体完成。对中年教师，他很注意关心他们的生活困难，教学工作上喜欢听取他们的意见。对老教师，除关心他们的身体外，对日常教学工作，校长一概不问。

这位校长的做法总体上是可以肯定的。青年教师还处于不成熟阶段，校长采取的是"命令式"布置任务，教给方法。中年教师已进入比较成熟阶段，校长对他们采取的是"参与式"，经常听取他们意见。老教师已进入很成熟阶段，校长采取的是"授权式"。这位校长的做法不仅符合复杂人假设的管理原则，也符合领导生命周期理论的观点。

相关链接：领导生命周期理论

领导生命周期理论是由美国俄核俄州大学的科曼（Karman）首先提出的，后由赫西（Paul Hersey）和布兰查德（Kenneth Blanchard）等人予以发展，也称情景领导理论，这是一个重视下属的权变理论。它的要点是:领导者的行为应适应其下属的成熟程度。在被领导者日趋成熟时,领导者的行为要作出相应的调整,这样才能称为有效的领导。

这种理论将成熟度定义为:个体对自己的直接行为负责任的能力和意愿。它包括两项要素:工作成熟度与心理成熟度。前者包括一个人的知识和技能。工作成熟度高的个体拥有足够的知识、能力和经验完成他们的工作任务而不需要他人的指导。后者指的是一个人做某事的意愿和动机。心理成熟度高的个体不需要太多的外部激励,他们主要靠内部动机激励。

这个理论形象地反映了领导工作行为和下属的成熟程度的关系,对领导行为有一定指导作用,但是,不能教条地搬用这个理论。

随着社会的不断发展,员工的受教育程度在不断提高,尤其是新生代员工,大多都具有较高的教育水平和生活标准,普遍具有自我意识强、团队意识弱、抗逆能力差、文化观念开放、技术知识水平高等特点,对归属和被认可、受人尊敬、发挥才能的需求更加强烈。因而,权威的家长式管理已不再适用于他们。管理者应考虑到员工特点的变化,在管理方式上作出相应的改变。

一切管理问题,归根到底都是人的问题,认识人性,才能更好地理解人、管理人,提高管理绩效。

从前面的介绍中,我们看到,从"经济人"假设、"社会人"假设、"自我实现人"假设到"复杂人"假设,西方管理心理学对人性的认知不断深化,同时,相关的管理理论也在不断深化、发展,管理理论受哲学、心理学的影响是很大的。

我们要看到西方管理心理学人性假设的阶级局限性,人的本质不是永恒的,而是历史的发展着的各种社会关系的总和。马克思在《关于费尔巴哈的提纲》中指出:"人的本质不是单个人所固有的抽象物,在其现实性上,它是一切社会关系的总和。"人是现实的人,是社会中的人,是历史中的人,是处于各种各样关系中的人。我们需要用辩证的和历史的观点来认识和解决人的问题。

另一方面,我们要看到这些人性假设以及相应的管理理论也揭示出管理活动中的一些共性和规律,在我国社会主义初级阶段的管理活动中,可以将这些理论批判性地吸收借鉴,有机地、科学地、综合地运用。比如,在尊重员工,满足员工合理需求的基础上制定各种规章制度,在对员工进行物质奖励的同时,也要运用各种方法对员工进行精神鼓励,在各种控制、监督、奖惩等行政手段的实施中,同样要有思想政治工作的配合。

课 堂 讨 论

1. 每年开学时是学生会、社团招新的火爆时期。可到年底还继续留下的人数不会超过20%，并且这些人还基本都是早已内定好的各门各部的接班人。由此观之，学生会、社团的人员流失情况十分严峻。以我所在的班级为例，大一开学伊始，约有50多人参加了院学生会，四个月下来，还继续想在学生会做点事情的已不到十人。这里值得一提的是，大家往往喜欢把这种情况归咎于学习压力，不可否认，这有一定的影响。不过，更加值得注意的是，这退出的40余人几乎在这四个月中根本就没有参加过任何一项活动，所以也根本谈不上因为参加学团工作而影响学习了……

同学们对学生会的工作热情不高，工作会议常有缺席……

讨论题：请结合以上材料谈谈你对学团管理工作的建议，分享你的经验或教训。

2. 学校西区东北角有一片枇杷林，刚来学校的时候就听说，每年等不到枇杷成熟，树上所有的青枇杷都会消失的。因为那里比较偏僻，路人经过时倘若顺手摘几个枇杷，无人知晓。于是大家都顺手摘几个，最后满树的枇杷所剩无几。而与之形成鲜明对比的，是学校东区浴室门口的那几棵柿子树，即便柿子成熟了，也没有人去摘，每到深秋季节，熟透了的柿子便纷纷掉落到地上，染得地上姜黄一片。

讨论题：一个果子还没成熟就被采光了，一个等到熟透了也没有人采摘，同是校园里的果树，为何会有这样的不同？你对校园"枇杷树与柿子树"的管理问题有何建议？

3. 无论是假期回家、旅行还是返校，快速又安全的高铁，一直以来都在为我们的出行带来便利。然而，在最近频频成为网络热搜的高铁"霸座"事件中，霸座者成为众矢之的的同时，也让我们对高铁的运行环境产生了担忧。

2018年8月21日上午，在从济南站开往北京南站的G334次列车上，一名男乘客霸占别人的靠窗座位，当事女乘客叫来列车长后，该男乘客自称"站不起来"。列车长问其是否身体不舒服或者喝了酒,对方回答:"没喝酒。"列车长问:"没喝酒为什么站不起来?"对方称:"不知道。"并表示到站下车也站不起来,需要乘务员帮助找轮椅。他拒绝坐回自己的座位,并称让女乘客要么站着,要么坐他的座位,要么去餐车。

2018年9月19日10:44,永州—深圳北G6078列车上,再次出现"霸座"行为。一名女乘客车票标注的座位是靠过道,但她执意坐在靠窗的邻座位置。乘警与霸座女乘客反复沟通,这名女乘客就是不肯让出座位,并坚称"座位上又没贴号,自己坐的位置就是自己的"。

讨论题:如何解决高铁"霸座"问题?和小组同学分享你的思考。

4. 我在大四期间曾经在两家公司实习过。公司A:位于河北省秦皇岛市,是一家生产经营医疗器械的公司。拥有职工2000余人,分为研发部门、生产部门、营销部、市场部等,其中,研发部门分为软件部和硬件部,共有开发人员、测试人员总计300余人,管理体系结构健全。

该公司是我们学校安排的实习单位,没有签订实习协议,实习期间没有工资和补助,实习的目的是完成本科毕业设计。

我在该公司实习的部门为软件研发部,实习时间为4个月。工作日的早晨7:30,大巴准时停在学校宿舍楼下,等待我们班级同学上车,总会有同学迟到或请假,班长每天统计上班人数,"今天有十几个人请假",已经习以为常了。上班期间,我们没有具体的工作任务,不用作工作汇报,或学习或聊天或睡觉,只要遵守公司的制度,不影响其他同事的工作就可以。通常的一天,似乎是,早上盼着中午下班吃饭,下午盼着五点下班回学校。考勤记录也很随意,每天的签到只是形式,请假只要让同学帮写张假条就可以。和公司同事、组长的交流也很少,周末公司的活动,也不会通知我们。实习期间,也学习到了一些知识,为毕设做了些准备,但大多数同学的感觉是,时间浪费掉了,公司对于我们的表现也很不满意。

公司B:位于北京海淀区,是一家从事无线通信和射频、微波测试系统的解决方案提供商。拥有职工50余人,公司处于起步阶段,没有独立的办公大楼,只有一幢写字楼内租的四间房间。

该公司是我自己应聘的一家公司,在上班的第一天就签订了实习协议和公司保密协议,写明了薪资和工作内容。我在该公司实习的部门同样是软件研发部,实习了一个月。第一天上班,人事带着我参观工作室,介绍同事,大家热烈地欢迎我,主动打招呼,当得知我还没有找到住宿的地方时,纷纷帮我联系中介。上班期间,人事先对我进行了入职培训,介绍了公司的发展状况和公司制度,随后的实习阶段由主管安排学习任务。在上班的第二天,收到了主管的邮件,详细说明了实习期间的学习内容、学习时间。每周的周一,要向部门经理提交工作周报,包括上周工作的完成情况、这周的工作计划。每完成一项任务,我会向主管汇报,他会即时作出反馈,提出表扬或者建议。在那里,每天的工作都感觉很充实,总想着可以早点到公司,晚点下班,这样就可以多学到点东西。

和同事的关系也相处得非常好,其间还参加了公司一年一度的春游,感觉整个公司就像一个大家庭。虽然只是实习了一个月,但是我在同事和主管的指导下,编写了一个局域网聊天软件,另外还学到了其他知识。

对比两家公司的实力,显然,公司A的实力要强得多,工作环境也远远优于公司B,管理模式要比公司B完善很多。在公司A,本应该有更加积极的工作态度;相反的是,我却在公司B积极地投入工作,学到了很多知识。我并不是一个懒惰的学生,可在公司A,我却没有学习的动力,对于迟到、偷懒也并没有太大的愧疚感。

讨论题:试从人性假设的角度分析实习生为何在A公司和B公司有不同的工作状态。从此案例中,你获得了什么启发?

5. 春秋时期,楚国令尹孙叔敖在苟陂县一带修建了一条南北大渠,足以灌溉沿渠的万顷农田,可是一到天旱的时候,沿堤的农民就在渠水退去的堤岸边种植庄稼,有的甚至将农作物种到了堤中央。等到雨水一多,水位上升,这些农民为了保住庄稼和渠田,便偷偷地在堤坝上挖开口子放水,因而决口事件经常发生。到后来这种情况变得越来越严重,抓不胜抓,防不胜防。面对这种情形,历代苟陂县的行政官员都无可奈何。每当渠水暴涨成灾时,便调动军队去修筑堤坝,堵塞漏洞,耗费巨大,并且年年如此。

后来宋代李若谷出任苟陂县知县时,同样也碰到了决堤修堤这个头疼的问题,他一改以往历朝历代的做法,只贴出了告示:"今后凡是水渠决口,不再调动军队修堤,只抽调沿渠的百姓自行修堤。"布告贴出以后,再也没有人偷偷地去决堤放水了。

20世纪70年代,印度拉贾斯坦邦掀起了轰轰烈烈的植树造林活动。为此当地政府制定了一项制度:每栽一棵树,奖励13卢比。这项奖励制度让很多农民开始见缝插针地植树,然后申报领取奖金。政府很快发现了问题:很少有人在乎树的质量和及时浇水、施肥等,因此树的成活率普遍很低,甚至不到37%。为了提高植树的质量,政府派出官员到各地监督,但成活率仍没能提高多少。接着,政府组织农民进行培训,引发他们思考植树造林的意义,可成活率依然没有实质性提高。

后来,政府修改了原来的奖励制度:将"栽一棵树奖励13卢比",改为"一年后活一棵树奖励13卢比"。从此以后,植树的成活率直线上升。

讨论题:李若谷为何仅凭一张告示就解决了近千年无法解决的难题？运用人性假设理论分析印度拉贾斯坦邦植树造林奖励措施的变化。

6. 以"汇通天下"著称于世的中国第一家票号——日升昌,创建于道光四年(公元1824年),运营时间达一个多世纪(1823—1948),经历太平天国、甲午狂飙、庚子风云的洗礼,力久不衰,盛极一时,执全国金融之牛耳。日升昌票号如此辉煌的业绩,自是与其人力资源管理分不开。

日升昌票号建立初期就设计了一种顶身股制度,即掌柜和伙友以个人劳动力(包括掌柜们的经营管理能力和伙友的个人业绩及贡献等)折成的股俸,享有与银股(出资者)等量分红的权利,身股只参加分红,不承担商号的亏赔责任。凡顶了身股者,"莫不殚心竭力,视营业之盛衰,为切己之利害"。身股与银股不同的是不能继承,但身有故身股加以补充。对有功掌柜和20顶身股者去世以后,大掌柜有三次分红,顶五厘以上者享两次,五厘以下者享一次,以酬前劳而恤其家人和后代。对已故职员子弟,才能良好者可以入号当学徒,愿意到别号就业者,亦可以代为介绍和担保。这样的顶端设计将员工和财东的利益紧紧捆绑在一起,顶上生意的人因其关乎切身利益格外关注票号经营状况,顶不上生意的人也试图通过自身努力和贡献跻身顶身股者行列。因而掌柜和伙友都尽心竭力把票号的生意做大做强。

讨论题:试用人性假设理论分析此案例中的日升昌票号管理制度。

第三篇

认知与管理

人的行为产生有赖于个体对其所处的物理环境和社会心理环境的认知和理解,认知的个别差异会导致不同的行为,因而,认知因素(感觉、知觉、记忆、思维等),是影响组织管理活动中人的行为差异的重要心理条件之一。管理者要研究和预测人的行为,就必须了解认知差异的现象和规律。本篇主要介绍一般知觉、社会知觉、印象管理、归因等内容及其在管理中的应用。

第五讲 了解知觉

一、什么是知觉

知觉是人们很熟悉的心理活动，它比感觉要复杂，并常和感觉交织在一起，被称为感知活动。

感觉是刺激物作用于感觉器官，经神经系统的信息加工所产生的对该刺激物个别属性的反映。比如视觉反应刺激物的颜色，听觉反应刺激物的声音，嗅觉反应刺激物的气味。人们对世界的了解是从感觉开始的，感觉是一种最简单的心理现象，但人们的生活离不开最基本的感觉活动。

相关链接：感觉剥夺实验

美国心理学家唐纳德·赫布（Donald Hebb）在位于蒙特利尔的麦吉尔大学医学中心开展过大规模的一项研究。麦吉尔大学的研究人员付费邀请了一些志愿者——以大学生为主——让他们在隔音小房间里单独待上几天甚至几周,在此期间不得与任何人进行接触。研究人员的目标在于将刺激减少到最小,同时观察被试在几乎没有任何事发生的情况下会做出何种反应。他们让被试戴上半透明的护目镜,使其难以产生视觉;手臂戴上纸筒套袖和手套,腿脚用夹板固定,限制其触觉;用空调调节器发出的单调声音限制其听觉。被试单独待在实验室里,几小时后,开始感到恐慌,进而产生幻觉……

在实验室待了三四天后,被试会出现错觉、幻觉、紧张、焦虑、恐惧、思维迟钝等。

研究者追踪调查发现,被试在实验结束后,需要三天以上的时间才能恢复到原来的正常状态。

实际生活中,感觉和知觉是密不可分的,"纯粹"的感觉是不存在的,除了刚出生的婴儿外,一般感觉和知觉总是联系在一起。知觉是感觉的深化,是人对外部世界大量刺激冲击我们感官的感觉信息的组织和解释的过程,是个体对事物整体的直接反映。

感觉的产生来自于感觉器官的生理活动及其客观刺激物的物理特性;而知觉的产生是在感觉的基础上,对刺激物的各种属性加以综合和解释,表现出人的主观因素的参与。

人们的行为是以他们对现实的知觉为基础的,而知觉不等于外部现实,不是对客体的绝对的镜像反映,有共性、客观性的一面,也有大量的主观性的一面,因而,面对同样的人和事,不同的人往往有不同的认知,这种认知差异会直接影响到人们的行为差异,因此,知觉研究对管理活动具有非常重要的意义。

二、知觉的基本特征

课堂上给同学们进行过一次问卷调查:

① 他很爱她。她小小的瓜子脸,弯弯的娥眉,面色白皙,美丽动人。可是有一天,她不幸遇上了车祸,痊愈后,脸上留下几道大大的丑陋疤痕。你觉得,他会一如既往地爱她吗?

  A. 他一定会   B. 他一定不会   C. 他可能会

② 她很爱他。他是商界的精英,儒雅沉稳,敢打敢拼。忽然有一天,他破产了。你觉得,她还会像以前一样爱他吗?

  A. 她一定会   B. 她一定不会   C. 她可能会

绝大部分同学都选择了"可能会",少部分选择了"一定不会",很少有人会选"一定会"。

当老师问:"他和她是什么关系?"大部分同学会肯定地回答:"恋人关系。",少部分同学会恍然大悟。其实在这两项问卷中,并没有明确告知他和她是什么关系,但同学们理所当然地就把二者当成恋人关系,然后据此得出自己的结论。同学们的这种表现其实正是知觉特点的体现。

(一) 知觉的选择性

由于大脑处理信息的能力有限,人们不可能感知到周围环境中的所有刺激,更不可能同时对所有的刺激都作出反应,而总是有选择地以少数刺激作为知觉的对象,对它们知觉得格外清晰,好像从其他事物中凸显出来,出现在"前面",而其他事物则退到"后面"去,成为知觉的背景,人们对知觉背景的知觉相对模糊,这种现象就是知觉的选择性。

前面那个调查问卷就是一个知觉选择性的事例,生活中,人们常常会根据自己的需要、动机、经验、背景及其他个人特质而选择性地去看或听所传递给他的信息。"鸡尾酒会效应"也是知觉选择性的一个典型事例。

相关链接:鸡尾酒会效应

在各种声音嘈杂的鸡尾酒会上,有音乐声、谈话声、脚步声、酒杯餐具的碰撞声等。当某人的注意力集中于别人的谈话时,他对周围的嘈杂声音会充耳不闻,但若另一处有人提到他的名字,他会立即有所反应,或者朝说话人望去,或者注意说话人下面说的话等。

知觉的选择性特点使人能够把注意力集中到少数重要的刺激或刺激的重要方面,排除次要刺激的干扰,从而更有效地认识和适应外界环境。但是,在知觉过程中,对象和背景的关系不是一成不变的,两者可以相互转换,这种转换在双关图形(图5.1、图5.2、图5.3)中表现得尤为明显。

图 5.1 少女与巫婆

图 5.2 兔子还是鸭子？

图 5.3 杯子和人像

我们来看一个管理人员选择认知的典型例子。

这是一项知觉选择性的经典性试验研究。23位企业主管阅读一篇某钢铁公司的卷宗。这些主管中，有6位来自销售部门，5位来自生产部门，4位来自会计部门，8位来自总务部门。读完卷宗之后，请他们写下他们认为这家企业最需要解决的问题是什么。要求他们从全公司角度而不仅仅从某一个部门来审视问题。结果，有5位(83%)销售主管认为问题在于销售,而其他各类主管中只有29%强调销售问题的重要性。

主管们更多地会注意与自己部门有关的问题,而且对组织活动的知觉与决策也会倾向于选择与自己部门相关的内容予以注意。这种本位主义式的知觉不自觉地反映了人的职业与工作的特点,反映了人的兴趣、需要、利害关系的影响。

生活实践中我们依个人的兴趣、爱好、需要、习惯等去主动地选择乃至搜寻对象特征作为知觉内容,而其他的内容则退为背景,不能被我们的意识清晰地加工。比如,我们看手机新闻或一本杂志时总是挑自己喜欢的内容优先阅读,很少有人会按照排序依次阅读。同样,我们对朋友往往会更多地注意他们的优点、长处,而对与自己关系不好的人,往往更留意他们的短处、过失。

下面这个航空领域的例子说明了认知的这种特点带给我们的启示。

飞机专家希望让某种战斗机具有更坚固的结构,但不知道应当在飞机的什么部位进行加固,于是专家制作了一个飞机的纸模型,并请来一批该种战斗机的飞行员做调查,要求他们找出他们认为战斗机飞行过后损坏最严重的部位,用记号笔在纸模型上标注,最终,纸飞机模型上面有些部位被画上记号。现在问应该在飞机上什么部位进行加固?

有些人认为应当在模型被标记的部位进行加固,因为那些部位损坏严重。但是出于对飞机与飞行员安全的考虑,正确的做法应当是在没有被标记的部位进行加固。理由是被标记的部位即便损坏,飞行员与战斗机都能够安全返回,但是没有被标记的部位有可能也被损坏了,只是飞行员和战斗机都一同阵亡,这些飞行员没有机会参与飞机专家的调查。因此没有标记的部位可能是飞机致命弱点所在,而被标记部位的弱点不足以致命。所以飞机专家建议加固没标记的部位。

这个例子说明我们在认知的时候存在选择性,我们可能下意识地排除了部分重要的因素。我们人类的认知存在一定的弊端,因此我们应当总结经验,适当训练,使自己的认知能力得到提升,这样在面对刺激时大脑能更全面完善地作出正确的反应。

(二) 知觉的整体性

知觉对象有不同的属性,由不同的部分组成,但我们并不把它感知为个别孤立的部分,而总是能把它知觉为一个整体。知觉的这种特性即是知觉的整体性。

比如我们面前放着一块大理石,我们不用实际触摸,看到大理石,就会觉得它是坚硬的和冰冷的。虽然当时我们并没有触摸感觉和温度感觉。

知觉的整体性对于生活具有重大的意义。客观世界的事物现象都是不断变化的,知觉的整体性使人对客观事物的认识趋于完善,从而保证活动的有效进行。

知觉的整体性的特点启示我们要善于寻找和认识事物间的内在关系,把握事物的整体关系。另一方面,我们也要看到,这种见微知著、一叶知秋的现象在处理组织内常规事务时效果较好,但缺点是容易犯经验主义错误。

案例:"心理疾病"

皓皓5岁,是幼儿园中班的小朋友。每天他都把在幼儿园画的画带回家来。妈妈将他的每幅画都贴在墙上,没事的时候就欣赏一番。但是,渐渐地妈妈感到有些问题:皓皓的每幅画都只有黑色和棕色两种颜色。妈妈专门跑到皓皓幼儿园的同学家里,看到他们的画色彩鲜艳,颜色运用得非常恰当。

这件事搅得妈妈心烦意乱,经过一段时间的思考,妈妈觉得或许是皓皓患上了某种心理疾病。

妈妈领着皓皓看心理医生,把自己的观测和分析详细地告诉医生。医生也觉得奇怪,便为皓皓做了各种心理测试,并耐心地与皓皓交谈了很长时间,但这些都显示皓皓的心理非常正常。医生无法解释皓皓在绘画上的奇特现象,便建议一周后再来复诊。

一周后,妈妈又带着皓皓找到医生,医生依然找不到"病源",这时医生拿出了事先准备好的一盒蜡笔,让皓皓当着他的面画一幅画。

皓皓打开蜡笔盒,惊讶地叫道:"哇!什么颜色都有啊。我的蜡笔都让我的同桌给抢走了,他只给我留下了黑色和棕色两种颜色的笔,还不许我告诉任何人!"

生活中很多人犯了和皓皓妈妈同样的错误,但并不自知。

在管理活动中,注意提醒自己,我们是否只利用了外部信息的一小部分,然后用自己的心智构建了其余的部分,我们可能因此忽略了很多东西,可能因此片面地看待别人,甚至忽略了必要的沟通。

(三)知觉的恒常性

知觉的恒常性即指知觉对象的物理特性在一定范围内发生变化的时候,人对该对象的知觉仍可保持相对不变的特性。

知觉的恒常性主要表现为大小恒常性、颜色恒常性、明度恒常性、距离恒常性和形状恒常性等。

比如，人乘坐飞机，越飞越高，地面的房子在视觉中越变越小，但是我们知道房子的大小是不会改变的，这是大小恒常性。一面红旗，在室外白天看是红色的，黑夜里看是黑色的，但人对于红旗的知觉永远是红色的。我们欣赏中国水墨画时依然会把墨画的荷花和荷叶知觉为红和绿，中国艺术家把这叫作"运墨而五色具"。从知觉特点来看，这是颜色恒常性的表现。当照明条件改变时，人知觉到的物体的相对明度保持不变的知觉特性即为明度恒常性。比如白纸在暗处看来，颜色较暗，呈现灰色；煤块在亮处看来，颜色会更为明亮。但是人们在知觉的过程中认为白纸依然是白色，煤块依然是黑色。

图5.4是一组形状恒常性的示意图。一扇门从关着、半开着到开着，虽然视觉所看到的是不断变化的形状，长方形、梯形、一条线，但知觉经验仍把这扇门看成长方形。即门的形状不随其所处环境的改变而变化，在知觉中门的形状是恒常不变的，门还是同一扇门，只不过是位置变了。

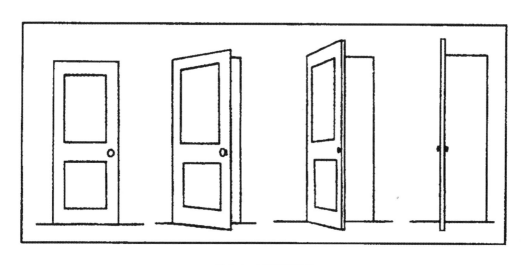

图 5.4　形状恒常性

知觉恒常性可以帮助我们保持对事物的正确知觉，在环境条件发生变化时，我们仍然能够按照事物的实际面貌作出反映。

（四）知觉的理解性

知觉的理解性即指个体能利用已有的知识经验去解释被知觉的对象，并用词来标志它。知觉是在过去知识和经验的基础上产生的，所以对事物的理解是知觉的必要条件。

在知觉的时候,客观事物的各种属性和各个部分不一定同时发生影响,只是由于过去经验的帮助,人对知觉对象产生理解,才获得事物的整体的反映,这就造成了不同职业和有不同经验的人在知觉上的差异。一个在某一方面从事多年活动的人,由于在这方面积累了丰富的知识经验,便对有关的对象知觉得更为深刻。工程师检查机器的时候要比一般人看到更多的细节。成人的图画知觉与儿童不同,儿童多以像与不像评价一幅画,就如苏东坡所说"绘画以形似,见与儿童邻",而成人能更深刻地了解图画的内容和意义,知觉到儿童看不到的细节。

图 5.5 是俄罗斯抒情风景画家列维坦的作品《弗拉基米尔路》。初看,这是一张普通的风景画,上面是一条土路,景色是冷灰色调,但如果你知道这是一条通往遥远的西伯利亚的土路,在这条漫长的土路上,经过了无数带着沉重镣铐被流放到西伯利亚的政治犯。这时你对画面的认识就不一样了,它能使你产生丰富的联想,你会读出画中的一种凄凉和忧郁,这条空荡荡的路能把你的思绪带到遥远的天边,你可能会对那些革命者产生深切的同情和敬意。

图 5.5 《弗拉基米尔路》

知觉的理解性同言语指导有密切的关系,它能使知觉过程更迅速,印象更完整。比如在感知轮廓不清的图形时,描述的作用显示最为充分。到旅游景点,导游介绍山石的形状像什么,我们就会觉得它像什么(图 5.6、图 5.7)。

图 5.6　黄山景点——金鸡叫天都

图 5.7　黄山景点——猴子望月

图 5.8 初看时只是一些黑色的斑点,很难知觉出它是什么东西。但是只要说明这是狗的图形,词的作用有助于对知觉对象的理解,狗的图形就立刻成为知觉的对象。

图 5.8 可以成为知觉对象的斑点

知觉的理解性使人的知觉更为深刻、精确和迅速,但知觉的这种特性会受到情绪、意向、价值观等的影响,这也是为什么"一千个人眼中有一千个哈姆雷特"。

三、影响知觉的因素

(一)影响知觉的客观条件

1. 刺激物的强度

刺激强度得当是知觉的一个重要条件。比如,光线、声音等,刺激太强或太弱都不利于人的知觉。

2. 刺激物的对比

当我们对知觉对象进行单独评价与把它与其他对象放在一起作比较评价时,知觉感受往往是不一样的。所以,有这样一种说法:"不要跟在孩子和动物后面表演节目。"比如,春节联欢晚会上的节目,都是精挑细选出来的,如果单独看,你会觉得每一个都十分精彩,可放到一起集中看,就会感到有些节目平平,留不下什么印象。而这其中的任何一个节目如果被放在学校某院系的迎新晚会上,则一定会让同学们眼前一亮,觉得惊艳无比。招聘面试中也有类似情况,如果排在甲应聘者之前的是一个表现平庸的申请者,那么对甲的评价就是有利的,如果排在甲之前的应聘者非常优秀,那么对甲的评价就是不利的。

3. 刺激物的活动性

活动的对象要比静止的刺激更容易被知觉选择。比如夜空中的流星。生活中,活跃的人比安静的人更容易引起人的注意。斟倒中的酒或饮料的广告、闪烁的霓虹灯箱都是通过动感引起人们的注意的。

4. 刺激物的新颖性

新颖的刺激或熟悉的内容不寻常的结合容易被人知觉。比如,一般处理器的广告主题都是"帮助你提高工作效率"或是"轻松完成工作"。而英特儿"奔腾"处理器的广告口号是"给电脑一颗奔腾的芯",虽然也是提高工作效率的涵义,但新颖别致。

2013年,依云矿泉水推出了名为"Baby and Me"的广告片(图5.9)。广告片拍摄了一群成年人在镜中看到像婴儿一般的自己而惊异不已的场景,紧接着,宝宝们和成年人同步表演了一系列舞蹈动作。广告用夸张的手法,抓住了依云倡导的"live young"主题,更是暗示着依云水与其他矿泉水相比,所拥有的最大的优势:具有独特的地理位置——阿尔卑斯山脉,含有对滋润面部皮肤作用的多种矿物质,帮助人们保住婴儿般最水嫩的皮肤。据报道,依云矿泉水凭借此广告,获得了广大观众的认可,在视频被发布的短短5天内就有了超过2900万的点击量。

图 5.9 "Baby and Me"广告

对企业来说,有效创新,经营创意也是一种经营手段。牛奶本来是喝的,干着吃,就诞生了可以嚼着吃的奶片;水果本来是咬着吃的,现在变成可以喝的,这就产生了果汁饮料;方便面的渣子,本来是作为垃圾倒掉的,但后来却变成了利润极高的"一口脆"。思念开创了10克重的珍珠汤圆系列,再经缩小,又推出仅3.5克重,比豌豆还小的小小珍珠汤圆,掀起新一轮销售高潮。

新颖的事物能刺激人们的好奇心,促进人们去探究。人事管理中的职务轮换也是利用了这种影响。

5. 刺激物的重复

同样的刺激多次重复出现,会使知觉印象深刻而又清晰。比如电视广告的重复性播放,我们记住了很多广告词。"今年过年不收礼,收礼只收脑白金。""挖掘技术哪家强?中国山东找蓝翔!""听说,下雨天,巧克力和音乐更配哦。"大家有没有觉得很熟悉?就是因为这些广告的播放率很高,它们不断地重复出现在电视中,以至于只需某些字句,我们就可以想起整个广告片段。每年的春节联欢晚会,观众最熟悉的歌曲就是唱了几十年的结尾曲《难忘今宵》;热播电视连续剧的主题歌要比一般歌曲更容易让人记住,都属于此例。

当然刺激物重复也可能出现定势效应,妨碍知觉选择。比如,"雕牌"洗衣皂、"雕牌"洗衣粉的广告家喻户晓,如果现在在超市的货架上突然看到"雕牌"蛋糕、"雕牌"奶粉,消费者会有些费解和疑惑,不太会去选择"雕牌"蛋糕和"雕牌"奶粉。

(二)错觉现象对知觉的影响

客观对象之间的相互影响可能导致错觉,这是一种对客观事物产生的带有某种固定倾向性的歪曲知觉,错觉可分为视觉错觉、时间错觉、声音方位错觉、运动错觉等。

图5.10中间的两个圆在不同的参照物背景下显得不一样大。

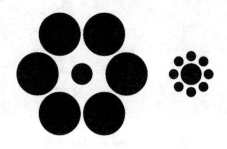

图5.10　艾滨浩斯错觉

图 5.11 中间的两条线段经过两端或扩张或收缩的处理显得不一样长了。

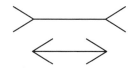

图 5.11　缪勒莱伊尔错觉

研究错觉的规律在管理活动中有非常重要的作用。

首先,可以将错觉的规律运用到建筑设计、生产环境的布置、人们生活的美化等方面,从而创建最佳的工作与生活环境。某企业曾经有过这样一个有趣的事例:原先的装运箱为了耐脏而漆成了黑色和深灰色,工人们搬运起来往往感到特别沉重。在心理顾问的指导下,有关部门把装运箱改漆成浅黄色,工人们搬运起来就感到轻松多了。

其次,有助于对事故作科学分析。劳动者每天同机器、工具、仪表、警报指示器打交道,如果对指示信号产生错觉,就会发生错误的操作,从而造成重大事故。科学分析责任事故与非责任事故,尤其是错觉因素造成的事故,加以加强防患。在航空领域发生过这样一件事:有一种性能很好的新型飞机,在交付使用后却经常发生飞行事故,即使一些经验丰富的老飞行员也不例外。可是飞机本身又没有出现毛病。后来经过专家会诊,发现问题出现在驾驶舱里,原来是起落开关和襟翼开关的形状相似,而且靠得很近。在飞机着陆过程的短短几分钟内,飞行员由于高度紧张,很容易看错仪表,或者摸错开关。后来改进了设计,让这两个开关彼此远离,而且在形状上加以区别,事故就极少出现了。所以在设计安装机器、工具、仪表时,要考虑到与之有关的心理学问题。

(三)影响知觉的主观因素

影响知觉的主观因素很多,这里仅就几种主要的心理因素作分析。

1. 学习和经验的影响

复杂的知觉是要靠学习和经验的,学习和经验往往不仅使人们对某些事物产生不同层次的了解,也可能形成不同的认识和观点,这些不同的了解、认识和观点影响着人们的知觉。

2. 暗示的影响

课堂上曾给同学们展示过看起来一模一样的两张图片(实际上的确是一模一样的),图片下方写了这么一行字:"你能找出两张图片的不同吗?能找出个三个不同点的人具有非凡的认知力。"大家都努力地寻找不同点,并有几个学生报告找到了一个或两个不同点。其实这是老师在通过语言给学生们一种心理暗示,引导了他们的行为。

暗示是指在无对抗态度和情绪的情况下,用含蓄间接的方式对人的心理施加影响,使人按一定的方式知觉和行动。

2001年中央电视台"我最喜爱的春节联欢晚会节目"评选中获得小品类一等奖的作品《卖拐》,就是心理暗示的形象展示。小品讲述了一个骗子——"大忽悠"通过高超的"忽悠"手段把双拐卖给了一个双腿健康的陌生人的故事。被骗者原先并不觉得自己的腿一长一短,后来为什么真的觉得自己瘸了?原因就是骗子"大忽悠"运用"暗示"成功忽悠了被骗者。生活中,利用心理暗示的现象有很多,比如,商场打折活动,商家会在醒目的地方打上条幅,会把原价、现价醒目的对比,还可能有售货员用喇叭不停地提醒顾客商品打折的消息。有消费者说,看到打折活动,都想把自己腿打折,根本忍不住要去看看。这件衣服降价100元,买!两件打九折,再挑一件!满1000元减100元,再看看怎么补足1000元,买!这种环境下,不知不觉就买了一堆东西,等到回家清点"战利品"时才发现买了很多可有可无的东西。其实就是因为消费者受到了周围环境的暗示,不知不觉就产生了与之相应的行为与心情。

暗示的方法有言语的、表情的、手势的和行为的。多数是受他人暗示,也有自我暗示。

有研究者曾作如下实验,请某人对27名儿童做了5分钟演讲之后,实验者向儿童提问:"演讲者哪只手里拿着帽子?"结果有24人回答"左手"或"右手"拿着帽子。实际上演讲者手中并没有拿帽子。这就是语言暗示在起作用。

有句成语叫"杯弓蛇影",说的是有人喝酒时,看见酒杯里有一条蛇,吓得生了一场病。后来知道,酒杯里的"蛇",不过是挂在墙上的一张弓的影子,惊恐俱释,病也就好了。这就是自我暗示在起作用。自我暗示是一种常用的心理调整方法,有消极自我暗示和积极自我暗示之分。

相关链接:一项非同寻常的"研究"

1956年10月20日,精神病学专家汉斯·林德曼(Hannes Lindemann)独自一人驾着一只小舟驶进了波涛汹涌的大西洋。在这之前,已经有不少勇士相继驾舟横渡大西洋,结果均遭失败,遇难者众多。林德曼认为,这些死难者不是从肉体上败下阵来,主要死于精神上的崩溃,死于恐怖与绝望。一个人只要对自己抱有信心,就能保持精神和机体的健康。为了验证自己的观点,他要亲自进行试验。

林德曼驾驶的船只有5米长,是目前所知载人横渡大西洋的最小的船。但这只小船顽强地抵抗了大西洋的波涛,尽管曾两次倾覆。航行中,林德曼遇到了难以想象的困难,多次濒临死亡,产生过绝望感,但只要这种感觉一出现,他马上大声自责,给自己鼓劲。最终他用了72天成功横渡大西洋。

事后他回忆冒险过程,得出结论:在大西洋上孤身搏斗,最可怕的不是体力不支和风浪袭击,而是自身产生的惶恐和绝望!他说,在航海过程中,他一直在内心深处鼓励自己,相信自己一定能成功。林德曼博士自我鼓励的方法就是一种心理暗示。

相关链接:"詹森效应"

一位名叫詹森的运动员,他平时训练有素,而且实力雄厚,可是一到赛场就会接连不断地失利,令他自己和周围的人都大失所望。心理学家将这种现象总结为詹森效应,指的是一个人平时表现良好,而在关键时候由于缺乏自信心和良好的心理素质,从而导致发挥失常的一种现象。

给自己以积极的心理暗示是克服"詹森效应"的重要一步。

美国当代著名心理学家阿尔伯特·班杜拉(Albert Bandura)和他的同事曾经做过一个试验。他们将一个商学院的学生分成两组。这两组都需要完成既定的商业目标。

他们对其中一组说,得靠他们的潜力去管理一个模拟组织。这试验测量的是,他们是否有内在能力去管理这个模拟组织。这些学生的任务是,有效地分配任务到一组雇员,然后达到组织的业绩目标。班杜拉有意提高了这些业绩目标。

结果差异非常明显。那些相信他们能够适应并且改进的学生,在管理激励上表现得非常具有潜力。他们管理的组织业绩非常好。然而另一组没有得到关于他们具有这项能力暗示的学生则在突如其来的重任面前手忙脚乱,他们在做决策时思路变得飘忽不定,根本顾不上鼓舞整个团队的士气。

管理活动中,我们可以利用心理暗示,请看案例——新兵训练营的"怪招":

若干年前,美国一所新兵训练营接受了一批新兵。这批新兵没有文化,又沾染了不少恶习。怎样才能把他们训练成为符合标准的军人?训练营的军官用了一个"怪招":他们经常印发一些家信给新兵们,让这些新兵学着读、照着写。信的内容无非是告诉家人自己在军队里已经养成了新的生活习惯,如每天早上刷牙,晚上睡觉前洗脚,衣服鞋袜放得井井有条,再冷的天也打开宿舍的窗户,保持通风卫生,等等。说来也怪,不久这批新兵果真克服了原来的坏习惯,变得军容整齐,精神焕发,待人礼貌。

奥秘就在于新兵训练营的军官运用了心理暗示。

心理学研究告诉我们:当人和环境以不明显的方式向个体发出某种信息,而个体接受了这些信息后,有意无意中就会作出反应。可以说我们生活在一个充满暗示的环境中,阴雨霏霏的天气容易使人顿生愁绪,风和日丽之时登高望远,会使人感到旷达愉快。这是自然环境对人的暗示。而他人的暗示也会给我们不小的影响。如果一个人经常受到他人的消极暗示,就会对自己产生怀疑,在行动上变得消极起来;如果经常受到他人的积极暗示,他就会倾向于做得更好,就像那些美国新兵一样。

美国心理学家罗森塔尔(Robert Rosenthal)和雅各布森(L. Jacobson)在1968年做过一个非常有名的实验。他们与一所小学取得合作,对全校6个年级共18个班的学生进行了所谓"哈佛应变能力测验",研究者还进一步对教师解释说,该测验成绩可以预测学生未来的学术成就,目的是让教师们相信测验得高分的学生在这个学年中会有优秀的表现。之后,心理学家们从每个班随机抽取了一些学生列在名单上,然后交给班主任,告诉他们,这是本班在这次测试中得分位列前20%的学生,以便老师们了解哪些学生有发展潜力,并叮嘱他们务必要保密,以免影响实验的正确性。

8个月后,心理学家们又来到这所学校,发现名单上的学生的确超乎一般,长进很大,而且性格活泼开朗,自信心强,求知欲旺盛,更乐于和别人打交道。罗森塔尔借用希腊神话将这个实验命名为"皮格马利翁效应"。在希腊神话中,雕塑家皮格马利翁爱上了自己创作的雕像,在他热诚的期望下雕像变成活人,并与之结为夫妻。在这个实验中,我们看到由于罗森塔尔是著名的心理学家,教师对他们提供的名单深信不疑,于是在教育过程中就会产生一种积极的情感,即对名单上的学生特别厚爱。而学生又从学校老师这里感受到了这种"正能量",他们得到了更多的关注和激励,所以他们进步比较快。

我们通常说的"说你行,不行也行;说你不行,行也不行",从某种意义上来说也是有一定道理的。一个人如果本身能力不是很行,但是经过激励后,才能得以最大限度的发挥,不行也就变成了行,反之亦然。

作为管理者,若想让你的同事、部下表现得更好,应该怎么做?

GE公司的前任CEO杰克·韦尔奇(Jack Welch)就是"皮格马利翁效应"的实践者。他认为团队管理的最佳途径并不是通过"肩膀上的杠杠（例如头衔）"来实现的，而是致力于确保每个人都知道最重要的东西是构想，并激励他们完成构想。暗示团队成员"if you want, you can"（如果你想，你就可以）。韦尔奇说："给人以自信是到目前为止我所能做的最重要的事情。"

3．从众心理的影响

我们看一个著名的实验——阿希实验。

美国心理学家阿希（S. Asch）以大学生为被试，每组7人，坐成一排，其中6人为事先安排好的实验合作者，只有一人为真被试。实验者每次向大家出示两张卡片，其中一张画有标准线X，另一张画有三条直线A、B、C。X的长度明显与A、B、C三条直线中的一条等长。实验者要求被试判断X线与A、B、C三条线中哪一条线等长。

实验者指明的顺序总是把真被试安排在靠后（7人组中排在第6）。第一、二次测试大家都报出了正确答案，第三至第十二次，前几名被试按事先要求故意说错。这就形成一种与事实不符的群体压力，可借此观察被试的反应是否发生从众行为。阿希多次实验，所得结果非常相似。实验发现大约有1/3的被试表现出从众行为。

这就是"从众"——在群体"压力"下，个人的知觉与行为有遵从多数的倾向。这种倾向有时会妨碍人的正确知觉与行为反应。

4．动机与需要对知觉的影响

凡是能满足人的需要，激发人的动机的刺激都容易被人选择并纳入知觉范围。

一项对饥饿的研究戏剧化地描述了这一事实。研究人员将被试分成两组，一组在实验前1小时吃了食物，另一组则连续16小时粒米未进。实验的主要内容是要求被试识别一些画面模糊的图片。结果饥饿的一组将图片中的事物指认为食物的频率比那些吃饱的被试要高得多。

在沙漠中长途跋涉的人，对绿洲、甘泉的知觉甚为敏感，求职者对招录用人信息尤为关心。对个人有价值的东西，感兴趣的活动，不仅容易被知觉选择，而且还有被夸大的倾向。

5．注意对知觉的影响

注意是心理活动（意识）对一定对象的选择和集中，它是人脑进行信息加工的第一步。当我们从事某项任务时，我们的心理活动总会选择并集中在某一对象上，由于这种选择和集中，人才能够清晰地反映周围现实中的一定事物，而离开其他事物。

人们在注意品性方面的一些差异会影响认知。比如,注意的广度(范围)、注意的集中性、注意的稳定性、注意的分配与转移等。注意的集中性即人的注意力指向一定对象的清晰和完善程度,这是人们有效地学习、工作、解决问题的重要条件。注意的稳定性,即指注意保持在某一对象或某一活动上的时间久暂特性,它是衡量注意品质的一个重要指标,在人们的工作和生活中具有重要意义。学生只有保持一定的注意稳定性,才能保持知识的有效吸收;员工只有保持一定的注意稳定性,才能高效完成自己的工作。注意的稳定性与注意对象的特点及个人的主体状态有关。比如,复杂、变化、活动的对象比单调、静止的对象更能引起人们长久的、稳定的注意;在失眠、疲劳或生病的时候,注意就不易稳定。在身体健康、精力充沛、对注意的对象感到兴趣,而且采取积极态度的时候,就容易保持稳定的注意。人在同时进行两种或几种活动的时候,能把注意力指向不同对象的现象,叫作注意的分配。注意的转移是指人有意识地把注意力从一个对象转移到另一个对象上,或从一种活动转移到另一种活动上。有些工作要求在短时间内对新的刺激物发生反应,注意的分配和转移就特别重要。

　　注意的表现在个人身上是有个别差异的,比如有些人注意转移与分配的能力较强,有些人注意转移分配的能力较差,你注意的范围较广,他注意的范围较窄,等等。这些个别差异有时和神经的机能状态有关。但对一般人来说,这些差异是在不同实际生活和教育、训练中养成的。所以,一般说来,注意的表现是可以通过实际生活的锻炼和教育、训练而改善和提高的。因此,按照不同的职业、不同工作岗位的要求,进行有关的注意的锻炼,可以提高从事某种职业的工作能力。

第六讲　社会知觉与管理

一、什么是社会知觉

社会知觉也称社会认知,是指主体对社会环境中有关个人、团体和组织特性的知觉。

相关链接:"硬币实验"

美国心理学家杰罗姆·布鲁纳(Jerome Seymour Bruner)曾经做过一个有名的社会知觉实验——"硬币实验"。

实验材料是一套硬币,有1分、5分、10分、25分、50分等种种大小不同的圆形硬币;另一套是与硬币大小形状相同的硬纸片。

实验对象是30个家庭贫富不同的10岁孩子。

实验程序是,先把两套材料先后投射在银幕上,让被试依次观看,然后移去刺激物,让被试画出刚才看到的硬币与圆形纸片。

实验结果：被试画出来的图形大小和实际上看到的刺激物不完全相同，他们画的图形纸片与实际的硬纸图形的大小较一致，但所画的硬币的图形大小却远较他们看到的真正硬币为大，尤其是贫困家庭的孩子所画的硬币圆形更大。

布鲁纳等人的实验表明，儿童对硬币大小的估计，与他们对钱的感受直接有关，并且间接地受他们家庭社会经济条件和个性特性的影响。一般说来，来自贫穷家庭的儿童把硬币估计过大，这是由于钱对贫穷儿童具有更大价值的缘故。

这个实验说明社会认知受主客观因素所制约。

社会知觉是人的社会行为的基础，人们的行为往往根据他们的知觉进行，不是依赖于事实，而是依赖于被自己选择、组织、解释了的"现实"行事。社会知觉与一般知觉相比，也服从于知觉的一般规律，但是它更强调各种社会条件和社会因素。管理中涉及到的多属于社会知觉问题，组织的管理，人际关系的协调，团队凝聚力的增强，都受社会知觉的影响，因而，社会知觉是管理心理学的重要研究课题之一。

二、社会知觉的类型

社会知觉实质上是对人的知觉，而我们在知觉人的过程中，可以从不同的角度和侧面进行，所以就有不同的社会知觉类型。对他人的知觉、人际知觉、角色知觉和自我知觉是四种主要的社会知觉类型。

1. 对他人的知觉

对他人的知觉即是对生活在一定社会环境中的其他人的感情、动机、意向、性格等心理活动和个性心理特征的知觉。

人的表情是一种重要的社会刺激，是表现人的身心状态的一种重要的客观指标，也是对他人知觉的一个重要途径。在社会生活中，人们往往根据他人表情来认知与判断其内心活动和特征。对他人的表情认知与判断主要有以下几种：

第一，面部表情的认识与判断。人是一种富有面部表情的社会动物，人的面部表情反映了个体的身心状态，在社会生活中，人们往往就是根据他人的面部表情来判断其情绪、情感、意图、动机与内在心理活动的。

达尔文在《人类和动物的表情》一书中指出，人类的情绪表达是从其他动物的类似表达进化而来的,这些表情动作最初具有适应意义。因此,以后就成为遗传的东西而被保存下来。比如,愤怒时咬牙切齿、鼻孔张大的表情都是人类祖先在行将到来的搏斗中的适应动作。

正因为表情有其生物学根源,所以许多最基本的情绪,如喜怒哀乐等原始表情是具有全人类性的,人的面部表情是一种"世界语"。心理学家们曾把代表愉快、愤怒、厌恶、惊奇等情绪的面部表情的照片(图6.1)给美国、巴西、智利、阿根廷和日本等不同国家的人看,让他们说出面部表情所表达的情绪,结果发现判断的一致性很高。

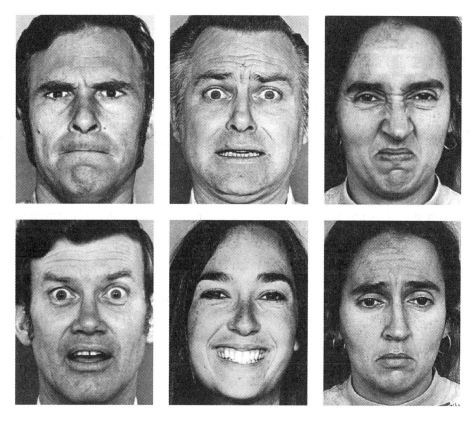

图 6.1 六种面部表情

第二,目光接触。通过眼神也可以洞悉他人的内心活动。

第三,身段动作的表情识别。人的体态和动作是表达、交流人的思想感情的一个重要标志。西格蒙德·弗洛伊德(Sigmund Freud)曾描述过手势表情:"凡人皆无法隐瞒私情,尽管他的嘴可以保持缄默,但他的手指却会多嘴多舌。"

积极的身体语言包括:面带微笑表示态度友好,扬起眉毛表示感兴趣,双手叉腰表示进行控制的决心和努力⋯⋯

消极的身体语言包括:躲闪的目光意在回避,紧锁的眉头表示心存疑虑,肩部低垂表示缺乏信心……

第四,言语表情的识别。人们说话的语音、语调、节奏、速度及弦外之音等都是表达和识别感情的指标。

虽然表情是对他人知觉的一个重要途径,但是人的真实表情也是可以掩饰的,因而要想全面真实地认知他人,需要采取多种形式,比如观察法、作品分析法、自由写作法、心理测验、个案调查法等等,尤其是与被认知者直接接触,察其言观其行。

2. 人际知觉

人际知觉是指对人与人间相互关系的认知。人际知觉是社会知觉中最核心的成分。人们对人际关系的认知与别人对于自己,自己对他人、对自己所扮演角色的认知之间是相互制约、相互影响的。比如在现实生活中,那些过于自私,过于自卑,过于自负,盲目骄傲,过于苛求并贬损他人,对自己和他人扮演的社会角色作错误估计者,其人际知觉必有偏差。

3. 角色知觉

角色知觉是对某个人在社会活动中所扮演的角色的认知与判断,以及对有关角色行为的社会标准的认知。

美国普林斯顿大学的包莫尔(W.J.Baumol)教授是现代领导特质理论的主要代表人物之一。包莫尔研究认为领导角色的标准应当具备以下几点:合作精神,决策才能,组织能力,精于授权,善于应变,勇于负责,敢于求新,敢担风险,尊重他人,品德超人。这10点也被称为企业领导人具备的十大条件。

我们就其中的几点来做一些阐释。

关于"精于授权",我们从中国历史上一件真事谈起。

案例:"关心人还是关心牛?"

西汉时期,汉宣帝有一个丞相,名叫丙吉。有一天他去长安城外视察,出城不久,路边有人打架斗殴,把人打死了。人家看到丞相出巡,于是拦轿喊冤。丙吉吩咐绕道而行,不要管他。走了不远,丙吉看到一头牛在路边直喘气,于是下轿,围着这头牛转了好几圈,左看右看。于是人们都说这个丞相关心牛远远胜过对人的关心。丙吉说,我是丞相,路上有人打架斗殴把人打死了,自有地方官按律处理,我不能越权去过问。那么,看到牛喘气,为什么那么关心?丙吉说,我是丞相,丞相管的是天下大事,现在天气还不够热,这头牛就在喘气,我怀疑今年会有大瘟疫流行,预防瘟疫流行是丞相应该管的事情。

一个人担任什么职务,就应该知道哪些是自己该管的事,哪些自己不管但自会有人管。这也是现代管理中的一个重要问题。样样管是小生产的习惯,事必躬亲是小生产的"美德",但这些都是现代领导者应该极力避免的,因为管理所依据的是明确的分工。只有分工明确,各司其职,每一个层次的管理者才能有所作为,也才能使管理有条不紊,做好本职的管理工作。

当"导演"不当"主演",当"教练"不亲自操练,是一条重要的领导方略。很多管理者追求自己对权力的掌控,这种"大权在握、命令为主"的管理方式很容易造成:管理者身上的压力过大,员工凡事都要请示领导,等待管理者的命令。团队过分依赖于管理者,团队的成功也大多取决于管理者个人能否事无巨细地处理好所有问题。

在大学学生社团和学生会工作中,也存在着精于授权、分工协作的问题,只是表现上可能带有特殊性。

一个社团内部会有很多部门,每个部门都有自己的分工,大家需要一起协作才能很好地完成某项活动。

以我参加的社团为例,宣传部,负责给活动拍照,写新闻稿,并在网络上进行一定宣传;后勤部,每次活动负责购买所需物资和财务管理;文学部,负责编辑社刊,征集文章;办公室,负责每次会议记录和社员的资料整理等,而社长和副社长就是负责活动策划,以及协调这些部门的运作。而两名副社长任务也不会重合,一个负责社团内务的协调,另外一个负责社团外面的联系与沟通,比如社团之间,社团和老师的关系。只有每个人各司其职,做好分内的事,同时需要一个人来协调这些人,这个社团才是一个和谐的社团。同时不要随便打乱这样的分工,每个人也不可越权做事。

我见过另外一个社团,由于社长比较强势,每次活动都自己全权地把活动策划得很成熟,也不经过其他人的意见,这个时候副社长就无事可做了,而恰巧办一些杂事,俗称跑腿的工作却缺少人手,于是这位社长经常让副社长和普通社员一样去打理这些杂事,这样一来尽管社长把活动策划得比较成功,尽管社长吩咐的事不好拒绝,但肯定会引起副社长的强烈不满。

学生会外联部曾组织部员进行晚会道具的筹备工作。我将道具分类,并分组进行准备,分组本着自愿原则,灵活调节。但鉴于准备时间短,而部员又都是大一新生,所以主要工作都是大二的部长、副部长在做,大一的新生只需要按时借还便可,这并未起到锻炼部员的效果,也让我们压力很大。反观这些,我认为是我过于小心谨慎的原因,许多事大一的新生可以做好,只需稍加点拨,即可起到激励作用。

再说说勇于负责,敢担风险。我们从一个演讲说起。

2008年,印度前总统阿卜杜尔·卡拉姆在美国费城的沃顿印度经济论坛上作过一个演讲,在演讲中,卡拉姆说了一个故事:

1973年,我有幸成为印度卫星运载火箭项目的总指挥。我们的任务是在1980年之前,将罗西尼号卫星成功送入轨道。

到了1979年8月,我想我们已经做好了准备。作为总指挥,我去了控制中心来指导整个发射过程。计算机开始了各种技术指标的安检。一分钟后,计算机程序显示:有几个控制部件没有按顺序放好。

在场的五个专家中,有一位告诉我不必担心,他们已经进行了严格的计算,备用的燃料也很充足。于是,我没有在意计算机的检查结果。通过手动操控,火箭发射了。第一阶段,一切正常。第二阶段,出现一个问题:卫星非但没有飞向轨道,反而猛冲进孟加拉海湾。这是一次重大的科研事故!

那一天,印度空间研究组织的主席哈万教授召开了一次新闻发布会。发射是在7点,而新闻发布会——云集着世界各地的记者——在7点45分召开。作为航天组织的主席,哈万教授只身一人参加了会议。让人意想不到的是,他竟然把错误归咎于自己。他说:每个人都非常努力,但是他给予的技术支持还不够。他向媒体保证:明年,他们的团队一定会取得成功。

第二年,也就是1980年7月,我们又一次发射了卫星。这一次,我们成功了,举国上下,一片欢腾。并且又一次,我们召开了新闻发布会。我清楚地记得,当时哈万教授把我叫到一边,悄悄地对我说:"今天,你来主持会议。"

"那一天,我学到了关于如何做好团队领袖至关重要的一课。"阿卜杜尔·卡拉姆说。

当出现失误时,团队的领导要勇于承担;当成功来临时,请把它赋予整个团队。正如著名的管理专家、《基业长青》的作者吉姆·柯林斯(Jim Collins)所比喻的:失败时,他们拦镜自视;成功时,他们眺望窗外。这是团队领袖应该具备的素质。

角色知觉有很重要的作用。每个人在社会上都扮演各种不同的角色,每一种角色都有一定的行为标准。当你在家时,你可能扮演着"孩子"或"兄弟姐妹"的角色,在学校里,你是"学生"的角色,工作中你又是"员工""管理者"的角色。对角色行为标准的不同认知,会影响一个人采取什么样的角色行为。人们在职场成长过程中,要注意认清自己的角色,尤其要注意角色转换中的角色行为。比如,从业务骨干转型为团队主管后,该如何融入新的角色? 我们看下面这个案例。

案例:不是一个人的战斗——一位IT技术部主管的自述

当新商业模式开始冲击传统业态时,我的工作就开始大显身手了。我所在的企业是传统的服装制造业,特别是针对学校、酒店、服务机构的制服定制。

以前,我一个人负责企业的网络推广业务。渐渐地,我发现定制业务开始日渐流行。于是,我就在公司的网站中,将我们各个系列的服装,都设计成了可以更改颜色和细节的服装。一下子,网站吸引了不少客户。而就在一年间,我为公司多创造了10%的利润。一下子,我成为了企业的"业务明星",也备受关注。

老板看好这项业务的发展前景,于是让我自己招兵买马,筹划搞网络服装定制业务。接下来,我陆续招收了8名工作人员,包括:服装设计师、程序设计师、创意设计师、客服等,开始慢慢转型到管理者的角色上来。

最开始,我们一开会,我就忍不住要表达自己的观点。然而,我发现这样下来,下属都不敢说话了,似乎自己的发言就是一个最终方案。后来,我开始注意去"忍",毕竟一个团队不是一个人的战斗,只有团队成员的能力得到提升,才能提升团队的价值。

后来,我发现每个人身上的优势都很鲜明,有独特的想法,有很多惊喜。有时,即使是他们的想法不一定成熟,但我也一定会鼓励他们:"不错,就按这个方案做了。"而私下时,我一定会给予他更多的督导和提醒。"业务明星"的光环只能代表过去,而当你成为主管时,就要甘心去做打造"明星"的人。

从员工到主管,角色转变,行为也要相应改变。主管不仅要对自己负责,更要对团队负责。主管更多是一个协调者的角色,这个角色的职责和目标不是展示个人有多么出色的业务能力,而是能够让每一个团队成员的潜力得到最大的发挥,打造一个高效率的工作团队,"待到山花烂漫时,她在丛中笑"才是优秀的团队领导者追求的境界。

4. 自我知觉

自我知觉是指人对自身的认识,包括自己的身体、思想、感情、动机、需要、个性等。

人贵有自知之明,只有时时了解自己,才能准确判断自己的长处和短处,才能准确了解自己所处的地位,才能扬长避短,充分发挥自己的特长。一个人能正确地认识自己是有效地从事社会活动的前提。

案例：本田与福特

日本本田汽车公司创始人本田宗一郎,作为一个技术员出身的实业家,自知在技术开发和经营管理两个方面相比更擅长于技术开发,于是,他主动联系到了藤泽武夫。当藤泽武夫于1949年10月以常务董事的身份加入本田后,本田宗一郎就将公司的全部经营实权放心地交给了藤泽武夫,自己则只埋头于技术开发,不断拿出技术先进且又适销对路的产品。两人经过几十年的合作发展壮大了本田公司,使其成为名震全球的跨国集团。正是本田宗一郎的自知,缔造了今日的本田汽车公司。

亨利·福特(Henry Ford)1903年决心自行创业时,他也非常自知。在创业之前,他先寻找了适当的合伙人来负责他不熟悉的业务领域：管理、财务、销售及人事。福特的合伙人叫柯森,他的管理才能使公司的业务蒸蒸日上,但柯森的杰出表现和成就遭到了福特的嫉妒。1917年,柯森终于被迫离开福特公司。柯森离职后,公司开始走下坡路。一家曾经叱咤风云的汽车业霸主最后几乎面临破产的窘境,直到亨利·福特过世,他的孙子接手经营这家已濒临破产边缘的企业之后,公司才略见起色。福特因自知而成功,也差点因无知与过分自信而遭致失败。

相关链接：巴纳姆效应

巴纳姆效应是1948年由心理学家伯特伦·福勒(Bertarn Forer)通过实验证明的一种心理学现象。指人们常常认为一种笼统的、一般性的人格描述十分准确地揭示了自己的特点,从而出现自我知觉的偏差。

福勒于1948年对学生进行一项人格测验,并提供根据测验结果进行的分析。试后学生对测验结果与本身特质的契合度评分,0分最低,5分最高。事实上,所有学生得到的"个人分析"都是相同的。结果平均评分为4.26。分析报告中描述的很多语句其实是适用于任何人的,这些语句后来被命名为巴纳姆语句。

巴纳姆效应解释了为什么有很多人在请教过算命先生后都认为算命先生说得"很准",

因为那些求助算命的人本身就有易受暗示的特点,而事实上算命先生对每个人说的都是差不多的内容,都是一些笼统的、一般性的概括和描述。

三、影响社会知觉的因素

影响社会知觉的因素很多。从客观上看,认知对象的特征及对象所处的情景是社会知觉的重要信息;从主观上看,认知者本身的知识经验、动机需要、个性特征、心理状态是重要的心理条件。此外还有由主客观因素交织而成的各种心理效应和心理偏见。下面仅就若干主要心理效应作介绍。

案例:你愿意照顾她吗?

在一堂老年心理学课上,保尔博士给他的学生们讲了这样一个病例:"病人不能说话,也听不明白别人说的话。有时她嘴里会不断地胡乱哼叫上几个小时。她搞不清楚谁是谁。不过,你叫一声她的名字,她会有一点反应。我和她一起相处6个月了,但是她始终对自己的身体状况毫不在意,也不想努力来照顾自己。她吃饭、洗澡、穿衣服都要靠别人来伺候。因为她没有牙齿,所以她的饭菜必须煮得稀烂。她的衣服总是脏兮兮的,因为口水一直在流。她不能走路。她总是在半夜里醒来,尖叫声总会吵醒别人。大多数时候,她很友善,也很快乐,但是一天里总有几次毫无原因地变得焦躁不安。于是她就会嚎啕大哭,直到有人来安慰她为止。"

病例讲完了,保尔博士问他的学生们:"你们是不是很乐意照顾这位病人呢?"

大部分学生都皱着眉头,说他们根本就不愿意做那种麻烦事。博士却说:"我很高兴去照顾她,而且你们也会喜欢的。"学生们都被搞糊涂了。

于是博士拿出一张病人的照片给学生们传看,照片上的人其实是保尔博士6个月大的宝贝女儿!

1. 首因效应

笔者在课堂上给学生们展示上面那个案例的前半部分(对病人描述部分),然后询问学生们愿不愿意照顾一位这样的人,大部分学生也是表示了不愿意,看到案例的最后,学生们表示他们最初以为是一位老人,因为案例的第一句话:"在一堂老年心理学课上"。

美国心理学家陆钦斯(A. S. Luchins)曾设计了一个实验:他用一篇短文的前后两部分,分别描述一个叫吉姆的学生的内向性格和外向性格,然后将被试进行分组实验。把文字材料采用不同的组合方式分别念给四组被试,使他们形成不同的第一印象,然后让他们陈述对吉姆的总体印象。

材料1 吉姆走出家门去买文具,他和他的两个朋友一起走在充满阳光的马路上,他们一边走一边晒太阳。吉姆走进一家文具店,店里挤满了人,他一边等待着店员对他的注意,一边和一个熟人聊天。他买好文具在向外走的途中遇到了熟人,就停下来和熟人打招呼,后来告别了熟人就走向学校。

材料2 放学后,吉姆独自离开教室走出了校门,他走在回家的路上,他看见路上迎面而来的是前天晚上遇到过的那个漂亮的女孩。吉姆穿过马路进了一家饮食店,店里挤满了学生,他注意到那儿有几张熟悉的面孔,吉姆安静地等待着,直到引起柜台服务员的注意之后才买了饮料,他坐在一张靠墙边的椅子上喝着饮料,喝完之后他就回家去了。

实验结果如表6.1所示。

表6.1 陆钦斯的首因效应实验

形 式	评 定 结 果
先听"热情、外向",后听"冷淡、内向"	78%的人认为吉姆热情、友好
先听"冷淡、内向",后听"热情、外向"	大部分人认为他孤独,18%的人认为他友好、外向
只听"热情、外向"描写	95%的人认为吉姆友好外向
只听"冷淡、内向"	绝大部分人认为他孤独内向,3%的人认为他友好外向

实验结果表明,首先得到的信息,对整个印象产生了很大的影响。

首因效应即指第一次交往过程中给别人留下的印象。虽然第一印象并非总是正确的,但却有着特别强的固着作用,一旦形成,很难消退,并影响着以后他人对个体的看法。

首因效应在组织管理中有重要意义。管理工作中,对人的管理是最重要的,也是最困难的。管理者应善于利用首因效应,给员工留下良好的第一印象,以利于今后工作的开展。所谓"新官上任三把火"就是反映了人们对首因效应的重视。

案例："新官上任三把火"

李明应聘上了某广告公司的设计总监。第一天上班,为了体现自己的庄重,李明特意理了一个非常正式的发型,穿了一套深色西装,打了领带,穿上皮鞋,但时间没有把控好,赶到公司的时候已经迟到了。当他出现在部门会议上时,他发现该部门员工个个都是简单随意的着装,他的装扮显得与大家格格不入。

李明为了让下属对自己产生敬佩心理,他在就职演讲中慷慨激昂地回顾了自己在原来公司的辉煌业绩,接着强调了该如何定标准,如何提高工作效率,如何确保工作业绩。最后,他还强调不断监控和帮助解决下属可能遇到的各类问题,并要求大家在遇到问题时必须将面临的状况及时反馈给他。

李明对自己第一天的表现还是非常满意的,尤其是对自己的演说信心满满。可实际上,部门员工对他的第一印象并不太好,觉得他刚愎自用、浮夸、强硬、不尊重下属。

接下来的工作中,李明慢慢感觉到一些麻烦,总是会有老员工故意反对李明的决策。李明不想因此破坏和下属的关系,总是私下提醒老员工,尤其是一位比他年长的老员工。可是,这位老员工丝毫没有改变。让李明着急的是,老员工的一些行为已经开始影响到部门中其他年轻员工。

李明陷入了烦恼中,如果这个事情处理不好,他往下的工作该怎么进行呢?他觉得自己的被动局面确实与留给大家的第一印象有很大关系。

案例中,李明没有关注穿着风格,从服饰上已经与大家拉开了距离。在就职演说中过于高调,结果事与愿违,引起员工反感。李明没有充分利用第一印象,不能与员工打成一片,正是他日后工作难以顺利开展的重要原因。

管理者在工作中也要注意避免首因效应可能给员工的考核评聘带来的消极影响。第一印象的认识不全,往往会使我们对他人产生偏见,根据经验,通过第一印象就把某人归类。这种武断常常使我们一叶障目,忽视他人的真实表现,不利于员工的考核和成长。对组织而言,一种十分重要的引进人才的方式是聘用面试。然而,研究表明,面试考官常常根据最初的印象作出不正确的判断。所以,在聘用决策中,管理者必须认识到第一印象的局限性,尽可能通过多种方式来评判人才,避免"以貌取人""以言取人"等。

2. 近因效应

同样使用上述首因效应的实验材料,若把实验的安排改动一下,在被试者阅读两段材料中间,有意识地安排另一项与材料内容无关的活动,如听音乐、计数之类,那么实验结果就会发生变化,大多数被试者就会根据后一段材料的内容对吉姆的性格作出判断。这就是近因效应在起作用。

近因效应指新得到的信息比以往所得到的信息更加强烈,会给我们留下更为深刻的印象,从而使我们"忘记"以往的信息,而凭新获得的信息对他人作出判断。

首因效应一般在对陌生人的知觉中起重要作用,而近因效应则在熟悉的人之间起重要作用。在经常接触、长期共事的人之间,往往都将对方的最后一次印象作为认识与评价的依据。多年不见的朋友,留在脑海中最深的印象往往就是临别时的情景。

近因效应使我们仅仅根据人的一时一事去评价一个人、评价人际关系,妨碍我们客观地、历史地看待人和事,因而对我们的实际工作和生活会有一些消极的影响。比如,年末员工考核时,有些管理者往往会以员工的近期表现为绩效打分,从而有失公正,常常造成人与人之间的心理冲突。了解近因效应有助于我们更全面、更客观地认识他人。

另一方面,我们也可以利用近因效应。比如,写文章讲求"豹尾",力图在最后的部分给人留下回味,加深印象。在人际交往中也是如此,我们可以利用近因效应为塑造自己的形象服务。

3. 月晕效应(印象扩散效应)

1950年美国社会心理学家凯利(Kelley)曾做过这样一个实验:

请一位研究生给麻省理工学院经济系班的大学生代课。课前将两份书面介绍材料,分别发给两组学生(被试)。一份材料上写着:"某某,是本校经济学研究所研究生,今年26岁,有一年半教学经验,服过兵役,已婚,熟悉他的人都说他是一个热情、勤奋,讲求实际而又果断的人。"另一份材料除了用"冷漠"一词代替"热情"外,其余完全一样。介绍之后,研究生在两个组分别主持了一次20分钟的课堂讨论。然后,实验主持者要求学生填写问卷表,说出对该代课教师的印象。结果是,看到印有"热情"字样材料组的学生认为老师有同情心、体贴人、有社会能力、富有幽默感等,而看到"冷淡"字样组的学生则认为老师严厉、专断。两个组的学生对老师的印象还进一步影响到他们的发言行为:印象好的小组积极发言者达56%,印象不好的小组积极发言者只有32%。

从实验中看到,两个组的学生对老师的印象都带有自己的推断成分在内,或者由"热情"

的特点推断出一系列的优点,或者由"冷漠"的特点推断出一系列的缺点。

月晕,又称晕轮,是一种自然现象,指在刮风的前一天夜里,在月亮周围出现的大圆环,月晕效应是社会知觉中的一种偏见,有人称其为哈罗效应或以点带面倾向。它是指对一个人的某种印象影响到对此人的其他特征的认识和评价的一种心理现象。上述实验中,"热情"与"冷漠"两种品质就起了月晕的作用,影响了对一个人的总体印象。

晕轮效应最早由美国著名心理学家爱德华·桑戴克(Edward Lee Thorndike)于20世纪20年代提出。他认为,人们对人的认知和判断往往只从局部出发,扩散而得出整体印象,也即常常以偏概全。

图6.2 爱德华·桑戴克

月晕效应又可进一步细分为"光环"作用和"扫帚星"作用。当某人被我们赋予了一个肯定的、被喜爱的特征之后,那么这个人就可能被我们赋予许多其他好的特征,称为光环作用。反之,如果某人存在某些不良的特征,那么他就会被认为所有的一切都是坏的,这一现象被称为"坏光环作用",还被形象地叫作"扫帚星"作用。

心理学家戴恩(K. K. Dion)做过这样一个实验。他让被试者看一些照片,照片上的人有的很有魅力,有的无魅力,有的普普通通。然后让被试者在与魅力无关的特点方面评定这些人。结果见表6.2。

表 6.2 晕轮效应

评定特征	高吸引者	一般吸引者	无吸引力者
受欢迎性	65.39	62.42	56.31
婚姻美满状况	1.70	0.71	0.37
职业地位	2.25	2.02	1.70
结婚的可能性	2.17	1.82	1.52
社会与职业幸福程度	6.37	6.34	5.28

生活中,我们大多数人对他人的印象往往会受到光环作用或"扫帚星"作用的影响。我们生活中很普遍的一种特定的社会心理现象——"情人眼里出西施",说的也是光环效应。管理活动中,上司对某个员工有好感时,会觉得这个员工什么都好。反之,则会横竖看不顺眼,这就是我们在认知他人时所谓的"一好百好,一恶百恶"的好和坏光环作用。

下面这个现象也是月晕效应的体现。

有一家大公司在招聘高管,很多人在排队领填个人信息表,有一个年纪轻轻的大学生匆匆忙忙地赶到时,发现队伍很长,于是他到前面问一下是否是这家公司在招聘。"请问这是在招聘高管,对吧?""嗯。"工作人员回答道,"你哪个大学的?""我南大的""哦,那就不要排队了,直接到这边来领表。"没过一会儿,工作人员好像忘了问清楚,说"你是南京大学吗?""不是,是南×大学。""哦,那你还是去排一下队吧。"

"月晕效应"很容易影响我们正确的认识和判断,所以它是一把双刃剑,我们要小心使用。课堂上,曾经让学生们从下面三个候选人中选择一个能造福于人的人,三个候选人的情况如下:

A:笃信巫医和占卜,有多年的吸烟史,而且嗜酒。

B:曾经两次被赶出办公室,每天要喝大约一升白兰地。

C:曾经是战斗英雄,一直保持着素食的习惯,从不吸烟,只偶尔来点啤酒,年轻时没做过什么违法的事情……

毫无悬念,大部分同学都选择C。让我们来看这三个候选人分别是谁。

A:富兰克林·罗斯福,后来不仅成了美国总统,而且还三次连任(1933~1945年)。

B:温斯顿·丘吉尔,1940年出任英国首相,而且算得上是英国历史上最著名的一位首相。

C:阿道夫·希特勒,臭名昭著的法西斯魔头。

了解和研究月晕效应,有助于管理者克服以偏概全的思维方式,纠正自己看待他人时的偏见。认知他人时,注意不满足于表象,注重了解对方心理、行为等深层结构,减少晕轮效应带来的消极影响。比如,考核员工时,不能因某一方面好,就认为一切皆优,犯了错误,就是一贯表现差。晕轮效应的危害就是一叶障目,以点带面,以偏概全,容易影响员工考核的准确性及对人才评价的可信度。

案例:太阳神

20世纪90年代,一首《当太阳升起的时候》传唱大江南北,为人津津乐道。这是我国著名保健品公司——太阳神集团有限公司的广告。它的产品是太阳神生物保健口服液和猴头菇口服液。1993年是"太阳神"历史上最辉煌的一年,营业额达到创纪录的13亿元,几乎每天都有300万元的业务额,同时保持零库存和零负债。太阳神集团就像歌中唱的一样,一路高歌猛进。但是后来公司的发展出现波折,这其中有许多值得吸取的经验教训,识人、用人不当是一个主要教训。

当公司走下坡路而依然存在振兴希望时,总裁毅然决定让贤,让位于一位哈佛大学的MBA硕士,但他没有看到此人的不足之处。第一,新总裁对中文的听、说、写均不熟悉,与员工的沟通上有不小的障碍。第二,新总裁从未从事过中国保健品行业。第三,新总裁对保健品与中国文化相关的市场动态缺乏认识。第四,新总裁一上任就连炒数位高层管理人员,大幅度更换中层管理人员,引起公司人才纷纷辞职。第五,新总裁年薪140万港币,与公司其他高级经理的年薪相差太大,引起强烈不满。

其次,了解月晕效应有助于我们了解他人产生这种偏见的根源,人际交往中,有意识地培养并发扬自己的优良品质,如"热情""正直""勤奋"等,可以给人以好感,从而弥补自己个性品质中的不足,这对于建立良好的人际关系是有益的。

4. 社会刻板印象(定势效应)

课堂上问过同学们这样一个问题:史密斯先生个子不高,有些秃头,戴一副眼镜,会开车,诗也写得非常好,请问他是学者还是司机?

大部分同学倾向于认为史密斯先生是学者。

有这么一则小幽默:

火星人落到地球上被逮住了。东北人会问它有没有户口;北京人会问它与人类有没有血缘;上海人会搞外星人展览卖门票;广东人会问它身上哪些器官可以吃;而温州人则会立即请它吃饭,打听火星上有没有生意做……

上面阐述的现象,从心理学上说,就是刻板印象。社会刻板印象是指人们对社会上某一类人或事物形成的一种比较固定的看法,而且是一种概括而笼统的看法。

苏联社会心理学家包达列夫做过一个实验,将一个人的照片分别给两组被试看,照片上的人眼睛深凹,下巴外翘。向两组被试分别介绍情况,给甲组介绍情况时说"此人是个罪犯";给乙组介绍情况时说"此人是位著名学者"。然后,请两组被试分别对此人的照片特征进行评价。结果两组被试的说法截然不同。第一组被试认为照片上那个人深陷的目光里隐藏着险恶,下巴外翘反映着他顽固不化的性格;第二组则说,这个人深沉的目光表明他思想的深刻性,下巴外翘反映他具有探索真理的顽强精神。

在社会生活和社会实践中,人们头脑中存在的刻板印象是多种多样的,大多与职业、地区、民族、性别、年龄等因素有关。

比如,教授必然博学,商人必定唯利是图,推销员能说会道。这是依据职业特征的刻板印象。老年人保守固执,年轻人做事莽撞易冲动,这是依据年龄特征的刻板印象。北方人豪爽,南方人精明,这是按地区特征形成的刻板印象。

比如,调查美国普林斯顿大学学生对英国、日本国民的刻板印象是:英国人有绅士风度、聪明,但因循守旧、保守;日本人聪明、勤劳、进取心强、机灵、狡猾。这是依据民族特征形成的刻板印象。

曾有一则笑话说,一位美国的老教授带着几个不同国家的研究生,暑假前以《象》为论题布置他们每个人写文章。暑假结束后,英国学生交上来的文章题为《猎象记》,法国姑娘交上来的文章题为《大象罗曼史》,德国小伙子交上来厚厚一本名为《象类百科全书》,苏联的学生交上来的名为《论象之存在与否的唯物主义前提》,而中国学生交上来的题目更妙,《象肉烹饪法》。这虽是一则笑话,但却形象地说明了人们对不同国家人的刻板印象:英国人的体育崇拜、法国人的浪漫、德国人的学术爱好、苏联人的刻板、中国人的美食追求。

有这么一则脑筋急转弯:大李的儿子小明发生了一次车祸,当时大李正与小明的爷爷老李下象棋,接到电话后,大李二话没说,开了一部大卡车赶到现场。但是小明却不称大李为父亲,请问这是怎么回事?这样的问题之所以会迷惑人,主要是因为表述时设置了一些干扰因素,比如大李这样的称呼,比如下象棋、开卡车这类行为。不过,通过回答类似的问题,大家已经想到,在我们的心目中,对于男性与女性的区别早有定论。我们对男性和女性的行为和性格模式都有一个固定的看法。这在心理学上有个专门的术语,叫做性别角色刻板印象。

市场调查公司在招聘入户调查的访员时,一般都会选择女性,因为在人们心目中,女性一般来说比较善良、较少攻击性、力量也比较单薄,因而入户访问对主人的威胁较小。而男性,尤其身强力壮的男性如果要求登门访问,则很容易被拒绝,因为他们更容易使人联想到一系列与暴力、攻击有关的事物,使人们增强防卫心理。

一般来说,生活在同一地域或同一社会文化背景中的人,总会表现出许多心理与行为方面的相似性。这些相似的人格特点被概括地反映到人们的认知当中,并被固化,便产生了社会刻板印象。所以,刻板印象是基于一定的事实的,可能产生正确的判断,但有时也会歪曲判断。因而,刻板印象对社会知觉的影响既有积极的一面,也有消极的一面。

从积极作用来看,它有助于简化认识过程,迅速地认识自己所不熟悉的人。我们可以依据年龄、性别、职业、民族、文化水平等表面特征和线索对其进行类型化的推理、概括的了解,并以此去指导我们对对方表现出适当的言论和行动,可以为我们与一些陌生人打交道提供一定的便利。

刻板印象对社会知觉的消极作用表现为:如果归类和概括不符合人类群体的实际特点,或者不符合个体的个性特征,就会产生偏见,从而影响正确认知。比如,有的学生认为南方人小气、自私,家庭社会地位高的学生傲气、不好相处等,这种刻板印象容易形成先入为主的定势效应,妨碍大学生正常人际关系的形成。有的招聘面试官认为东南沿海省市的学生比较自信、开放,内陆省份的学生比较封闭、自卑,而这种认识在很大程度上又决定了对应聘者的第一印象,这很可能使面试官陷入一叶障目的境地。因而,刻板印象也是我们在生活实践以及管理工作中要摆脱的一种消极的心理现象。

5."亡斧疑邻"效应

《列子·说符》中说:一个人丢了斧子,总怀疑是邻居的儿子偷了去。当他看到邻居的儿子时,发现他说话、走路、表情都像是偷了斧子的样子。后来斧子找到了,原来是自己不小心掉进了山谷。这时他再去瞧邻居的儿子,发现他走路、说话、表情一点也不像偷了斧子的样子。这种带着主观印象去观察、了解、分析事物时产生认知偏差的现象,我们称之为"亡斧疑邻"效应。

这种效应提醒我们:管理者在日常管理过程中,要全方位地了解相关信息,避免根据局部信息作出判断和采取相关措施,尤其是在通过自己的权力作出惩罚性的措施前,一定要全面了解,充分沟通,免得因为"亡斧疑邻"效应而错责下属。

6.知觉防御

知觉防御是指人们对不利于自己的信息会视而不见或加以歪曲,以达到防御的目的。

当知觉者发现被知觉对象与自己已有的定型模式不相符合时,便会通过抹去被知觉对象中那一与模式不相符的部分,从而对被观察对象加以歪曲。比如,某人是"好人"或某人是"坏人"在印象中已形成定型模式,对"好人"的坏事或"坏人"的好事就易出现不正视、找理由歪曲的反应,就会产生"不会吧""不是她说的吧""是别有用心吧""一定另有原因"等知觉倾向。通过这种对知觉的歪曲使印象中的模式得到维持。

知觉防御虽然是对社会知觉的歪曲,但也是一种有效的心理保护手段,使人缓和刺激的冲击,以增加心理承受能力。在生活和工作中,既要理解它,又要注意克服它。因为真正解决问题,不能靠歪曲知觉对象,而要靠依据客观知觉修正自己心中的模式。

7. 投射效应

投射效应,也叫投射作用。心理学研究发现,人们在日常生活中,经常不自觉地把自己的心理特征(比如,个性、欲望、观念、情绪等)归属到别人身上,认为别人也具有同样的特征,心理学家们称这种心理现象为"投射效应"或"投射作用"。

心理学家罗斯(Ross)做过这样的实验来研究投射效应,在80名参加实验的大学生中征求意见,问他们是否愿意背着一块大牌子在校园里走动。结果,48名大学生同意背牌子在校园内走动,并且认为大部分学生都会乐意背,而拒绝背牌的学生则普遍认为,只有少数学生愿意背。可见,这些学生将自己的态度投射到了其他学生身上。

案例　最重要的选题?

在一家出版社选题讨论中,出现了这样一种有趣的现象。编辑们列出了他们认为最重要的一个选题分别是:编辑 A 正在职攻读第二学位,他的选题是"怎样写毕业论文";编辑 B 的女儿正在上幼儿园,她的选题是"学龄前儿童教育丛书";编辑 C 是围棋迷,他的选题是"聂卫平棋路分析"……

生活中很多人都是这样,把自己认为重要的东西,也当成别人认为重要的东西。

"投射效应"让人倾向于按照自己的主观意识来知觉他人,而不是按照被观察到的他人的真实情况进行知觉。认为自己如果是这样,就假定别人也同样是这样。由于人都有一定的共同性,所以,有些情况下,人们对别人作出的推测是比较正确的。但是,人与人之间毕竟存在很多差异,因此推测又常会有出错的时候。日常生活和组织环境中,人们常常错误地把自己的想法和意愿投射到别人身上,造成对他人的知觉失真。比如,自己喜欢钱,就误以为别人都是为钱而活;自己心胸狭窄,便以为他人都不够光明磊落;自己以权谋私,却认为从来没有克己奉公的人;等等。

投射效应是客观存在的,求职面试中的面试官也常常会受到投射效应的影响,把自己的特性或感觉加到应聘者身上,青睐那些在信念、态度和行为方面与其相似的人,因此应聘者在面试时附和面试官,往往会给面试官留下好的印象。所以,很多应聘者会通过识别交往对象的特点和有选择地表达自己的特质,寻求与对方最大限度的一致与契合感。

面试应聘时,应聘者可以利用投射效应,获得考官的青睐。从管理者的角度,投射效应在面试测评中也有它的作用。由于人们存在心理防御机制,在面对他人提问时常常会言不由衷。比如上级询问下级工作是否努力,面试官询问应聘者为什么到我们公司应聘等情况下,被提问者皆有可能说假话。这为测评提出了挑战。利用投射原理,采用投射测试可以一定程度上避免人们的心理防御机制。投射测试是指向受测试者提供意义比较含糊的刺激情境,让其自由发挥,分析其反应,然后推断其个性特征。这是一种将测试目的隐蔽化的有效方法。由于其间接性,测量的效度得到了保证。

案例:咖啡的选择

雀巢公司刚推出速溶咖啡时,市场销售情况非常不好,这让经理们感到困惑,因为其口感几乎与现磨咖啡无异,更是带来了"方便"。

为了找出销售不佳的原因,公司对雀巢咖啡与市场领导者麦氏咖啡的产品进行了认真的对比分析,没有找到答案。最后他们请来心理学家对消费者的购买行为进行研究。研究人员做了如下试验:

研究者打印了两份超市的购物清单,两张清单购买的货品相比较,唯一的差异就是一张买的是传统的麦氏咖啡,一张买的是雀巢速溶咖啡。研究者请受访者通过这两张购物清单来描述拿着这两张清单的家庭主妇的形象,结果是大部分的受访者把买了麦氏咖啡的人描绘为一个勤快的主妇,而把买了雀巢咖啡的人描绘成一个懒惰的主妇。

原来问题的答案是在人们的潜意识里,用速溶咖啡给丈夫做咖啡的都是懒媳妇——这种潜意识决定了家庭主妇们不愿意购买速溶咖啡。所以企业越是宣传其"方便"的特性,顾客们越是敬而远之。

于是,雀巢公司迅速采用对应的广告策略,转而推广速溶咖啡的品质高、口感好,其销量立刻上升,速溶咖啡最终成为了红遍世界的产品。

在该案例中,如果直接采访顾客:你为什么不买速溶咖啡而更愿意购买传统咖啡,也许顾客不能给予准确的回答,也许他们会回答说这只是习惯。由于研究者采用了间接的观察法,而不是直接询问,因而得以很好地将人们的潜意识,也就是复杂的动机明示化。因此,通过投射技术,可以从人的某些行为中,得到人们潜意识中的信息。

社会知觉中存在很多的心理效应,在此不一一列举。总之,通过研究社会知觉以及社会知觉的偏见,我们可以获得这样一种认识:管理者和员工在很多时候是根据知觉而不是客观事实作出反应的,他们是对所看到的事情进行理解和解释的,这必然有产生很大的知觉偏见的可能性。因此,管理者应该了解知觉偏见产生的原因,尽量纠正偏见,以获得准确、全面的认识,从而保证组织活动的顺利进行。

第七讲　印　象　管　理

一、何谓印象管理

人们总是非常注意自己在他人面前和社交场合中的形象。浙江工商大学人文与传播学院朱艳艳课题小组曾做过问卷调查,有 58.38 %的大学生会选择美颜相机来进行自拍,并在朋友圈等社交平台晒出"美照"。在求职的招聘会上,除了穿着得体、仪态大方以外,求职者还会对如何介绍自己、如何表达自己对这份工作的兴趣及能力细细斟酌一番,对着镜子精心"演练"自己的一言一行;面试过程中,求职者会利用意见遵从、抬举主考和自我抬高等手段,巧妙地回答面试中提出的问题……

上述种种情形都和印象管理相关。印象管理是指个体努力操纵或控制他人对自己形成某种印象的过程。印象管理是一个基本事实,我们每个人都在有意无意地进行着印象管理。

印象管理是个体适应社会生活的一种方式。在现实生活中,在不同的情境里,每个人都承担着许多的社会角色,个体要为他人、公众、社会所接受,其行为表现必须符合社会对他的角色期待。为了更好地适应社会,个体必须实施有效的印象管理。比如,在家里,你是父母的孩子,但在公司里,你是一个员工,你不能以和父母相处的方式去对待同事或上级。不顾交往的场合,不顾及交往的对象,一味我行我素的人,往往被人认为缺乏教养、粗鲁唐突,不会受到人们的欢迎。印象管理能使我们在现代社会里更快、更富有弹性地适应不同人们的角色要求,针对形形色色的环境作出恰如其分的自我表现和社会行为。

有人认为,人与人之间的交往要诚实无欺,通过印象管理以控制别人对自己的印象是一种虚伪的表现。其实,这种看法是错误的,印象管理本身无所谓好坏,关键在于运用这种手段的目的,正如"水可载舟,亦可覆舟"。同样的印象管理,可以是为了正当的目的,也可以是为了卑鄙的目的;可以是为了更好地以真实的面目示人,也可以是为了以虚伪的面目欺骗人。

二、印象管理的理论

(一) 符号相互作用理论

符号相互作用理论又称为象征性交往理论,是美国社会心理学家、哲学家米德(G. H. Mcad)在《心智、自我和社会》中提出的。米德把能传达某种意义的姿势,如动作、言辞等称作符号。人之区别于动物的地方就是人具有运用语言符号的能力,并有心智。人的心智活动是人在社会相互作用过程中掌握与运用符号并通过符号相互作用而产生并发展起来的,它既是社会客体向主观领域过度的内化过程,也是大脑赋意义于客体的外化过程。人在行动时还会了解到群体多数成员的态度,或称"概括化他人"的态度,因此知道行动的限度,并在这个限度内进行自己"设计",然后付诸实践。

作为有别于非我(周围环境、客体)的主体自己,是由主我和客我所组成。主我是主动行动者,是冲动性的、创造性的,是变化的源泉。客我是通过"角色采择"设想他人所见的我,即社会我,它是规范性的。任何行为都是由主我的冲动所引起,而受到客我的控制;前者是行为的动力,后者是行为的方向,自我就是主我与客我的相互作用。主我、客我、自我组成了个性结构,正因为有主我,才会产生角色行为的变化或偏离,正是因为有客我,才会导致行为去适应社会相互作用中的角色期望。

社会与个人是通过符号相互作用来互相影响和互相制约的,社会通过符号相互作用来"塑造"个人,影响个人的心智与自我的发展,而个人又是通过符号相互作用来维持与改造社会。

每个人在社会系统中处于一定的角色地位,周围的人按照社会角色的一般模式对他的态度、行为提出种种合乎身份的要求并寄予期望,这就是"角色期望"。一个人的态度、行为如果偏离了角色期望,就可能引起周围人的异议或反对。因此,我们每个社会交往的参与者,都会试图"站在别人的角度",模仿别人的方式观察自己,米德称之为"扮演他人角色的能力"。这就使我们不仅能够预知别人对自己的感觉和反应,而且还能据此调整自己的言论与行为,使之产生令人满意的结果。比如,通过角色的换位思考,政治家会选择恰当的衣着、举止和演说风格以期取得当地选民的认可;一个应聘者,会考虑到考官的风格特质,尽量投其所好。

(二)戏剧化比喻理论

20世纪中期,美国著名社会心理学家戈夫曼(E. Goffman)提出了戏剧化比喻理论。在他那本享誉世界的著作《日常生活中的自我呈现》中,戈夫曼指出,人们之间的交往和互动好像是一种戏剧演出,每个人都在表演自己的节目。所谓节目,是指一整套经过精心选择的用来表现自我的语言或非语言的活动。社会成员作为人生大舞台上的表演者都十分关心自己如何在众多的观众(即参与互动的他人)面前塑造能被人接受的形象。

戈夫曼认为,人们在社会生活中以不同的角色、在不同的场次进行表演,如果能够按照剧本(即预想的方式)表演就按剧本表演,当剧本不明确或不完整(即情况更加复杂或发生变化)时就要随机应变,临时创作。

戈夫曼提出,表演时,每个人都竭力维持一种与当前的社会情境相吻合的形象,以确保他人对其作出使之愉快的评价。人们为了表演,可能会区分出前台和后台。前台是让观众看到并从中获得特定意义的表演场合,在前台,人们呈现的是能被他人和社会所接受的形象。后台是相对于前台而言的,是为前台表演做准备、掩饰在前台不能表演的东西的场合,人们会把他人和社会不能或难以接受的形象隐匿在后台。在后台,人们可以放松、休息,以补偿在前台区域的紧张。比如,一名女性要应聘一个银行管理职位,她的简历可能会着重强调工作年限,以显示她丰富的工作经验和稳定可靠的特点,而很可能会略去其跳伞、蹦极、攀岩之类运动方面的爱好,因为这会给人留下喜欢冒险的印象。

(三)情景认同论

亚历山大(C. N. Alexander)提出了情景认同论来解释印象管理。认为每个社会情境或人际背景,都有一种合适的社会行为模式,这种行为模式表达了一种特别适合于该情境的同一性,称为情境同一性。简言之,情境同一性指的其实就是一种"分寸感",即在什么场合就应该说什么话、做什么事情。人们在交往中,总是力求创造最适合自己的情境同一性。人进行印象管理,试图给他人留下一定印象的目标,就是使自己在特定情境中的自我表现符合于自身的情境同一性。因此,有什么样的交往情境,或者有什么样的交往对象,人就有什么样的自我表现。一位物理学教授在作学术讲演时,目的就在于专业的学术的情景认同;而在朋友和熟人的聚会上,就转变为比较随意的、轻松的情景认同。因此,在每一种情景中,都有一套适当的行为形式,来表现他本人的身份,从而获得令他和周围人们满意的交往。

案例:自负或谦虚

研究者们做过一个有趣的实验,先是让被试单独描述自己的有关特征。一个月后,再安排这些被试在他人面前描述自己的特征。被试被分为两组,其中一组被试的交谈伙伴很自负,而另一组被试面对的谈话者很谦虚。比较被试两次关于自我的描述发现,与夸张自大的对象交谈的被试,其第二次自我描述比一个月前的描述更为积极,叙述的优点更多;而在谦虚的对象面前作自我描述的被试与一个月前相比,不但减少了优点的叙述而且强调自己的短处。

很多人在生活中也像这个实验中的被试一样,为了与交往对象达成默契,自己所表达的思想观点就尽可能与交往对象接近。

上述三种理论——符号相互作用理论、戏剧化比喻理论、情景认同理论,虽然表述各不相同,但共同之处在于:都认为其他人常常形成对我们的印象,并用这些印象来指导与我们的交往。相应地,理解他人对我们的知觉并努力创造一个我们认为恰当的印象,对我们是有益的。

三、印象管理的策略

我们每个人都不是生活在真空中,我们都是社会的人。因此人们在交往中,会重视他人的看法和感受,通过各种策略来给他人留下好的印象,人们用什么策略来给他人留下好印象?哪些策略又比较有效?下面是关于这些问题的研究结果。

(一) 留下良好的第一印象

首因效应的存在使人非常关注自己留给他人的第一印象,那么怎样才能给人留下良好的第一印象?

陌生人之间初次接触时,端庄大方的穿着、自然得体的举止往往能给对方留下愉快的印象,有利于以后的进一步交往。相反,不修边幅、蓬头垢面,势必引起他人的反感,从而影响正常的交流;当然,如果过分修饰自己,浓妆艳抹、发式造型奇异与众不同等,给人的印象也会不舒服,甚至让人对其人格产生怀疑。所以,清新淡雅的仪容修饰是留给他人良好的第一印象的基础。

案例 第一印象

小杨是工科名校毕业生,因专业对口、成绩优良,在厚厚的应聘材料中脱颖而出,入列预选名单。但她面试时穿着过于新潮:鲜艳的短上衣、破旧的低腰裤,戴着夸张的热带风情大耳环,一进门就让由高级工程师组成的考官们一愣,考官们没问几个问题,就结束了面试,结果当然是她被淘汰出局。

心理学家艾根(G. Egan)研究发现,在同陌生人相遇的开始,如果能按照 SOLER 模式来进行印象管理,可以明显地增加别人对我们的接纳、好感和信任。SOLER 是由5个英文单词的词头字母拼写起来的专用术语,其中:S(sit/stand)表示处于坐姿或站姿时要面对别人;O(open)表示姿势要自然开放,不过分拘束;L(lean)表示身体微微前倾,显示自己对他人的态度;E(eyesight)表示不回避目光接触;R(relaxation)表示放松和心情愉快。

所谓 SOLER 模式,实质就是注意身体语言的问题。恰当地使用身体语言,会帮助我们正确地表达自己,使我们的人际交往更加顺利。我们在日常生活中与人交流思想、表达情感的工具,除了语言之外,还有身体的各种姿势、动作、面部的表情、眼神的变化等,这些可统称为身体语言或体态语言。身体语言的使用一定要注意与自己的角色以及生活情景相适应。北京某名牌大学的一个毕业生,到一家公司去求职。在面试时,这位自我感觉良好的大学生一进门就坐在沙发上,跷起二郎腿,还不时地摇动。如果在家里,这是个再平常不过的姿势,而在面试的情境中,则很不合适。最终的结果可想而知,他失去了一个很好的工作机会。

戴尔·卡耐基(Dale Carnegie)在《如何赢得朋友并影响他人》一书中,根据大量来自实际生活的成功经验,总结出了给人留下良好第一印象的六条途径:真诚地对别人感兴趣;微笑(表情语言沟通中,微笑是一种最有效的沟通技巧);多提别人的名字;做一个耐心的聆听者,鼓励别人谈论他们自己;谈论别人感兴趣的话题;以真诚的方式让别人感到他自己很重要。

下面这段描述,也是卡耐基观点的一个实践。

在班里,有些人根本不认识几个同学,见了面甚至还不知道是同学,但我跟很多同学都非常熟。刚来时,在知道班里同学的名字后,我都会尽量地记住。放学或者吃饭时,当我直接叫出他们名字,跟他们打招呼时,他们开始惊讶一下,然后很友好地回一个微笑。这样就是留下一个良好的第一印象,这个非常重要。而且,别人感觉到你既然这样开朗,应该也是个善良、值得交往的朋友,当然,我确实也是这样。

(二) 角色置换

角色置换是指站在别人的立场上,体验别人的角色,了解别人在特定情境中的情感与期望。我们在与人交往的过程中,别人对于我们如何行为都有一定的角色期望。当我们的行为符合角色期望时,别人就会愉快地接纳,产生好印象;当我们的行为不符合角色期望时,别人就会产生拒绝反应,从而产生不良印象。通过角色置换,可以了解别人对我们有什么样的期望,怎样自我表现才是恰当的,别人对我们是如何感受的,既知彼又知己,这样可以更好地控制自己的行为,使自己的表现更符合他人的愿望,给别人留下良好的印象。

(三) 相互支持

人际交往过程中,给人留下好印象的一个重要条件是不侵犯别人的尊严。在社会生活中,个人的行为要于人有益、于己有利、相互支持,这样才能让别人感到愉悦和可信。如果在别人出现失误或面临困难、不能顺利实现自己的期望时,不是积极帮助别人弥补失误、渡过难关,而是袖手旁观、幸灾乐祸,甚至落井下石,这种处世方式和态度会使别人的尊严受到威胁,人们自然对其产生排斥或拒绝的态度。

（四）由衷地赞美他人的优点

美国钢铁大王安德鲁·卡内基（Andrew Carnegie）在1921年以100万美元的超高年薪聘请夏布（Schwab）出任CEO，许多记者问卡内基为什么选择夏布。卡内基说："他最会赞美别人，这是他最值钱的本事。"

按照马斯洛的需要层次理论，人都有获得尊重的需要，而赞美则会使人的这一需要得到极大的满足，人被认定其价值时，总是喜不自胜。下面案例中这个主管的赞美就非常成功。

"主管那么欣赏你的设计，你帮我出出主意……"丁海对向北说。向北很诧异："你听谁说的？"丁海神秘地说："主管那天和市场部的头儿夸你呢，被我听见了。他们在商量怎么给新产品做市场工作呢。"

这个晚上，向北一直加班到深夜，他想：绝不能辜负领导的期望……

如何恰到好处地赞美别人是一门艺术，有它的奥秘和技巧。不恰当的赞美非但不能激励，反而还会起负作用，让人对你的赞美麻木，甚至反感。所谓的不恰当赞美，包括：情境不对，措辞不当，没表扬到点子上，等等，比如这位体育部长的赞美：

周末，院学生会体育部长陈哲在超市看见了自己的下属郝雨。随便打了招呼后，陈哲突然想起什么，叫住了郝雨："你最近表现不错啊，继续努力。"郝雨愣了一下，感觉有点莫名其妙，不禁被逗笑了，心里想："您指什么事呀？哪儿跟哪儿呀……"

所以，赞美是一件好事，但绝不是一件易事。我们需要掌握一定的赞美技巧，才能避免变好事为坏事。我们看看下面这位主管的做法：

于主管因为加班，晚上快八点了才从办公室离开。当他穿过楼道，看到下属小王的办公桌依然亮着灯。他悄悄地走到小王身后，看到他还在忙着撰写和修改策划案，轻咳了一下说："还在加班呀？"小王一惊："哦，是您呀。我还有点事，要弄完再走。""如果大家都像你这么敬业，我们公司就有希望了。别累坏了，早点回家休息。"主管拍了拍小王的肩膀。

这个主管的赞美应该说很成功，因为他的赞美不是简单地就事论事，而是涉及人格、本质，这种赞美就会让被赞美者更多地发扬这种品格。

（五）自我显示

自我显示是指个人有意识地将自己的正面形象（如广泛的同情心、正直的品德、高尚的行为、良好的信誉等）主动地展示给他人的印象管理策略。这种策略常常可以使别人在内心感受到差距，从而引发别人的内疚或倾慕。组织环境中的领导者经常使用这种方式来确定自己的形象，如放弃某些利益，以显示自己道德上的超脱，赢得员工的尊重，增加自己的影响力。事实证明，这是有效的，但如果显示不当也会出现事与愿违的结果。

越来越多的研究表明：假使这些策略的使用熟练而小心，动机善良而纯正，的确能成功地提高个人魅力。然而，如果使用时是为了不可告人的目的或不注意把握分寸，则会招致他人的蔑视或厌恶。

四、印象管理与面试

印象管理可以进一步细分为保护性印象管理和获得性印象管理。保护性印象管理是指人们采取辩解、道歉等策略弱化自己的不足或避免别人消极地看待自己，免于形象受损的一种努力，其目的在于避免惩罚和责备，该策略常见于绩效评估中。获得性印象管理是指人们采取热情相助、附和他人意见、抬举他人、自我宣传、自我抬高等手段，使别人更积极地看待自己，努力树立和完善自己在他人心目中的良好形象，其目的是获得他人的认同和赞许，该策略已广泛地应用于各类面试中。

如果一个面试者拒绝穿戴整齐地去面试，也拒绝为了给面试官一个好印象而有选择地去回答问题，因为他觉得表现得与平时迥异、深思熟虑地回答问题是不够诚信的表现。那么这种面试的成功率会大打折扣。面试者恰当地运用印象管理是必要的。

案例　求职面试

自我介绍，这是我准备最充分的环节了。我面带微笑，侃侃而谈。时不时地与面试官进行眼神交流，并中间两次与面试官进行互动。很显然，互动环节效果还不错，后面的面试过程面试官没有为难我，挑了我简历中几个比较出彩的地方，询问细节。最后，问技术问题。不得不说，技术环节回答得不太理想，五道题中，只答出了两道，其他的题僵在那里，弄得我有点尴尬。面试官一直非常友好地在旁边提示我，也让我心理压力慢慢减小。最后在面试官的"帮助"下，我终于把五道技术题回答完整了。

回到座位上，忐忑地等待进入下一轮面试的名单。幸运的是，我在名单中，于是我们被带入传说中华为淘汰率最高的——无领导小组面试环节。

12个人,分成两组,每人两分钟的自我介绍,面试官提问,最后是就一个案例按组进行讨论,然后进行辩论。12进3,我惨遭淘汰。

回来没有太多的念想,继续忙碌着充实我的简历。三天后,接到华为的电话,是那天一面面我的面试官。他说想给我一个机会,直接终面。我受宠若惊地赶了过去。去到那里突然发现,终面面我的面试官,居然是一面面我的面试官。终面也聊得很轻松。他对我讲,一面面我时,他仅仅在45秒内,就认定了让我加入华为。虽然我的群面并没有突围(后面他也对我解释了,群面的主面官倾向于招学历高的,于是我们小组进的三个人有两个博士、一个硕士,我的表现并没有特别突出,没被选中理所当然),但是他认为我有培养的潜力,有亲和力,并且性格与华为公司需要的员工类型非常贴近。因此,他将我从败局中挽救出来,并给了我人生中第一个最宝贵的offer。

这一次死而复生的求职经历让我明白了求职中最重要的一点:面试中,最重要的、也是最能决定我们生死的,往往是面试官的第一印象,也就是心理学中的"首因效应"。回想起来,与面试官见面的前45秒,我们并没有交谈很多,然而也许就是着装的细节,或是一个小的举动,或是不经意间的一句话,就让面试官从心底接受了我,并由此引发了"光环效应"。如果面试官一开始认为我们是优秀的、出色的,是符合他要求的下级,那么,我们在后来面试中表现出来的一些小的缺点,他往往就容易接受,容易视而不见,也就是我们身上的光环已经遮盖了小缺陷。这样,面试其实已经成功了一大半。

华为的面试结束后,又参加的面试有:马士基,埃森哲,宝洁,联合利华,箭牌,雀巢,可口可乐,中信银行,国元证券,广东移动……面试的流程差别很大,关键是把自己完全展示出来,一般问题就不会太大。我后来发现(其实是可口可乐的HR姐姐告诉我的,因为我面完可口可乐回去当天晚上就打电话对她们白天的辛苦付出作出感谢。其实当时我和另外两个男生都给她们留下了不错的印象,但是由于当天晚上我的礼貌表现给她们留下了比较深的印象,大概加深了印象分吧,后来顺利通过了一面),面试结束后对面试官的辛苦付出表示感谢,对进入后一轮的面试是有帮助的。尤其是一轮下来,面试官自己也犹豫不定的时候,一个温馨的问候,也许就会打破你跟竞争对手之间的平衡,给面试官带来好感,为你进入下一轮面试增加分数。这也就是心理学中的"近因效应"吧。就是面试官会对最近时候接触的面试者有着更加深刻的印象,这或多或少会给自己加分。

招聘面试时,应聘者可以使用印象管理策略来展示自己,以确保考官对自己做出愉快的评价。与应聘者的实际素质信息相比,印象管理的有效运用可以很好地影响面试考官的决定,但过度使用则会适得其反,所谓"增之一分则肥,减之一分则瘦",关键在于"度"。

下面是某高校招生宣传志愿者招募活动中部分同学的报名自荐介绍及面试官的点评。

A. 大三"老狗",情系母校。活泼开朗,积极向上。生性爱浪,学习尚可。学分不够,返校来凑。

——这段自以为十分押韵的自我介绍,殊不知给面试官的感觉就是轻浮,自以为是,看不出对这个活动的热情,是一个失败的例子。

B. 作为来自温州的鸭舌王一枚,我自觉地负起传播母校美好形象的责任。PS:我的宣传宗旨:只要学妹不要学弟。

——自我介绍往往是严肃的,可以带有些诙谐幽默的语言,可是,过度就不太好,特别是用一些不知所以的网络语言。

以上我们是从应聘者的角度看印象管理。那么,从管理者的角度,从考官的角度,针对印象管理,应该注意什么呢?下面是高校学生会管理工作中的一个小案例:

团队招新的时候,我负责对报名人员的面试,当时面试人员共22人,首先是各个面试者做自我介绍,我对他们的表现做一些记录,之后分成4个小组做活动策划讨论,我观察各组成员的讨论情况并作为他们最后是否能进入学生会的评判标准。

面试者们的表现给我形成了第一印象,有的人健谈,有的人睿智,有的人稳重,有的略显沉默,考虑到团队成员性格搭配的问题,以及各自的表现,那些给我印象太张扬,小组讨论太以自我为中心,或者不乐意和他人合作的同学被淘汰了。

其中有个小 K 同学,给我的第一印象是太以自我为中心,原本我打算淘汰的,后来由于某个原因留下了他,现在在组里工作很积极,能很好地团结组员,能力也很强,我现在很多事情都乐意交给他办。

对于被管理者来说,第一印象很重要,它是一扇展示自己的大门,需要策略性地展示管理者需要的特性;对于管理者来说,第一印象固然重要,但通过第一印象所得出的结论并不完全正确,这就要求管理者具备透过现象看本质的能力,真正发掘成员本来的品质,而不仅仅因为一次的表现造成偏见和不信任。

我们再看看下面这位公司面试官有什么样的困惑。

案例:应聘者还是演员?

王经理是某公司人力资源部的负责人,作为面试官,经常参加各种面试。他发现有经验的应聘者总是会充分利用第一印象。他们懂得第一印象在很大程度上决定了一个人对对方是喜欢还是讨厌，所以，在面试之前，他们都会好好地打理妆容，衣着得体、精神饱满。按照一般的面试流程，首先是自我介绍。在这个过程中，有经验的应聘者会对自己进行良好的自我监控，展示自己最好、最精神、最自信的一面。尤其在群体面试或者无领导讨论中，更是如此，他们会适时地发表自己的见解，对自己发表见解的内容在时间上也有较好的控制，并通过对他人的观察适时调整发言。他们看上去像是训练有素的应聘者，面试官往往很难观察到他们最真实的一面。当王经理问及他们过去的工作经历时，他们会侃侃而谈自己过去的成功经历，有时候对工作难度会做些渲染，而对自己的工作业绩也可能有些夸大，给人一种对工作极其敬业的感觉，甚至听起来常常让人肃然起敬。同时，他们还会掩盖一些不太好的小动作或不良情绪。

这些有经验的应聘者简直就是高明的演员，王经理常常困惑，他们难道真的就是这样的人才，是公司需要的，还是仅仅对面试技术研究得比较透彻？

应聘者常常利用印象管理应对面试。企业、公司、组织应该设法防止考官被应聘者的印象管理所利用。因此，组织面试应该注意采用严格标准选拔和培训面试官。在招聘面试中，一般经验丰富的面试官会比经验较少的面试官更有可能鉴别出应聘者有利和不利的印象管理，选出适合组织需要的员工。招聘过程中，面试官要避免"成功就在0.5秒"、第一印象、晕轮效应、刻板印象等现象，从不同视角作出相对客观、公正的评判。

传统的印象管理研究大多从个人或员工的角度来探讨，用于了解人们试图控制别人对自己所形成的印象的过程。近年来，学者们对组织印象管理的关注度越来越高。组织印象管理泛指有目的地进行组织设计并用来影响受众的知觉的行动。如在招聘中，除了应聘者会进行印象管理以外，企业或组织往往也会把自身置于有利的地位来吸引应聘者。这反映了印象管理实际上是一个互动过程，组织与个人通过印象管理相互影响。特别是在工作实际中，组织与员工之间印象管理是互动的。印象管理成为组织生活中一个普遍存在的现象，组织或个体都试图控制他人对自己的印象。印象管理涉及组织及其成员如何建立、提高和保护自己的声誉，成为组织和个人成功的必要条件之一。

第八讲 归 因

一、归因的定义

归因是某一事件或行为的因果关系的描述,研究的重点是个人如何利用信息解释自己或他人的行为以及这些解释的含义。这个概念最初是由心理学家弗里茨·海德(Fritz Heider)在其人际知觉研究中提出来的,之后,心理学家凯利(Kelley)和韦纳(Weiner)对归因进行了较为系统的研究。

概括来说,心理学家们对归因的研究主要包括三个方面:心理活动的归因,即人们心理活动的产生应归结为什么原因;行为的归因,即根据人的行为和外部表现对其心理活动的推论;对人们未来行为的预测,即根据人们过去的行为表现预测他们以后在类似情境中会产生什么样的行为。管理心理学侧重研究行为的心理归因。

二、几种主要的归因理论

(一) 海德的归因理论

弗里茨·海德是归因理论的创始人,海德在 1958 年出版的《人际关系心理学》中首先提出归因理论。他指出人的行为的原因可分为内部原因和外部原因。内部原因是指存在于行为者本身的因素,如需要、情绪、兴趣、态度、信念、能力、努力程度,等等;外部原因是指行为者周围环境中的因素,如他人、制度、天气的好坏、运气、工作的难易程度,等等。

海德还指出,在归因的时候,人们经常使用两个原则:一是共变原则,它是指某个特定的原因在许多不同的情境下和某个特定结果相联系,该原因不存在时,结果也不出现,我们就可以把结果归于该原因,这就是共变原则;二是排除原则,它是指如果内外因某一方面的原因足以解释事件,我们就可以排除另一方面的归因。

海德的归因理论开创了归因问题的先河,他对行为原因所作的个人—环境的划分一直是归因的基础,影响深远。

(二) 凯利的三维归因理论

在海德的基础上,心理学家哈罗德·凯利(Harold Harding Kelley)推出了一个归因模型。凯利认为,人们对行为归因总是涉及三个方面的因素:客观刺激物、行动者、所处的关系或情境。比如,主管批评员工,可以作三个方面的归因:归因于主管为人刻薄、爱挑刺;归因于下属责任心不强、做事敷衍;归因于情境因素(任务重难度大)。其中行动者的因素属于内部归因,客观刺激物和所处的关系或情境属于外部归因。究竟归结为何种因素,又会取决于以下三种信息。

第一,独特性,某个人对不同的刺激或不同的事件作出相同反应的程度。比如,员工上班迟到,这位员工是一贯自由散漫、经常迟到,还是只是偶尔迟到了,如果行为的独特性低,那么观察者会倾向于把行为的原因归因于内部原因,如果行为的独特性高,则行为的原因会被归于外部。

第二,一致性,是指行为者的行为是否与这种情境下其他人的行为一致。即其他人对同一刺激物是否也作出与行为者相同的反应方式。如果只有这个人对这个实体作出了这样的反应,而其他人没有这样做,那么一致性程度是低的。相反,如果一个人对这个实体作出了这样的反应,而其他人也作出了同样的反应,那么,一致性程度就是高的。比如,某一员工未能达成工作目标,而其他同等水平的员工都能达成这一工作目标,那么,这一员工未达成工作目标行为的一致性就低,管理者就会倾向于对员工未达成工作目标行为作内归因,考虑是员工自身的问题,质疑这位员工的工作能力或工作积极性。如果大多数员工都不能按时完成这一工作任务,那么未达成工作目标这种行为的一致性就高,管理者就会倾向于外归因,考虑工作目标的制定存在问题。

第三,一贯性,是指行动者的这种行为在其他时候、环境或条件下是否也会发生,即行动者的行为是否稳定持久。如果一个人在不同的时间,不同的场合都作出这样的反应,那么一贯性程度就是高的。相反,在不同的时间内,或在不同的场合下对同一刺激作出了不同的反应,那么,一贯性就是低的。比如,一个员工半年只迟到了一次,迟到行为的一贯性就低,如果这个员工经常迟到,那就是一贯性高。行为的一贯性越高,观察者会越倾向于作内部归因。

凯利认为独特性、一致性、一贯性是人们进行归因的基础。

我们来看一个具体的例子。假设一位叫玛丽的小姑娘看一个小丑表演时,笑得厉害。那么玛丽为什么笑呢?有以下几种情况,如表8.1所示。

表8.1 玛丽为何发笑

条件	一 致 性	独 特 性	一 贯 性	归因类型
1	高 每个人都发笑	高 不对其他小丑发笑	高 总是对此小丑发笑	刺激客体(小丑) 61%
2	低 别人少笑	低 总是对小丑们笑	高 总是对此小丑发笑	行为主体(玛丽) 86%
3	低 别人少笑	高 不对其他小丑发笑	低 从前不对他笑	情境 72%

第一种情况是提供高区别性、高一致性、高一贯性信息。即玛丽没有对其他小丑发笑,每个人都对这个小丑的表演发笑,玛丽总是对这个小丑的表演发笑。这种情况下,61%的被试者将玛丽发笑的原因归因于刺激客体,即这个小丑。

第二种情况是低区别性、低一致性、高一贯性,即玛丽对小丑表演总是发笑,别人几乎对这个小丑不发笑,玛丽总是对这个小丑发笑,那么86%的被试者将玛丽发笑的原因归因于行为主体,也就是玛丽本人。

第三种情况是高区别性、低一致性和低一贯性,也就是玛丽没有对别的小丑发笑,别人几乎不对这个小丑发笑,玛丽以前也从未对这个小丑发笑过,这种情况下,72%的被试者将玛丽发笑的原因归于情境。

后来的研究者提出,生活中人们并不总是能拥有这三类信息。此外,人们在归因时会更多依赖一贯性和独特性信息,相对不重视一致性信息。

(三)韦纳的成败归因模型

心理学家韦纳(Weiner)1974年提出了成功和失败的归因模型。维纳认为人们用以解释自身成败的原因可以按内外因、稳定性和可控制性三个维度来分类与描述(表8.2)。从内外原因方面来看,努力和能力属于内部原因,任务难度和机遇属于外部原因。从稳定性来看,能力和任务难度属于稳定因素,努力和机遇属于不稳定因素。因为一个人的能力和他面临任务的难度是很难改变的,而一个人的努力程度和是否遇到适当的时机是不断变化的。从可控制性来看,努力是可控制的因素,而任务难度和机遇都是不以人的意志为转移的。

表8.2 韦纳的三维度六因素模式

因素＼维度	成 败 归 因 维 度					
	稳 定 性		向 度		可 控 制 性	
	稳定	不稳定	内在	外在	可控制	不可控制
能力	√		√			√
努力程度		√	√		√	
工作难度	√			√		√
运气		√		√		√
身心状况		√	√			√
环境		√		√		√

人们把成功和失败归因于何种因素,对于以后的工作积极性有很大影响。韦纳的研究指出,把成功归结为内部原因(努力、能力),会使人感到满意和自豪;把成功归结为外部原因(任务容易或机遇),会使人产生惊奇和感激心情。把失败归于内因,会使人产生内疚和无助感;归于外因,会产生气愤和敌意。把成功归因于稳定因素(任务容易或能力强),会提高工作积极性;把成功归因于不稳定因素(运气或努力),工作积极性可能提高也可能降低。把失败归因于稳定因素(任务难和能力弱),会降低工作积极性;而归因于不稳定因素(运气不好

或努力不够),则可能提高工作积极性。比如,某人被所在的公司辞退了,如果他把被辞退归因于公司有问题,把被辞退作一个外归因,那么他可能会为有机会尝试新职业、找到一条发展的新路子感到高兴,从而愉快地去寻找新的工作。如果把被辞退归因于自己能力差,没有人愿意用他这样的人,那么这个人的内心就会很痛苦,就可能不太愿意去寻找工作。所以,不同的归因,可以影响归因者以后的行为。

(四)自我效能归因理论

心理学家阿尔伯特·班杜拉(Albert Bandura)在 1977 年提出"自我效能"的概念,用以指个体在执行某一行为之前对自己能够在什么水平上完成该行为活动所具有的信念、判断或感受,即对自身能力的主观判断。班杜拉认为,自我效能感在个体怎样实现目标、完成任务、应对挑战中扮演着重要的角色。高自我效能感的人愿意接受更高挑战任务,设定更高目标,投入更多努力,坚持更持久,即使遇到困难挫折也能更坚定地执着于既定目标。而自我效能感低的人则在有关的活动中行为积极性低,不愿付出更多的努力。

20 世纪 80 年代自我效能感理论得到了丰富和发展,后经认知心理学家加以借鉴,发展成了自我效能感归因理论。自我效能感归因理论认为,归因与自我效能感之间的关系是相互的,个体的归因会影响其自我效能感。对成功作稳定的、内部的归因,会提高自我效能感。而对失败作稳定的、内部的、不可控制的归因,会降低自我效能感。另一方面,个体的自我效能感也会影响归因,自我效能感强的个体会倾向于将成功归因为稳定的、内部的因素,而将失败归因为不稳定的因素,并相信通过努力是可以达到成功的;自我效能感差的个体则会倾向于将失败归因为内部的不可控制的因素,将成功归因于外部的、不可控制的因素,对成功缺乏信心。

三、归因理论的应用

归因理论为我们提供了研究人类复杂行为的理论基础和方法,我们可以运用这些已有的归因研究成果来更好地理解人类复杂的社会行为。很多研究者致力于把归因理论应用于管理活动中,强调管理者的认知与归因理论相融合,会有利于改进管理工作的实效性和可靠性。

（一）加强管理者自身的归因训练

作为一个管理者，对员工行为进行正确的归因是非常必要的。我们以员工绩效评估为例。员工工作绩效是员工的价值体现，也是管理领域的一个研究热点。员工绩效评估的公平性更是会影响员工的心理健康、工作倦怠、工作积极性等方方面面，是管理者需要高度重视的问题。杜根（K.W. Dugan）于1989年做了一个模拟实验来考察归因对绩效评价的影响。他让商学院学生各自扮演管理人员或下属进行绩效评价的会谈。在会谈中，他们讨论下属的绩效，然后管理人员对下属的将来工资作出决定。在会谈之前，主试给所有扮演下属被试的信息表明，他们的绩效相对低下，其原因在于工作任务的困难。给予管理人员被试的信息也同样，只是一半管理人员被试所获得的信息是绩效低下出自于下属缺乏努力，另一半所获得的信息是绩效低下出自于下属缺乏能力。对于会谈的录像进行分析，看看被试行为是否受到所扮演角色和有关下属绩效低下原因的信息所影响。

正如所预期的那样，有关下属绩效低下背后的原因的信息影响了许多指标。首先，管理人员倾向于给"缺乏努力的下属"增加工资的额度低于"缺乏能力的下属"，这意味着，相比较而言，管理人员更愿意原谅因缺乏能力而绩效低下的下属。其次，管理人员获得的信息强烈地影响着会谈的氛围。当管理人员得知下属的低下绩效源于缺乏能力，管理人员更愿意指导下属，相应地，下属也是采取恭敬听命的姿态。而当管理人员得知低下绩效来自于下属缺乏努力，则会采取讨论的方式，并不采取高高在上的方式，管理者更愿意听取下属的意见，结果产生了双向沟通，双方达成对绩效低下原因的一致意见。

面对同一事件，每个人的归因方式不同，产生的行为方式和结果也不同。不同的归因方式，对管理者个人的情绪、动机、行为以及结果也会有不同的影响。有研究者运用"归因风格量表"对企业管理者进行调查，归因风格是人们在归因过程中形成的个体所特有的归因认知方式以及由此产生的比较稳定的归因倾向。此项调查认为管理者的归因风格可以分为两类：乐观的归因风格和悲观的归因风格。乐观的归因者认为，内部的、稳定的和可控的因素是导致企业成功的主要方面；而企业的败绩主要是由于外部的、不稳定的和不可控的因素造成的。因此，他们最能够对成功作出反应，并增强结果导向的成就动机。企业的失败不会让他们心灰意冷，他们能够迅速摆脱失败的阴影，投入到新的管理活动中，并且乐观的归因风格与管理绩效呈正相关。消极归因者认为，企业的成功是由于外部的、不稳定的、特殊的因素所产生的结果，而企业的失败是由内部的、稳定的、普遍的因素所导致的，因此成功不会增强他们的成就动机，失败会降低他们的自我评价和成就动机，消极归因方式与管理绩效是呈负相关关系的。

(二)帮助员工建立积极的心态

作为管理者,一方面要注意加强自身的归因训练,避免不良归因模式,同时,还要善于积极引导员工形成合理准确的归因。合理、正确的归因能协助员工建立积极的工作心态,拥有愉快的心境,进而更有效率地工作,实现组织目标。

华北理工大学心理与精神卫生学院采用问卷调查法,探讨员工归因风格对工作绩效的影响。研究者对唐山、北京等地252名职工进行测试,通过研究发现,员工归因风格与工作绩效呈显著正相关,积极乐观的归因风格能够直接预测工作绩效。积极的归因风格有利于动机的激发、自信心的培养,提高个体控制情绪与调节情绪的能力。擅长积极归因的个体在遇到问题时不会轻言放弃,敢于面对新的挑战,通过在实践中不断地积累和总结,对事件进行分析和解释,把成功归因于自己的能力和努力,把失败归因于外界条件和运气,从而对自己形成一种积极的、健康的自我评价,对个体的工作绩效产生正性影响。

积极归因方式的引导也适用于学生管理工作。谢琛等采用多归因因果量表(MMCS)、症状自评量表(SCL-90)等,通过对476名大学生的调查分析,发现大学生越倾向于内部归因,SCL-90量表分数越低,心理健康水平越高,内部归因组学生的心理健康状况显著优于外部归因组的学生。因而,研究者认为归因方式可作为心理健康教育的有效切入点,建议在学生中及早、多渠道开展归因风格教育,使内倾、稳定、可控的归因方式被学生熟知和认可,从而提高学生的心理健康水平。

四、归因的偏差

当你在玩一个闯关游戏的时候失败了,你认为会是什么原因?虚拟摇杆太难用?怪物设计的太难?地图上有BUG?技能设计得太弱?还是自己的操作能力太差了?不能同时兼顾远程和近程怪,自己的反应不够快?

如果你是这个游戏的设计者,当测试用户在你面前倒在怪物的铁蹄之下时,你会怎么想呢?"这操作也太烂了吧?""那么远飞过来的魔法球,瞎吗?干吗不躲开?""喂,那么明显的释放动作,你不能躲一下吗?"

人们对自己和他人的同样行为往往会作出不同的归因,不同的归因又会对人们以后的行动产生很大的影响。归因也像知觉一样,会由于偏见而发生错误。我们只有意识到这些归因偏差,才能在管理活动及日常人际交往中有效防范。

(一) 基本归因错误

人们的行为往往受到内外因素结合的影响,但在某些情况下,外部情景可能是行为的主要决定因素。例如,无论一个员工多么有才能以及激励水平有多高,如果没有必要的资源,也不可能完成某项任务。这正所谓"巧妇难为无米之炊"。尽管事实是外部因素决定着行为,但人们经常都有一种把别人的行为归因于内部因素的倾向。由于把别人的行为过多地归因于内部因素这种倾向是人性的基本特征,因此心理学家罗斯(Ross)将此标注为基本归因错误。

基本归因错误是指人们在考察某些行为或后果的原因时高估倾向性因素(谴责或赞誉他人)、低估情境性因素(谴责或赞誉环境)的双重倾向。即人们常常把他人的行为归因于人格或态度等内在特质上,而忽略他们所处情境的重要性。比如,小张最近总是迟到,主管找到他一顿训斥,认为他工作不努力,再这样会被淘汰掉。其实这段时间小张的妈妈生病住院了,小张要上班又要陪母亲,非常疲劳。

管理活动中,基本归因错误往往使管理者不顾外部环境因素,过早地推定个人责任,导致判断不准确。

为什么会发生基本归因错误?研究者提出两种解释。第一种解释是人们集中于对象行为的知觉。当我们观察一个人的行为举止时,我们集中注意这个人的行为,而当时的情景只是行为的背景。由于我们注意的焦点是人本身,往往忽略了情景,所以我们会认为是人身上的某种东西促成了这种行为。发生基本归因错误的第二种原因在于社会规范对我们的影响,比如社会规范认为人们应该对自己的行为负责、考察一个人应该"听其言,观其行",因而就专注于对方本身的行为,忽略了情景因素的作用。

由于这种把别人的行为经常归结为内部原因的倾向,管理者可能认为,下级的行为总是由于下级本人的某些特征造成的,而不是由于情景的原因。同样,下级可能认为,上级的行为也是由内部原因,而不是外部原因决定的。例如,某员工因犯错误受到扣发奖金的处分。该员工会认为,这是主管对他的报复行为。由此可见,管理者和员工都应克服和避免基本归因错误,我们对他人行为进行分析时不仅要重视行为本身的意义,而且要注意什么样的环境因素促使行动者产生了这种行为,不能脱离环境来评论行为和对行为作出归因。

（二）行动者——观察者效应

我们不仅对别人的行为，也对自己的行为进行归因。研究者比较了这两类归因的不同，发现一种有趣的现象，即行动者—观察者效应。这种效应有这样一种倾向，即把别人的行为归结为内因（基本归因错误），而把自己的行为归结为外因。例如，一位员工在最后的期限内没有完成任务，那么这位员工会强调，最近手头的任务太多、实在忙不过来等外部原因，而他的直接上司会认为是这个员工做事拖沓、分不清轻重缓急等内部原因。学生考试成绩不好，就学生本人（行动者）来说，他可能以试题太难、范围太广、老师复习讲解不到位等外在因素来解释考试失败的行为；但就教师（旁观者）来说，他往往会以学生不用功、没有做充分的准备，或者能力太差等内在因素来解释这种考试失败的行为。

相关链接：成败归因

斯奈德（D. J. Snyder）邀请一部分被试参加赛跑，另一部分被试观看赛跑。赛后，请参加赛跑的被试解释自己成败的原因。结果，胜利者把自己的成功归因于内在因素，诸如赛跑的技术等；失败者则把自己失败的原因归因于外部因素，如运气不好等。而观看赛跑的人则认为，胜利者的成功是由于运气等外在因素，失败者则是败于技术差等内在因素。

也就是说，人们倾向于把自己的成功归因为内部因素，把别人的成功归因为外部因素；而把自己的失败归因为外部因素，把别人的失败归因为内部因素。

案例：管理者对影响其晋升因素的解释

美国《工业周刊》对大中型公司的1300名中层管理者进行了调查。其中两个问题涉及归因方面的内容："你认为你目前的成功取决于哪些方面的原因？"和"你认为阻碍你进一步晋升更高职位的最主要原因是什么？"

结果，有80%以上的管理人员认为自己的知识水平和在工作中取得的成就是他们晋升到目前职位的最主要原因。当被问及哪些因素阻碍了他们晋升更高职位时，56%的人说因为自己没有与"恰当的人"建立关系。只有23%的人说是由于自己缺乏足够的教育、智力或专业领域方面的知识。

是什么原因产生这种偏见？一种解释是当我们自己进行某种行为时，我们注意的焦点不在我们的行为本身，而在我们所处的情景。因为我们一般都会意识到我们遇到的外界情景压力，所以把情景压力视为决定行为的关键因素。但是，对别人遇到的情景压力，我们则很少意识到，因而，把他们的行为看成是受内部力量驱动的。这种现象用图形—背景理论来解释，就是：看自己的成败，环境是图形，自己是背景；看别人的成败，"别人"是图形，环境是背景。这种效应提醒管理者，在观察他人时要克服基本归因错误，在自我知觉时要克服行动者效应。

（三）自我服务偏差

将肯定的结果归于内部原因而将否定的结果归于外部原因的倾向称为自我服务偏差。

如果一个人考了95分，他可能会说："我考了95分"；如果他的分数是59，他会怎么说？是不是可能会说："他/她给了我59"。我们经常将我们在考试中得到的好成绩归因于自己的努力、技巧或智力，而将不及格归因于考试太难、我们准备的东西恰好没考、运气不好，或老师过于苛刻或讲得比较糟糕。如果你在组织中得到晋升，你很可能会把这种结果归因于你的能力强，或者你工作干得很出色。如果你在工作中一直不顺利，总是得不到晋升，你更可能认为这是上级处事不公或任人唯亲。2007年6月至7月，中国队为亚洲杯而战期间先赢后输。赢球后中国队教练认为中国队队员"比较坚决地贯彻了赛前部署"（内部原因），中国队整体实力有所提高，现在已经有希望问鼎亚洲杯。输掉比赛之后，球员们强调"运气太差了"（外部原因），教练则提出"可能是因为球员体能差而输掉了比赛"（外部原因）。这些现象都是自我服务偏差的体现，它或多或少在每一个人的身上都存在。这种倾向会使得人们过分强调自己对成功的贡献和尽量缩小自己对失败负有责任，进而不能客观地评价自己的得失。

自我服务偏差发生的原因有认知的和动机的解释。认知的模型认为，自我服务偏差起源于我们加工社会信息模式的某些倾向，认知模式特别指出，因为我们期望成功，所以将肯定的结果归因于内部原因，而将否定的结果归因于外部原因。动机模式的解释认为自我服务偏差来源于我们保护和提高自尊的需要，或在他人面前表现好形象的愿望。认知和动机这两种因素都有可能在这种归因偏差中起作用。自我服务偏差的强度随文化不同而有差异。它在那些强调团体成功和团体和谐的文化中，如亚洲的国家，比强调个人成就、对胜利自鸣得意的西方文化中表现得较弱。

管理者在对成功或失败的归因上也会存在自我服务偏差，比如，公司利润增加时，CEO把这个收益归功于自己的管理能力，而当利润下滑时则会归结于经济不景气。对自身有利的信息会被特别重视而无限放大，对自己不利因素则被尽可能地忽视或缩小。如果管理者能够多角度思考问题，多反省自身的不足，克服自我服务偏差——这种利己主义的归因方式，会有助于正确地认识自我、提高决策及管理的有效性。

自我服务归因也能扩大到自己的亲朋好友或自己的组织。人们更可能把自己的亲朋好友的好事或成功归于他们的内因，而把坏事或失败归于外因。同样，当你所在的组织对社会作出贡献时，你会把组织的贡献看成是组织的社会责任感（内因）；反之，如果你的组织污染环境的情况被曝光，你可能把问题归于外因，如处理废料的成本过高等。

案例：孙茂才的归因偏差

电视剧《乔家大院》广受好评，获得过第26届中国电视剧飞天奖优秀长篇电视剧一等奖、第十届"五个一工程奖"优秀电视剧等奖项。《乔家大院》讲述了传奇晋商乔致庸弃文从商，在经历千难万险后终于实现货通天下、汇通天下的故事。

乔家大院里面有两个非常经典的人物——乔致庸和孙茂才。孙茂才，原本只是一个在贡院卖花生的穷书生，和乔致庸在太原府考科举时相识。考试落榜后，孙茂才投奔到乔家，很快成为乔致庸的左膀右臂，在生意场上展示出过人的才干和胆识，为乔家的生意兴隆立下了汗马功劳。同行对孙茂才称赞不绝，整个乔家大院的人也将孙茂才视为很尊贵的人。渐渐地，孙茂才膨胀了，甚至企图使用不当手段夺取乔家财产，乔致庸发现后，把孙茂才赶出了乔家大院。

当孙茂才来到乔家生意的竞争对手那里想谋取一个职位的时候，有一段很经典的对话。孙茂才说：乔家的生意是我做大的，我也可以把你"达盛昌"做大。"达盛昌"老板说：你搞错了，是乔家的生意成就了你，不是你成就了乔家的生意。

离开乔家，孙茂才在"达盛昌"那里已无利用价值，也被轰了出去，孙茂才再次陷入落魄。对自己能力过于自信的幻想，对自己成事的归因偏差，最终导致孙茂才的失败。

> **案例：张丞相的归因偏差**

宋朝有个丞相叫张商英，他有个爱好就是书法，他特别喜欢写草书，闲来无事，便提笔龙飞凤舞一阵，甚是得意。其实，这张丞相的书法很不到家，字写得不合体统，他还孤芳自赏。

一天饭后，张丞相小憩片刻，突然来了诗兴，偶得佳句，便当即叫小童磨墨铺纸，张丞相提起笔来，一阵疾书，满纸是一片龙飞蛇走，让人着实难以辨认。张丞相写完后，摇头晃脑地得意了好一阵，似乎还意犹未尽。于是叫来他的侄子，让侄子把这些诗句抄录下来。

丞相的侄子拿过纸笔，准备用小楷将诗句录下，可是他好半天才能辨认出一个字，有些地方实在是怎么也看不懂，不知从哪里断开才对。他没办法，只好停下笔来，捧着草稿去问张丞相。

张丞相拿着自己的大作，仔细看了很久，也辨认不清。自己写的字自己都不认识了，他心里颇有些下不了台，便责骂侄子说："你为什么不早些来问呢？我也忘记写的是什么了！"

一个官至丞相的人为什么会出现这种强词夺理的低级反应？从心理学的角度来分析，他的表现不过是一种自我服务偏差的现象。

（四）涉及个人利益的归因偏差

他人的行为涉及自己个人利益与否，也会导致不同归因。如果某人失败的行为影响了大家的利益，大家会认为他能力差；如果失败行为无损大家的利益，他人较少做出个人倾向的归因。琼斯（E. E. Jones）的实验证明了这种情况的存在。

> **相关链接：自利归因的实验验证**

实验者安排一组真被试和一位假被试（实验者的同伙）做同一种工作，工作中所有的真被试都是成功的，只有假被试是失败的。

实验者设定了两种情境：一种情境是假被试的失败会使所有人都得不到奖赏；另一情

境是假被试的失败只使他一人无法得到奖赏,不会影响其他被试获奖。虽然假被试在两种情境下的工作成绩同样差劲,但在前一种情境下,全体真被试都归因于假被试的能力差,对其作个人倾向归因。而在后一种情境下,只有部分真被试作如此归因。

归因理论提供了一种解释人类复杂行为的有用方法,归因与个体行为之间有着千丝万缕的联系,归因偏差也是普遍存在的,对个体的行为有着非常重要的影响,这些影响在大多数情况下表现为消极的而不是积极的。

在组织管理的决策过程中,受多种因素的限制,管理者的归因偏差会影响决策,进而影响管理绩效甚至是团队、组织的未来发展。因此,了解并防范归因偏差对管理者来说至关重要。管理者应尽可能对别人的行为作出正确的归因,认真考虑可能造成别人行为的外部因素,如资源供应短缺、任务过于困难或机遇不好。同时,应认真考虑自己行为的内部因素,如自己个性的缺点或自己的工作积极性等。尤其是要意识到,人们都有一种普遍倾向,即把功劳归于自己、把错误归于别人,需采取各种措施防止文过饰非的倾向。

课 堂 讨 论

1. 普斯顿化学有限公司是一家跨国公司，以研制、生产、销售药品和农药为主。露秋公司是普斯顿化学有限公司在中国的子公司，主要生产、销售医疗药品。随着生产规模的扩大，为了对生产部门的人力资源进行更为有效的管理、开发，他们希望在生产部建立一个处理人事事务的职位，主要工作是协调生产部与人力资源部的工作。人力资源部经理王量对应聘者作了初步的筛选，留下5人交由生产部经理李初进行二次筛选。李初对其进行选择，留下了两个人，决定由他与王经理两人协商决定人选。这两个人的简历及具体情况如下：

赵安：男，32岁，企业管理硕士，有8年一般人事管理及生产经验，在以前所从事的两份工作中均有良好的表现。

面谈结果：可录用。

钱力：男，32岁，企业管理学士学位，有7年的人事管理和生产经验，以前曾在两个单位工作过，第一个单位的主管对他评价很高，没有第二个单位主管的评价资料。

面谈结果：可录用。

看过上述的资料和进行面谈后，生产部李经理来到人力资源部经理室，与王经理商谈何人可录用。王经理说："两位候选人，看来似乎都不错，你认为哪一位更适合呢？"

李经理说："两位候选人的资格审查都合格了，唯一存在的问题是，钱力的第二位主管给的资料太少。虽然如此，我也看不出他有什么不好的背景。你的意见呢？"

王经理说："很好，李经理，显然你我对钱力的面谈表现都有很好的印象，人嘛，有点圆滑，但我想我会容易与他共事，相信在以后的工作中不会出现大的问题。"

李经理说："既然他将与你共事，当然由你作出决定更好，明天就可以通知他来工作。"

于是，钱力被公司录用了。进入公司6个月以后，钱力的工作成效远远达不到公司的要求，对指定的工作，他经常不能按时完成，有时甚至表现出不胜任其工作的行为，引起了管理层的抱怨。显然，钱力不适合此职位，必须另找人选。

讨论题：为什么会错选钱力？王经理是如何影响李经理作决定的？这次招聘工作存在什么问题？在实际工作中应如何避免？

2. 众所周知，中国科学技术大学每年需要出境的学生非常多。而每位要出境的同学都需要向国外寄数量可观的申请表。因此，中国科大的国外邮寄业务是一块利润非常可观的蛋糕。有3家邮寄公司在争这块蛋糕，分别是中国邮政的DHL，FeDEX和TNT公司。

2007年的10月和11月，中国科大的国外邮寄市场基本上被三者平分，但是2008年的情况却完全不同：2008年几乎是TNT公司完全独占了市场。为什么TNT公司在2008年会如此受欢迎？为什么其他两家公司在竞争中失去了市场？

2008年上半年，学校芳草社准备举办一个"文明伞"活动，主要是在学校每一栋教学楼中放置一定数量的雨伞，以解在下雨时没带伞的同学的急需。这是一个非常受同学们欢迎的活动，因为有些同学经常忘记带伞；还有些时候天气突变，突降大雨……总之，很多时候，文明伞确实是非常有用的。但是这需要一笔比较大的经费来购置近千把伞。芳草社外联部的同学跑了很多家公司，但是因为金额比较大，所以很多公司都不愿意赞助"文明伞"活动。最后他们找到了TNT公司，TNT公司的几个管理人员经过考虑后，就同意拿出一万多元买了近千把伞，赞助了"文明伞"活动。但同时他们提出：在每一把伞上印上TNT公司的广告。这样一来，一到下雨天，校园里满是橙色的TNT广告（TNT公司的标志是橙色的）。

去年我们刚进大学的时候，除了中国邮政之外，根本就不知道还有其他的邮递公司。自从开始用印着TNT广告的伞之后，大家都知道了还有一个邮递公司叫TNT。三四年之后，当我们要向国外邮寄申请书的时候，我们肯定会首选TNT。一位08级新生在谈论邮寄的时候，重点谈到了TNT公司，原因也仅仅是因为TNT公司为大家提供了"文明伞"。

2008年，快到邮寄高峰（11月）之前的9月份和10月份，中国科大很多社团活动陆续展开。社团活动的组织离不开经费的赞助。而在此期间，仅凭我观察到的，就有三个活动是TNT公司赞助的。这些活动有很多学生参加，每次活动前散发的传单上和活动进行时的横幅上，都会注明是"TNT公司倾情赞助"。这样一来，在邮寄高峰即将来临的时候，TNT公司在学生心中建立了一个"亲民"形象，一个支持、帮助中国科大学生的形象。因而，尽管TNT公司的邮寄费并不比DHL、FeDEX便宜，但是大家都心甘情愿地选择TNT。

我们再来看一下DHL，FeDEX的做法。中国邮政的工作人员每天也把服务车开到校园来，但是他们就坐在车中喝茶、聊天、看报纸……他们是等着客户找上门来办理邮寄业务，而不是主动地去拉业务。

而FeDEX公司的工作人员也仅仅是固守在服务车那一块地方，直到有学生靠近才会很热情地推销邮寄业务。TNT 公司的工作人员则会在校园内大张旗鼓地宣传自己的业务，热情地推销自己的业务。而相比之下，FeDEX 公司的工作人员表现得不是那么热情。

讨论题：结合认知部分的内容，分析 TNT 公司为何能在 2008 年独占中国科大的国外邮寄市场，若你是另两家公司的管理层，你会有何对策？你从这个案例中获得了什么启发？

3. 某著名学府的高材生"硫酸泼熊"的事件被披露后，民众的心理及反应经历了一个变化的过程。起初，在不知道肇事者是何许人的情况下，民众通过舆论，一致呼吁"严惩凶手"，但是，当人们得知肇事者为一著名学府的高材生时，舆论便开始转向，"刀下留人"的呼声日渐，最后，舆论导向致使肇事者没有得到实质性的惩罚。

讨论题：请用本篇的管理心理学原理分析民众的心理及反应。谈谈上述现象的后果，以及在选人、用人及绩效考核中如何克服此种现象。简单概括一下影响社会认知的因素还有哪些？

4. 心理学家曾作过一项实验，这项实验分两段进行：第一段，向四组大学生介绍一个陌生人。对第一组说，这是一个外倾型的人；对第二组说，这个人是内倾型的；在第三组，先讲述这个人的外倾特征，后讲述他的内倾特征；在第四组，先讲述这个人的内倾特征，后讲述他的外倾特征。然后，让这四个组学生分别想象出对这个陌生人的印象。第一组和第二组学生得到的印象是显而易见的。在第三和第四组中，关于这个陌生人的印象完全符合提供信息的顺序，总是先提供的信息占优势。也就是说，第三组学生普遍把陌生人想象为外倾型，第四组普遍把他想象为内倾型。第二段，给另外两组学生按上述第三和第四组同样的顺序描述一个人，所不同的是在先描述他的内倾或外倾特征之后，中间插做其他事情，如让学生做一些不太复杂的数学习题，然后再描述相反的性格特征。在这种情况下，最后描述的特征会使学生留下深刻的印象。

讨论题：该实验揭示的是何种心理效应？这种心理效应对我们的管理活动及实际生活有何启示？实践中我们如何利用或避免这种效应带来的影响。

5. 2022 年 3 月 28 日，第 94 届奥斯卡颁奖典礼在洛杉矶开幕。和往年不同的是，大多数人都不太在意这届奥斯卡典礼，在这场略显鸡肋的颁奖典礼上，却发生了一件可能将永载史册的事情：著名脱口秀演员克里斯·洛克作为颁奖嘉宾，在上台准备宣布最佳纪录片奖项的时候，拿坐在台下的著名影星威尔·史密斯的妻子贾达·史密斯开了一句玩笑："我觉得，她的发型是为了参演《魔鬼女大兵》第二部而准备的!"威尔·史密斯二话不说站起身,大步走向了台上的克里斯。然后给了他一个大嘴巴子。

这场闹剧发生之后没过几分钟,威尔·史密斯凭借着在《国王理查德》里的表演,获得了最佳男主角奖,成为了本届奥斯卡影帝。

中国台湾的小学老师洪黄祥在三个班级的社会课上,与学生们讨论了这个全世界直播的巴掌事件,采取分阶段透露信息的方式观察学生们的看法。

第一步,先大致讲了事情始末:

脱口秀主持人克里斯·洛克在奥斯卡典礼上拿威尔·史密斯妻子的光头来抛梗,威尔·史密斯上台打了主持人一巴掌。

请表态是否支持威尔·史密斯的举动。三个班大约有4成的学生支持威尔·史密斯。

第二步,洪老师播放事件的整个视频,学生得知威尔·史密斯的妻子是因病掉发,却被克里斯·洛克嘲讽。这次表态接近9成学生支持威尔·史密斯打人。

第三步,洪老师问学生,嘲讽当然是言语暴力,但打人却是更严重的暴力,我们是不是应该在暴力外寻求其他解决方式?事后洛克说他并不知道威尔·史密斯的老婆是因脱发症才理光头的。没有给对方解释道歉的机会,直接诉诸暴力,是否恰当?这时支持者又降回约4成。

第四步,洪老师告诉学生,威尔·史密斯小时候常看到母亲被父亲打得浑身是血,从此他发誓要守护自己的家人。而这次他入围奥斯卡的角色,恰好是捍卫家人的勇者。他的老婆因病掉发,曾经封闭自己,好不容易才在女儿的鼓励下走出来。如今因为主持人或无心或有意的嘲讽,让他爱人受伤,他当然要保护自己的家人。

听完洪老师说明,支持威尔·史密斯打人的,又飙高到8成。

第五步,洪老师告诉大家,这是奥斯卡94届以来第一次发生暴力事件,有上亿人目睹。奥斯卡主办单位正在考虑取消威尔·史密斯影帝资格,甚至追回小金人。主持人洛克若开告,威尔·史密斯将面临6个月的牢狱之灾,及至少10万美金的赔偿。

这次支持威尔·史密斯打人的,大约降为5成。

第六步,洪老师最后提出的问题是:一共5次举手表态,自始至终态度完全没有动摇过的人有哪些?结果,三个班连1/4都不到。

讨论题:请运用本篇的知觉理论分析这次实验课中的现象。

第四篇

个性与管理

　　心理学中的个性概念与日常生活中所讲的"个性"是不同的。我国第一部大型心理学词典——《心理学大词典》中对个性的定义是:"个性,也可称人格。指一个人的整个精神面貌,即具有一定倾向性的心理特征的总和。"心理学中的个性,是在先天生理基础上,在社会生活中形成和表现出来的各种稳定的个体倾向和心理特征的总和,包括个性倾向性、心理特征两个方面。个性倾向性决定着人对现实的态度以及对认识活动对象的趋向与选择,决定着人追求什么,什么对人来说是最有价值的。个性心理特征主要包括能力、气质、性格,集中反映了一个人精神面貌的稳定类型差异。人的个性是遗传性和社会性共同作用的产物,个性的形成受多重因素影响,因而具有易变性,但个性一旦形成,又具有相对的稳定性。

　　了解个性的相关特征,有助于我们更全面地认识自己,更合理地选择自己的职业、工作岗位,更好地协调、处理人际关系。作为管理者,不仅要了解自己的个性,也要了解下属的个性特点,以利于更好地识人、用人。

第九讲　能力差异与管理

一、能力的概述

（一）能力与知识、技能的关系

直接影响人的活动效率,使活动顺利完成的个性心理特征就是能力,它一方面是指对某项任务或活动的现有成就水平,即个人到目前为止所具有的知识技能、已经学会的知识技能;另一方面指容纳、接受或保留事物的可能性,在这个意义上,能力就是个体具有的潜力和可能性。

能力是大脑的一种机能,知识与技能是大脑机能活动的结果。能力的发展是在掌握和运用知识、技能的过程中实现的。同时,能力在一定程度上决定着一个人在知识、技能的掌握上可能取得的成就。

掌握知识、技能以一定的能力为前提;能力制约着掌握知识技能的快慢、深浅、难易和巩固程度;而知识的掌握又会导致能力的提高。

能力与知识技能的发展不是完全一致的。两个能力水平相同的人,不一定获得同样水平的知识、技能,而具有同等知识、技能的人,能力不一定是同等水平。能力发展到一定程度时就会定型,很难再有提升,而且有高峰,也会下坡,人的能力什么时候开始下降,在人与人之间存在着差异(表9.1)。但知识、技能可以通过运用已有能力而不断积累。

表9.1 不同能力成熟与衰退表

年 龄	10~17	18~29	30~49	50~69	70~89
知觉	100	95	93	76	46
记忆	95	100	92	83	55
比较判断	72	100	100	87	69
动作反应速度	88	100	97	92	71

(二)能力的种类

根据分类标准的不同,能力的种类主要有以下几种。

1. 一般能力和特殊能力

一般能力是人的认识活动中的一种具有多维结构的综合性能力,是在不同种类的活动中表现出来的能力,如观察力、记忆力、抽象概括力、想象力、创造力等。其中抽象概括力是一般能力的核心,创造力是能力的高级表现。平日我们所说的智力(intelligence)就是指一般能力来说的。人要完成任何一种活动,都和这些能力的发展分不开。

特殊能力是指在某些专业和特殊职业活动中表现出来的一般能力的某些特殊方面的独特发展。是顺利完成某种专业活动的心理条件,如音乐能力、绘画能力、数学能力、专业技术能力等。

2. 模仿能力和创造能力

根据能力的创造性程度,可分为模仿能力和创造能力。

模仿能力(imitative ability)是指人们通过观察别人的行为、活动来学习各种知识,然后以相同的方式作出反应的能力。模仿不但表现在观察别人的行为后立即作出的相同的反应,而且表现在某些延缓的行为反应中。模仿是人类和动物的一种重要的学习能力。

创造能力(creative ability)是指产生新的思想和新的产品的能力。一个具有创造力的人往往能超脱具体的知觉情景、思维定势、传统观念和习惯势力的束缚,在习以为常的事物和现象中发现新的联系和关系,提出新的思想,产生新的产品,如作家在头脑中构思新的人物形象,创造新的作品;科学家提出新的理论模型,并用实验证实这些模型,都是创造力的具体表现。

3. 液体能力和晶体能力

液体能力(fluid intelligence)指在信息加工和问题解决过程中所表现的能力。如对关系的认识、类比、演绎推理能力,形成抽象概念的能力等。它较少地依赖于文化和知识的内容,而决定于个人的先天禀赋。液体能力的发展与年龄有密切关系,一般人在20岁以后,液体能力的发展达到顶峰,30岁以后将随年龄的增长而降低。此外,心理学家还发现,液体能力属于人类的基本能力,其个别差异受教育文化的影响较少。

晶体能力(crystallized intelligence)指获得语言、数学等知识的能力,它决定于后天的学习,与社会文化有密切的关系。晶体能力在人的一生中一直在发展,只是到25岁以后,发展的速度渐趋平缓。

4. 认知能力、操作能力和社交能力

认知能力(cognitive ability)是指人脑加工、储存和提取信息的能力,即我们一般所讲的智力,如观察力、记忆力、想象力等。人们认识客观世界,获得各种各样的知识,主要依赖于人的认知能力。

操作能力(operation ability)是指人们操作自己的肢体以完成各项活动的能力,如劳动能力、艺术表演能力、体育运动能力、实验操作能力等。操作能力是在操作技能的基础上发展起来的,又成为顺利掌握操作技能的重要条件。操作能力通过认知能力积累一定的知识和经验,就会有操作能力的形成和发展。反过来,操作能力不发展,人的认知能力也不可能得到很好的发展。

社交能力(sociability)是在人们的社会交往活动中表现出来的能力,如组织管理能力、言语感染力、判别决策能力、调解纠纷能力、处理意外事故的能力等。这种能力对组织团体、促进人际交往和信息沟通有重要作用。

二、能力的差异分析

能力的差异在心理学中有两层意义。其一是个人间的差异,其二指团体之间,如不同年龄、不同性别、不同社会文化、不同职业之间的差异。

(一)智力的个别差异

人的智力方面的个别差异是十分显著的。心理学家经过大量测量研究,基本上得到一个共同的结论:人的智力的个别差异在一般人口中测量,是两头小中间大。智力中等的(IQ 在 80~120)约占全部人口的 80% 左右,智力极优秀、心智不全的占少数(表9.2)。人的智力差异还表现在知觉、表象、记忆、思维的类型和品质方面。

表9.2　人口智力情况

智　商	名　称	占总人口的百分比
130 以上	智商超常	1%
110~129	智商偏高	19%
90~109	智商中常	60%
70~89	智商偏低	19%
70 以下	智商低常	1%

(二)特殊能力的个别差异

科学实验和日常生活表明,人的特殊能力的差异是十分明显的。有的人较多地显露出音乐、美术、舞蹈等艺术型的才能,有的则表露出数学、物理、化学等思维型的天资。有的善于技术操作,有的则表现出社交、组织管理等社会活动型才能。

（三）能力表现的年龄差异

有的人在儿童时期就显露出非凡的才能，这叫"人才早熟"或能力的早期表现（表9.3、表9.4）。但也有人能力表现得较晚，俗称"大器晚成"。

表9.3　美国学者莱曼（Lehman）关于成才最佳年龄的研究

学科	化学	数学	物理学	实用发明	医学	植物学	心理学	生理学	声乐	歌剧	诗歌	小说	哲学	绘画	雕刻
成才最佳年龄	20～36	30～34	30～34	30～34	30～39	30～34	30～39	35～39	30～34	35～39	35～29	30～34	35～39	32～36	35～39

表9.4　我国学者张笛梅关于成才人数与成才项目年龄阶段研究

年龄阶段	16～20	21～25	26～30	31～35	36～40	41～45	46～50	51～55	56～60	61～65
成才人数	21	110	233	255	218	166	106	63	36	20
成才项目	21	119	294	328	333	278	201	117	83	44

三、能力差异与管理

人都有一定的能力，而每个人的能力又存在着个别差异，即是说，每个人在能力方面都有自己的强项和弱项，有自己擅长的事情或不擅长的事情，而人在适合自己的工作中更容易取得成就。因此，作为组织以及组织的管理者必须注意研究个体能力并将能力研究与组织管理相结合，以提高组织活动的绩效。

（一）掌握好招聘员工的能力标准

一个好的管理者并不是谋求自己的下属都是能力最优者，而是正确确定本单位、本岗位所需要的能力标准，去谋求适应该组织、该岗位能力标准的人才。只有这样才能既不浪费人才，又能提高工作效率。

相关链接：能力的应用原则——能力阈限原则

能力阈限是每一项工作所要求的最起码的能力水平。在录用人员时，必须坚持被用人达到能力阈限，这就是能力阈限原则。

员工达到能力阈限，就能胜任工作，完成或超额完成任务；相反，如果员工未能达到能力阈限，则会影响工作的完成。但是如果人的能力超出能力阈限过大，不仅浪费人才，而且由于个体感到完成任务太轻松，不满足于已取得的成果，或感到自己不受重用，有损于自尊心，因此其干劲不足，完成任务的情况必然不佳。

美国心理学家布兰卡特（Blanchard）曾讲过一个例子，美国在建立第一个农业大工厂时，需雇佣一批保安人员。因当时劳力过剩，工厂规定被雇佣保安人员的最低标准为高中生，而且还要具备三年警察或工厂警卫的经验。但按这个标准雇佣的保安人员工作后，感到所从事的工作（只检查进门的证件）单调、乏味，表示无法容忍，因而对工作不负责任，离职率很高。后来工厂改为雇佣只受过四五年初等教育的人来担任这项工作，他们热爱本职工作，责任心强，缺勤率、离职率都很低，保卫工作做得很出色。

人的能力低于或高于工作的要求时，都会影响工作的效果，只有两者达到一致，才能最有效地发挥人的作用。而有的用人单位片面理解"竞争的根本是人才的竞争"，大量招聘高学历人才，结果用非所学，既增加内耗，提高了管理成本，又浪费了人才。

多年前，新华社记者就曾发文呼吁：招工用人不必"高消费"。文章不点名地批评过当时河南的一家知名企业。这家企业的经营者曾强烈意识到人才的重要，并一度向社会发出呼唤："只要是大学生，不管学什么的，统统要！"一些被吸引的大学生纷纷前来投奔，本科生、研究生一度达到2000多人。但是，这些研究生、本科生进厂后大多和临时工一样被分配到车间拉板车、干粗活，杀猪卖肉，没多久都纷纷离开了。一些地质勘查队也存在类似的问题，他们需要的是那些热爱野外勘察，又能适应艰苦工作的中等学校毕业生，并不苛求有多高的学历，但主管部门却强调高学历。这样，地质队真正需要的人员进不来，而进来的一些高学历的人往往不安心于野外艰苦的工作环境，难对地质工作有所作为。

《光明日报》也曾发文呼吁：人才高消费不可取。从各地人才市场传来的信息表明，用人单位招聘人才的学历要求越来越高，有的单位招聘人才提出，博士生多多益善，硕士生来而不拒,本科生考虑考虑,专科、中专生一个不要。许多大学毕业生反映,如今就业的门槛越来越高,不少不需要较高专业水平的岗位,也对学历提出很高的要求,让人无法理解。招聘幼儿园园长、博物馆解说员也要博士生,甚至有的单位招聘门卫工、擦鞋工、清洁工也非要大学毕业生不可。

人才使用上的高消费症,既不能人尽其才,又浪费了有限的人才资源。让最适合的人在最适当的时间位于最合适的位置,才是最理想的人才使用状态。其实,社会需要的人才结构,应该是一座完整的"金字塔"形状,高精尖者和学历不高的人都应该有自己的位置,如果"错位"现象多了,不仅会造成人才资源浪费,而且会使社会的整体运行效益降低。

(二)实施差异化的职业技术教育和能力训练

人的能力是有个体差异的,不同的人在智力、特殊能力、能力类型、能力的年龄表现等方面都是有差异的。管理者要根据员工智能水平的现状施以不同的职业技术教育,根据员工的年龄差异,在职业技术教育内容和方法上应有所不同,职业技术教育内容的深度与广度要适合员工的文化水平及职业要求。比如,科技人员,要注意他们专业知识的更新;管理人员的培训中要重视学习或补充新的管理知识和先进的管理方法,提高管理人员在决策、用人、沟通、创新等方面的能力。

(三)知人善任,人尽其才

不同性质的工作需要不同能力类型的人去做。而从人的能力类型看,差异很大。因此,要做好工作,前提就是必须使人的能力类型与其所从事的工作性质相一致,管理者要善于正确认识和区别不同能力类型的人,并把其安排到相应的岗位上去。比如,我们在绪论里介绍过美国著名的管理学学者罗伯特·卡茨(Robert L. Katz)的观点,他提出有效的管理者应当具备三种基本技能:技术技能、人际技能和概念技能。处在不同层次的管理者,对上述三种能力的要求各有侧重。担任高层职务的管理者应侧重于决策、计划、指挥、协调等组织管理的能力,即概念性技能;担任基层职务的管理者应侧重于业务、技术、事物性能力,即技术性技能;同时他们又都应该兼顾协调人际关系的能力。在这些能力上有不同侧重的人就要到适合他的不同管理层次上工作。

案例：各就各位

现任华电瑞通电力工程技术有限公司董事长的迟景涛，曾在另一个电力公司任副总裁，主抓市场。他的秘书小张并不得力，平时看上去也似乎很压抑。但迟景涛发现，带她去进行采购的市场调查时，她"活"了，对客户的接触中很能把握分寸和重点，随后提供的反馈信息量比其他人要多不少。一番观察之后，迟景涛将小张调任市场部的项目负责人，并承诺如果她不适应新岗位的工作，三个月后仍可回到她原来的岗位。最终结果，当然是千里马不再耕田，可自由奔跑。

某IT公司，为了留住人才，将一名优秀的研发人员提升为部门经理，但此人不善言辞，不喜沟通，更喜欢自己独立面对计算机。而让他成为管理者，则成了负担，不仅没有激励到此员工，甚至导致下属不服而离职。

量才为用是管理的一条重要原则，也是管理有效性的标志之一。有的人适合搞科研，有的人适合做管理，有的人喜欢习文，有的人酷爱练武。一个优秀的管理者，应该清楚地了解其下属的所长，让他们各就各位，各司其能。

我国清人顾嗣协（1663～1711）曾写过这样一首小诗："骏马能历险，力田不如牛。坚车能载重，渡河不如舟。舍长以就短，智高难为谋。生材贵适用，慎勿多苛求。"这首诗以生动形象的比喻，诠释了"量才为用，用其所长"的用人哲理。

楚汉之争中，刘邦笑到最后。刘项之间历经百余战，起初刘邦屡战屡败，后来终于转弱为强，反败为胜，夺取天下。究其原因，固然种种，但其中有一条不可忽视的因素，就是刘邦善用人才，项羽虽有过人的武功，但不过是匹夫之勇。

刘邦手下有韩信、萧何、张良等人才，在长期的征战实践中，刘邦发现韩信的确是将才，战必胜，攻必取；萧何心思缜密，行为非常谨慎小心；张良则足智多谋，是一位能够运筹帷幄之中，决胜于千里之外的谋士。于是，刘邦果断地将用兵之权交给了韩信；把粮草等后备物资的筹划、运输交给了萧何，来保障前线士兵的供给；而张良则理所当然地成了帐下一位重要的谋士。一个是谋士，一个是后勤，一个是将帅。刘邦可谓做到了用其所长。也正如刘邦所言：此三者，皆人杰也，吾能用之，此吾所以取天下也。而项羽呢？手下只有一个范曾是个人才，还不能发挥他的作用，这就是项羽失败的原因。所以，卓越的领导者，不需要各方面都才干超群,但必须具备超群的选才与用才的眼光,把握员工的差异化,量才而用,这样才能大大提高组织的效能,同时,也使每位员工都能实现自身的最大价值!

量才为用,用其所长,还要注意用人不能求全责备。我们看一个案例。

案例:合适的将军人选

美国南北战争时期,林肯总统任命格兰特将军为总司令。当时有人告诉他,格兰特嗜酒。林肯却说:"要是我知道他喜欢喝什么牌子的酒,我就给其他的将军们也送一两桶去。"林肯总统并不是不知道酗酒可能误事,但他更知道在北军将领中,只有格兰特能够运筹帷幄,决胜千里。

后来的事实,证明了格兰特将军的受命,正是南北战争的转折点。这也说明了林肯的用人政策,是求其人能发挥所长,而不求其人是个"完人"。

其实,林肯是付出了沉重的代价才明白这一道理的。在他挑选格兰特之前,他先后任命过三、四位将领,条件都是没有重大缺点。结果是,尽管北方军在人力和物力上都占绝对优势,但在1861~1864年间,北部同盟军几乎毫无进展。南部联邦军在用人上与北方形成明显的对照。李将军的将领中,几乎所有的人都有不少明显的缺点。但李将军认为,这些缺点关系不大,而他们每个人都有某一方面的真正长处。李正是运用了这个长处,并使之得到发挥。结果,林肯任命的"各方面都不错"的人,一再被李将军手下只有"一技之长"的人所击败。

明代学者薛瑄说:"用人当取其长而舍其短,若求备于一人,则世无可用之才矣。"善于用人者总是看人所长、用人所长,而不求其为"完人"。

作为一个现代管理者来说,这一点更为重要。现代管理特别强调:"只有无能的管理,没有无用的人才。"把人才的合理使用,放在突出的位置。老子说:"圣人常善救人,故无弃人,常善救物,故无弃物。"

诸葛亮写过一篇文章《知人》,从七个方面论述了对人的观察:"一曰,问之以是非而观其志,二曰,穷之以辞辩而观其变;三曰,咨之以计谋而观其识;四曰,告之以祸难而观其勇;五曰,醉之以酒而观其性;六曰,临之以利而观其廉;七曰,期之以事而观其信。"按照诸葛亮的七观去挑人,他能挑着谁? 恐怕只能克隆一个诸葛亮。鲁迅说得好:"倘要完全的书,天下可读的书,怕要绝无;倘要完全的人,天下配活的人也就有限。"所长在被用之列,所短在被容之列、被帮之列。有时我们也可把缺点变成优点,用人之短。

清朝有位军事家叫杨时斋,就很善于用人之"短"。他认为,军营中无人不可用,聋者,宜给左右使唤;哑者,令其传递密信;跛者,令其守坐放炮。杨将军深知,聋者因耳塞少听可免漏军情,哑者守口如瓶可免通风报信,跛者艰于行走而善坐。在他眼里,军营中的每个人都是可用之人,关键是使用得当。从杨时斋用人之道中,我们可以发现一个道理:如果将人的短处用在最合适的地方,短处也能变成长处,缺点也会变成优点。缺点和优点是相对的,缺点并非永远都是缺点,如果我们改变缺点的背景,缺点也就有可能转化成优点,一个人的长处和短处,也不是绝对的,一成不变的,而是可以互相转化的。用得恰当,"短"处也可能变成长处。

柯达公司在制造感光材料时,需要有人在暗室工作,但是视力正常的人一进入暗室,就像司机驾驶着失控的车辆一样不知所措。针对这种情况,有一位经理突发奇想,建议说:盲人习惯于在黑暗中生活,不如让盲人来干。柯达公司采纳了他的建议,将暗室的工作人员全部换成盲人。对盲人稍加培训后,让他们负责感光材料的生产工作,结果他们干出的活儿比正常人精细很多。

相关链接:唐太宗李世民《帝范》审官篇中的美句欣赏

"明主之任人,如巧匠之制木。直者以为辕,曲者以为轮,长者以为栋梁,短者以为拱角,无曲直长短,各有所施。明主之任人亦由是也。智者取其谋,愚者取其力,勇者取其威,怯者取其慎,无智愚勇怯兼而用之,故良将无弃才,明主无弃士。不以一恶忘其善,勿以小瑕掩其功,割政分机,尽其所有。"

(四)形成合理互补的能力结构

人与人之间的能力不仅在水平上,而且在类型上都存在差异,这种差异是客观的、普遍的。一个组织中,特别是领导团队中,不同能力特点的人要互相搭配,相得益彰。既要有"运筹于帷幄之中决胜于千里之外",指挥有效、控制有方的"帅才";又要有能冲锋陷阵的"先锋""将才";既要有通才,又要有具备一技之长的专才。只有这些人才的能力相互补充、搭配合理,形成有效的"合力",才能发挥出组织的整体的能效。也就是说,聚集智慧相等的人,不一定能使工作顺利进行,往往只有分工合作,才会有辉煌的成果。唐僧之所以取经成功,与他的团队的组成有密切的关系,沙僧吃苦耐劳、忠诚厚道,但是唐僧如果带着三个沙僧取经,能不能成功?不能,必须有孙悟空,但是唐僧带三个孙悟空行不行?也不行,孙悟空不会给他挑担子,而且还是个典型的"捣蛋者",猪八戒也有其用处,三个人各有特点,各有优点。

相关链接:能力的应用原则——能力互补原则

能力互补原则指在安排员工工作时,应考虑到他们的能力有可能相互补偿和促进的问题。由于能力上存在着差异,可以取长补短,起到互补的作用,并促进彼此能力的发展,因而有利于集体工作效率的提高。

案例:爱迪生实验室

爱迪生是人们所熟悉的大发明家,一生中有2000多项发明,平均13天一项。这么多项发明,对于一个人的有限精力和生命来讲,实在是不可思议的。但爱迪生却把它变成了现实,这其中的奥秘就在于爱迪生实验室。

爱迪生的发明离不开他的几个得力助手,首先是美国人奥特,奥特在机械方面独具专长,甚至超过爱迪生;第二个是英国人白契勒,白契勒沉默寡言,肯钻研,常常提出一些古怪离奇的问题,给爱迪生极大的启发;第三个是瑞士人克鲁西,克鲁西擅长绘图,爱迪生的一切手稿,无论多潦草,他都能照着绘制成正式的机械图纸,让奥特原原本本地把爱迪生的设想做成实物。此外,还有几个埋头苦干的实干家做爱迪生的手下,这就是爱迪生实验室相得益彰的组织结构。

爱迪生实验室如果没有了白契勒、克鲁西,就算笼络100个"奥特"在实验室,可能也没有什么用或者说很难取得那么辉煌的成就。而有了白契勒和克鲁西,一个奥特就足够了。一个工作团队中,往往需要各种能力类型的人,如果对他们的工作安排得当,使各种人才相互搭配,才能做到人尽其才,从而取得最大的工作绩效。

一般所说的因才适用,就是把一个人适当地安排在最合适的位置,使他能完全发挥自己的才能。然而,更进一层地分析,每个人都有长处和短处,所以,若要能取长补短,就要在分工合作时,考虑各方的优点及缺点,切磋鼓励,同心协力地谋求事情的发展。

因此，在组织中仅仅关心个体的能力或仅仅关心工作本身对能力的要求都是不够的，工作绩效取决于个体能力与工作任务的匹配及能力类型的优化组合。管理者用人，不仅要考虑人的才识和能力，更要注意人与人的编组和调配，考虑员工之间的相互配合，这也是人事管理上的金科玉律。

总之，对于管理者来说，在安排员工工作时，要注意对组织成员的能力进行全面了解，做到让能力最适合的人做其最适合的工作，避免大材小用和小材大用。同时，在人员优化组合时，注意能力类型差异的互补性，最大限度地发挥团体的协作作用。

能力部分就介绍到这，下面我们以案例作结束。

案例：卡丹的马克西姆餐厅

20世纪80年代初，国际著名的时装设计大师皮尔·卡丹从一个英国人手里买下了马克西姆餐厅，这是一间位于巴黎的即将倒闭的餐厅。3年过去后，马克西姆餐厅竟然奇迹般地复生了，而且在世界各大城市开办了分店。

卡丹的成功当然有很多原因，其中卡丹颇具眼光的用人术，也受到了很多人的称赞。他以用人之长作为他发现人才的标准，只要他发现某人在某方面有专长，他就会毫不犹豫地用其所长，完全没有年龄、资历的限制。

筹建北京马克西姆餐厅的负责人之一塔尔多当时只有28岁，作为卡丹公司驻北京的全权代表，从筹建工作一直到服务人员的挑选，都是经他手完成的。他任务完成得十分出色。但塔尔多并非是个"完人"，他的缺点是遇事急躁，果断有余而细致不足，这难免会导致工作中的一些失误。然而他对工作充满了热情，业务知识扎实，有着出奇的责任心，全身心地投入工作。所以，仍然深得卡丹的赏识。

后来，卡丹向北京派驻了另一名全权代表宋怀桂。她早年就读于北京美院，后来侨居法国，十分熟悉中国的情况，法、中、英文都很好，办事精明老练，工作责任心强。宋怀桂拥有女性的细致，加上塔尔多的果断，两人配合得十分默契，是一对好搭档。卡丹公司规定，只要两人同时签字，就和卡丹本人签字有一样的效力。这一方面表示了卡丹对他们的信任，另一方面也可以避免一个人决策因考虑不周产生的失误。卡丹的这种用人方法被证明十分成功。

案例：STR公司的"老大"和"老二"

STR公司是一家做化工类产品的企业，专做药品的中间体，也就是原料药。企业的规模不算大，2003年的产值和销售额是7000多万元，员工约150人。企业的前身是乡镇企业，2000年改制为民营企业。

"老大"是STR公司的"老二"对董事长的代称。

这两个人之前分别是两个企业的当家人。"老大"是做涂料的，"老二"是做化工原料的。两个人先前并不很熟。后来"老二"经营失败，欠了很多债，慕名找到"老大"寻求合作，于是就有了后来的这家企业。"老大"开始很仗义，股份一人一半，自己当董事长，让"老二"当总经理。这样过了两年多，"老大"和"老二"商量，要引进一位相熟的原来在国有企业当经营副厂长的朋友，于是就有了这家企业中的"老三"。没多久，企业中的股份进行了调整，"老大"占67%，"老二"占22%，"老三"占15%。这样又过了一年，"老二"变成了副总经理，"老大"自己兼了总经理。

"老大"是一个经营方面的能人。1984年在他30岁的时候到当时的这家小厂当厂长，那时候一年的产值和销售额只有30万元。他跑到上海的一家油漆厂去学习，看到那家厂里有全套的换下来的旧设备，只花了两三千块钱就把那些旧设备全买了回来。油漆厂的生意做起来了，他又去注册了一个好听、好看、好记又能引起好联想的商标。就这样，10多年后，他把这个小企业做成了油漆、涂料行业中的全国第五位，企业年产值和销售也做到了7000万元。

"老二"则显得像是个"书生"，他称自己适合搞技术，不适合搞协调。自己办厂的时候，一个人花了三个月的时间搞成功了一个新产品，当时国内只有一家企业能生产这种产品，而他做得比那家企业更好。但是缺乏资金，污染问题解决不了，加上自己对财务一窍不通，结果经营不善，负债累累。

公司目前的主导产品，都是"老二"研究出来的。"老二"在省内同行业中有些名气，和省内的很多专家是好朋友。

至此，可以对STR公司的两个主要领导有了一个基本的了解——"老大"是经营能人，"老二"是技术天才，这两人的合作真是天造地设的一对最佳拍档。要是这个企业让"老二"来当家，那是非把这个企业做垮不可，因为他是"技术天才"，他会异想天开；要是"老大"没有"老二"这个最佳拍档，那在这个高技术领域里也很难形成自己的优势脱颖而出。

第十讲　气质差异与管理

一、气质的概述

（一）气质的内涵与分类

日常生活中，人们所说的气质是指一个人的风格和气度，而心理学上所说的气质是指个人心理活动稳定的动力特征。心理活动的动力特征主要是指心理过程的强度（如情绪体验的强度、意志努力的程度），心理过程的速度和稳定性（知觉的速度、思维的灵活程度、情绪体验的快慢、注意力集中时间的长短），以及心理活动的指向性（如有人倾向于外部事物，有人倾向于内心世界）等方面的特点。我们亦可以将气质通俗地理解为人的"脾气""性情"。德国哲学家莱布尼茨（G. W. Leibniz）在谈到认识论问题时主张：心灵是一块有纹路的大理石，大理石已有的纹路决定了它适合于雕琢成什么样的形象。气质就是"人心"上的一种纹路，是人生来就具有的心理活动的动力特征。生活中我们可以看到，刚出生的婴儿有不同的表现，有的爱哭闹，有的好动，有的安静地睡觉。随着婴儿的逐渐成长，生来就具有的气质特征就会表现在儿童的游戏、学习、交往活动中，构成每个人特有的心理活动的基础。

在心理学史上,气质是一个古老的概念,早在公元前5世纪,古希腊的医生希波克拉特(Hippocrates)就根据人体含有四种体液(血液、黏液、黑胆汁、黄胆汁)的假定,把人的气质划分为四种基本类型:胆汁质、多血质、黏液质、抑郁质。

胆汁质又称不可遏止型,最突出的特点是性子急,情绪发生快而强。胆汁质的人的神经类型属于兴奋型,具有强烈的兴奋过程和较弱的抑制过程。这种人情绪易激动,反应迅速,行动敏捷,暴躁而有力;热情、直率、胆大、易怒、急躁。接受能力强,对知识理解得快,但粗心大意,性急好动,考虑问题不够细致。一般地讲,胆汁质的人大多是热情而性急的人。

多血质又称活泼型,最突出的特点是性子活,情绪发生快而多变。神经过程具有强、平衡而且灵活的特点。这种人能很快同人接近,善于交际,在新的环境里不感到拘束。在工作学习上富有精力而效率高。在集体中精神愉快,愿意从事合乎实际的事业。但是,这种人注意力不稳定,兴趣容易转移。表现出诸如轻率、不沉着等。在日常生活和工作中,多血质给人的印象是活泼好动。

黏液质又称安静型,最突出的特点是性子稳,情绪发生慢而弱。他们的情绪不易激动,情绪强度也比较薄弱,经常表现得心平气和,不易发脾气,不大喜欢交际,对人不容易很快产生强烈的情感。由于神经过程平静而灵活性低,反应比较缓慢。但是,不论环境如何变化,都能保持平衡。这种人在生活中是一种坚持而稳健的辛勤工作者。这种人的不足之处是有些惰性和不够灵活,不善于转移注意力。注意稳定,显得庄重、坚韧;但也表现出执拗、淡漠等。黏液质的人大多是一些沉静而稳重的人。

抑郁质又称易抑制型,最突出的特点是性子慢,柔弱易倦,情绪发生慢而强。由于神经过程薄弱,在生理上不能忍受或大或小的神经紧张。抑郁质的人行动上表现非常迟缓、忸怩、腼腆、怯懦、迟疑、有些孤僻。但是,这种人感情细腻,做事小心谨慎,观察敏锐,善于察觉别人观察不到的细小事情。有的心理学家把抑郁质的人的这种特点称作艺术气质。

现实生活中,只有少数人是上述四种气质类型的典型代表,大多数人是不同类型的混合,或介于某些类型之间。

我们可以在文学名著中看到四种气质类型的代表。比如,《红楼梦》中的王熙凤是典型的多血质的代表。《红楼梦》中,曹雪芹是这样写王熙凤的出场:"一语未了,只听后院中有笑声,说:'我来迟了,不曾迎接远客!'"这种未见其人先闻其声的出场方式,和前面"三春"的到来形成一个鲜明的对照。她见到林黛玉后的表现则是:"携了黛玉的手,就那么细细打量起来,故作惊叹道:'天下真有这样标致的人物,我今儿才算见了!况且这通身的气派,竟不像老祖宗的外孙女儿,竟是个嫡亲的孙女,怨不得老祖宗天天口头心头一时不忘。只可怜我这妹妹这样命苦,怎么姑妈偏就去世了!"曹雪芹的语言天赋,在王熙凤身上完美体现了出来。这王熙凤不仅会说,还很会做。她感情极丰富,而且变化迅速,说着、哭着,贾母一制止,立刻就"转悲为喜",自我解嘲。

林黛玉是典型的抑郁质的代表。曹雪芹概述她初到贾府时的心理,说她抱定"步步留心,时时在意,不肯轻易多说一句话,多行一步路"的主意。在这种心情支配下,她处处仔细地观察,事事认真地思考,时时谨慎地行动。而且她的眼泪从秋流到冬,从春流到夏,从生命的开端延伸到生命的尽头。

薛宝钗是黏液质的代表。曹雪芹这样描写薛宝钗:"罕言寡语,人谓装愚;随分从时,自云守拙。"脂砚斋则评价薛宝钗:"待人接物不亲不疏,不远不近,可厌之人未见冷淡之态,形诸声色;可喜之人亦未见醴密之情,形诸声色。"

《三国演义》中的张飞,《水浒传》中的李逵,都是胆汁质的代表。

案例:剧场门口

背景:某剧场门口。演出开始十分钟后。

人物:检票员和四位迟到的观众。

情节:剧场规定演出开始十分钟后不许入场。四位迟到者面对检票者的同一说明则表现各不相同。

胆汁质的人:怒发冲冠,大吵大嚷。他辩解道,剧场的钟快了,企图推开检票员冲进剧场。

多血质的人:软硬兼施,明白检票员不会放他进去之后,绕剧场转了一圈,发现有个小门开着,悄悄溜进去了。

黏液质的人:不吵不嚷,虽然遗憾但还是理解剧院的做法,并自我安慰"好戏都在后头",先去附近的超市转转,幕间休息再进去。

抑郁质的人:垂头丧气,委屈万分,觉得偶尔看一场戏都这么倒霉,真是喝凉水都塞牙,然后就回家了,但是以往的"伤心往事"一起涌上心头,整个晚上都不开心。

丹麦画家皮特斯特鲁普曾有一幅漫画作品《一顶帽子》,生动形象地描绘了不同气质类型的人面对同样的场景会有怎样不同的反应(图10.1)。

图 10.1　丹麦画家皮特斯特鲁普的作品《一顶帽子》

从现代生理学观点来看,古希腊时所指的四种气质的生理基础是不科学的,它之所以能为心理学界所采纳并沿用到现在,美国人格心理学家、现代个性心理学创始人之一——奥尔波特(Gordon Willard Allport)认为原因有二:其一,这一学说试图从身体的化学元素方面探讨气质的生理机制,这给以后的研究以很大的启示;其二,对四种气质类型的分析在一定程度上符合实际情况,具有普遍意义,在各个历史时期都可以找到典型人物。

此外,苏联生理学家、心理学家伊万·彼德罗维奇·巴甫洛夫(Ivan Petrovich Pavlov)及之后的苏联心理学家进行了一系列关于神经系统的实验研究,研究的结果和古希腊沿袭下来的四种气质类型的划分正好契合。

巴甫洛夫通过对动物高级神经活动规律的研究,提出气质直接的、主要的生理基础是神经系统的特征,气质就是高级神经活动类型的心理表现。

巴甫洛夫根据神经过程的三种特性,即神经过程的强度、神经过程的平衡性、神经过程的灵活性,划分出高级神经活动的四种基本类型:兴奋过程占优势的强而不平衡的类型,强、平衡而灵活的类型,强、平衡而不灵活的类型,弱型。它们分别对应的是胆汁质、多血质、黏液质和抑郁质,见表10.1。

表10.1 气质类型与高级神经活动类型对照表

气质类型	高级神经活动过程	高级神经活动类型	气质类型的主要心理特征
胆汁质	强、不平衡	不可抑制型	精力充沛,冲动,暴躁,外倾性明显,反应性强
多血质	强、平衡、灵活	活泼型	精力充沛,行为反应灵活而敏捷,情绪外露而易变换,适应性强
黏液质	强、平衡、不灵活	安静型	精力好,性子慢,情绪不易外露,内倾性明显,耐受性强
抑郁质	弱	抑制型	精力不足,迟疑缓慢,内倾性严重,体验性强

巴甫洛夫认为"我们有充分的权利把在狗身上已经确立的神经系统类型……应用于人类。显然,这些类型在人身上就是我们称之为气质的东西。气质是每个个别人的最一般的特征,是他的神经系统的最基本的特征,而这些最基本的特征就给每个个体的所有活动都打上这样或那样的烙印。"巴甫洛夫之后,苏联学者又进行了更详尽的研究。

希波克拉特提出气质的体液说之后,相继产生了各种气质学说,如体型说、血型说、激素说等,但都有来自学界的批评和质疑、有理论自身不能解释的问题,因而,总体来看,气质类型的划分虽然多种多样,但从古希腊沿袭下来的四种气质类型的划分最有生命力,得到了大多数学者的认可,沿用至今。

(二)气质的特点

1. 具有极大的稳定性,但也具有可塑性

气质是由生理组织因素决定的,所以与性格、能力等其他个性心理特征相比,更具有稳定性,俗语所谓"禀性难移",可以用来指气质具有稳定、不易改变的特点。比如,一个性情急躁的人,一般在各种情况下做事都会显得风风火火,雷厉风行。

第十讲 气质差异与管理

> **相关链接：双生儿气质发展研究**

美国心理学家格赛尔（Gesell）对同卵双生儿T和D进行了14年的追踪研究。经过细致的观察，发现T和D的气质发展几乎表现出首尾一贯的个性差异。即T敏捷直率，D慢吞吞并且悠然自得；T伶俐，D好社交、爱说；T能敏捷地寻找东西，把注意力锐利地汇合到焦点，D始终在广泛的范围内移动眼睛。这些差异在14年间几乎没什么变化。

气质是比较稳定的个性心理特征，但它在生活环境和教育影响下，在一定程度上也是可以改变的，即气质亦具有一定的可塑性。

> **相关资料：教育和年龄因素对气质的影响**

心理学家的实验观察中发现了气质可以改变的事实。一个中学的女学生，在学校里表现的是胆怯、孤僻、羞涩、烦恼和爱哭，属于弱而不灵活的代表。经过实验者与学校集体配合，在几年的时间内对她进行了专门工作，引导她积极参加集体活动，委托她担负一些重大任务，选举她做团的工作。经过一段时间，这个女学生消除了胆怯、怕羞、孤僻等特征，显现出主动性、独立性和不怕困难的品质。

保加利亚的心理学工作者皮罗夫在研究中发现气质特点随年龄而变化。在5~7岁这一年龄阶段的儿童中，神经活动最兴奋型，多见于5岁儿童。随着年龄增长，兴奋型的百分比下降，平均型的百分比增长。青春期，在11~13岁的女孩和13~15岁的男孩中，兴奋型重新增多，青春期结束后，再次减少。

气质是可以变化的，但究竟是如何变化的？是气质的天赋特性本身得到改造，还是气质的先天特性并未改变，而是被在生活条件影响下后天获得的个性特征所掩蔽，或是二者兼而有之，这一问题并未被实验所验证，还有待于进一步探讨。

2. 气质只反映个人情感与活动的外部表现形式，不涉及情绪和活动的动机和内容

动机相同，气质不同，往往表现出不同性质的动力特点。比如，同样是热爱本职工作的人,有些人表现为精力充沛、热情洋溢,而有些人则表现为任劳任怨、踏实肯干。

3. 气质没有好坏之分

每种类型的气质都各有其长短。比如,多血质的人机敏灵活,适应性强,但兴趣易转移,耐力差;胆汁质的人热情直爽,爆发力强,但易冲动;抑郁质的人工作中耐受能力差、容易感到疲劳,但感情细腻、做事谨慎小心、观察力敏锐。因而,气质没有绝对的好坏之分,关键在于,在社会实践活动中,要注意使人的气质类型与工作性质、事业特点、生活方式相适应,扬长避短,发挥不同气质类型的优势。

而且,当个体的世界观、性格已定型后,个体可以用自己的意志力去克服气质的消极面,努力培养气质积极的一面,或者用气质的积极面去补偿消极面。

案例:气质类型与学业成绩

某班有两位学生A和B。A具有明显的多血质和胆汁质的特征,B有明显的抑郁质特征。学生A在学习时精力充沛,在紧张的学习和工作后,只需短时间休息就能恢复精力,很少见他疲劳和学习间歇;他能一下子关心很多事物,复杂情况和变化不会降低他的精力;他对了解新教材特别感兴趣,新的知识信息使他精神焕发、兴奋,且感到满足,但复习旧教材时,缺乏兴趣。学生B经过一段时间学习后,很容易感到疲劳,需要休息或睡一会儿才能恢复精力;对简单作业要进行准备和沉思;学习新教材时常感到困难和疲惫,对复习旧教材表现出主动性,思维有着惊人的准确性和明晰性,抑郁质并没有妨碍他成为一个优秀生,也不妨碍他的智力发展和毕业时获得金质奖章,其思维的深刻性和细致性补偿了他智力活动的困难。

案例中的两位学生具有不同的气质特点,这种特点对他们智力活动特点和方式有明显影响,但对学业成绩没有影响。

气质可以影响人的工作效率和行为方式,但不能决定人的能力的高低、成就的大小和品德的好坏。每种气质的人都能形成优秀的品质,每种气质的人都能有所成就。研究发现,俄国的四大文豪就分属四种不同的气质类型:普希金具有明显的胆汁质特征,赫尔岑属于多血质,克雷洛夫是黏液质,果戈里属抑郁质。

二、气质差异与管理

了解人的气质类型及其特征,对于自我管理、组织管理以及思想政治教育等都有重要意义。

(一)扬长避短、发挥特长

气质在人的实践活动中不起决定作用,但确实会影响一个人的活动方式,也会影响人的活动效率。

一般情况下,我们应当力争把员工安排在有利于发挥他的气质特长的岗位上。比如,要求作出灵活迅速反应的工作,对多血质、胆汁质的人较为合适,而黏液质、抑郁质的人则较难适应。反之,要求持久、细致的工作,对黏液质、抑郁质的人较为合适,而胆汁质、多血质的人就较难适应。这样,不同气质类型的人在从事上述工作时,他们的工作效率就会有差别,或者是工作效率相同,但所付出的努力却大不一样。比如,一个学生会主席或学生社团的团长要在两位学生中决定一名去做办公室事务工作,一名去做外联部的工作。这两个人具有相同的思想品质和专业水平,但一个精力充沛、活泼外向、机灵热情,属于多血质,另一个冷静理智、稳重内向、谨慎细心,属于黏液质,如何决策,才有利于发挥他们各自的个性特长?

个人选择职业也应把自己的气质特点作为一个参考因素(表10.2)。生活中,我们不难发现这样的现象:有人选择了教师的职业,可是性情暴烈、缺乏耐心;有人选择了记者的职业,但生性沉稳,反应迟缓。气质与所从事的职业不相适宜,可能直接影响到具体工作的成败,让原先理想的职业失去原有的色彩。所以,当青年学生在选择职业或工作岗位时,应考虑到自己的气质类型,有针对性地选择适合自己的职业和工作岗位。

表10.2 气质与职业选择

气质类型	适 合 职 业
胆汁质	导游、推销员、节目主持人、演讲者、地质勘探、冒险家等
多血质	外事工作、管理工作、律师、记者、演员、市场调查员等需要有表达力、活动力、组织力的工作

续表

气质类型	适 合 职 业
黏液质	自然科学研究、教育、医生、财务会计等需要安静、独处、有条不紊以及思辨力较强的工作
抑郁质	研究工作、机要秘书、打字员、档案管理员、雕刻师等无须过多与人交往但需较强分析与观察力以及耐心细致的工作

原则上每种职业都要求人们具备某些相应的气质特点,但是,如果这些特点在某人身上表现较弱,此人会依靠他的其他气质特点,以及受这些气质特点所制约的工作方法加以补偿。据中国科学院心理学工作者对先进纺织女工所作的研究证明,一些看管多台机床的纺织女工属于黏液质,她们的注意力稳定,工作中很少分心,这在及时发现断头故障等方面是一种积极的特性。注意这种稳定性补偿了她们从一台机床到另一台机床转移注意较为困难的缺陷。另一些纺织女工属于活泼型,她们注意比较容易从一台机床转向另一台机床,这样注意易于转移就补偿了注意易于分散的缺陷。这种补偿作用在广泛的实践领域中都发生影响。

一些特殊职业或工作岗位会对人的气质特性有特殊的要求,不具备这些特性,就难以有效地完成本职工作,在这种情况下,气质特性影响着一个人是否适合于从事该职业。为此,是否具有特殊职业或工作岗位所要求的特殊气质特性,应成为职业选择、培训、淘汰的重要依据之一。比如,大型动力系统的调度员、宇航员、飞机驾驶员、高空带电作业人员等,所从事的工作责任重大,须经受高度的身心紧张,要求具有反应灵敏、迅速,冷静理智,胆大心细,临危不惧等气质特征。胆汁质和多血质或兼具黏液质特点的人比较适合,典型的抑郁质则不适合。

管理者了解员工的气质特点,并以此为一项重要的依据来安排员工的工作,有利于扬长避短,提高工作效率。

(二) 不同气质类型的人组成团队

气质类型相同的人容易有共同语言,交往可能协调,但也可能出现针尖对麦芒,矛盾磨擦无休止的现象。一般来讲,一个团队,最好是由不同气质类型的人组成,这种团队可以产生互补作用,有助于人际关系的协调。

（三）根据人们不同的气质特点进行管理教育

管理教育中，注意根据人们不同的气质特点，采取不同的方法（表10.3）。比如，对员工进行批评帮助时，要考虑到不同气质类型的人对挫折的容忍力的差异。挫折的容忍力也称为"挫折忍耐力"，指个人遭受挫折时能承受精神上的打击而免于心理或行为失常的能力，亦即个人经得起打击或经得起挫折的能力，是个体在社会化过程中发展起来的一种对挫折的自我张力或适应能力。挫折的容忍力受人的生理条件、挫折经验、对挫折的主观判断等因素的制约，同时也会受到气质类型的影响。一般来说，胆汁质、多血质的人承受挫折的容忍力较大，为此，对这些人可以明确指出问题所在，甚至可以进行严厉的批评以起到警戒的作用，但对胆汁质类型的人进行批评时要有理有据，避免激化矛盾。对于黏液质和抑郁质的人要特别注意批评的方式和方法，对抑郁质类型的人要避免公开指责和太强烈的刺激；和黏液质的人沟通，要有耐心，多用事实说话，不要过急。在委婉表达批评的同时，还应注意进行适当的鼓励。

表10.3 气质类型与管理要点

类型	管理要点
胆汁质	着重培养自制力和坚持到底的精神。注意方式方法，可以进行有说服力的严厉批评，但不要顶牛激怒，注意冷处理
多血质	着重培养踏实专一和勇于克服困难的精神。防止见异思迁与注意力分散，创造条件，多给活动的机会，对其缺点可以严厉批评
黏液质	着重培养热情和朝气蓬勃的精神。对其批评教育要有耐心，允许其有足够时间考虑和作出反应
抑郁质	着重培养刚毅、开朗、自信、合作的精神。对其多关心、爱护、鼓励、疏导，不宜公开严厉地批评

相关链接：我国管理人员的气质

俞文钊（1981）接受上海市委组织部组织人事工作方法科研课题组的科研任务，对企业管理人员的气质特征进行过系统的研究。

研究的目的：企业管理者的气质类型与行为特点；企业管理者群体气质的最佳匹配。

研究的材料与方法：研究的样本是三个工厂的51名企业管理者，厂级、中层，年龄分35岁及以下，36至50岁，51岁以上。文化程度有初中、高中、大学，绝大多数是男性，少数为女性。气质量表是一个由60道题目组成的量表。

研究结果：本研究对象中，胆汁质、抑郁质的管理者一个都没有。多血质气质类型的管理人员占29%，黏液质气质类型的管理人员占18%，多血质与黏液质混合型气质的管理人员占53%。

结论：管理人员的气质类型中，不易有典型的胆汁质和抑郁质。因为前者表现为鲁莽、易激动、脾气急躁，不能控制自己，后者表现为沮丧、孤僻，行动迟缓等。

管理人员的气质类型中，多血质、黏液质，或两者的混合型是较适宜的。因为，多血质类型者兴奋占优势，对外反应快，能控制自己，属于平衡外向型。这类人适宜于当企业家，以其机敏而均衡的气质特点有利于生产经营管理。黏液质类型者是平衡内倾性的，这种气质也是管理者所不可缺少的。混合型气质的管理人员占优势，这说明，大多数管理人员是属于活跃务实的类型。

相关链接：如何与不同气质类型的人交往

- 胆汁质

胆汁质的人说话时喜欢直接表达自己的想法，不喜欢拐弯抹角，所以他们与别人沟通时往往会令对方觉得过于直接，而且因为他们自身的反应较快，注意力和思维转移迅速，所以不能忍受与反应较慢的人作长时间的沟通，往往会失去耐心。基于以上特点，我认为在与胆汁质的人沟通时，可以多让他们发表自己的意见，表达他们的看法。而自己在做一个好的旁听者的同时，也要尽量跟上他们的思维，时不时发表一下自己的意见或引一下话题，因为他们的思维迅速，所以一般情况下不会出现没有话说的冷场局面。

在平时交往中，因为胆汁质的人性情急躁易冲动，所以我们首先要控制好自己的情绪，不可与之争论。然后要善于控制对方的情绪，要善于疏导，学会让步，避免无谓的摩擦。同时，我们要采取"表扬激将，批评冷处理"的办法，因为这类人易激动、急躁，所以当面的表扬、激将能够给他带来极大的动力，激发他的热情。但在批评方面应采取"冷处理"方法，因为这类人好面子，当众批评只会使他们产生逆反心理，甚至会自暴自弃，所以应该在私下里与他们沟通，并且语言不能过于直接，要以朋友身份，委婉地指出他们的错误。

- 多血质

与多血质的人交往中不需要什么技巧,因为他们本身就很善于交际。但有一点需要注意,就是多血质的人一般注意力易转移,缺乏耐性,所以他们可能会转移话题较快。因此与他们沟通时尽可能少地长时间停留在一个话题上,要跟上他们的转换速度。另外由于这类人情感产生较温和且体验不深,所以当众批评一般不会造成伤害,反而可能会激励他们,产生督促的效果。

· 黏液质

他们是不善言辞的人,他们更倾向于"想"而不是"说",所以与他们交谈时就需要更多的主动,积极地发表自己的观点,并将话题引到他们感兴趣的话题上。交谈时要控制自己的语速和思维转换速度,要适应他们的节奏。谈话的内容不需要很花哨,应该实实在在,并且要尽量全面翔实。因为黏液质的人缺乏灵活性,他们一旦认定了方向,就较少地考虑创新或其他变化。所以在交代工作之前,双方最好有一个充分、全面的沟通。在批评时应该一针见血,以一种坦诚的态度直接指出他们的错误所在,那么他们在思考后也会清晰地认识错误并改正。在表扬时也不需要大张旗鼓,做适当的鼓励即可。

· 抑郁质

与抑郁质的人沟通时需要特别小心,因为他们敏感的心思往往令人意想不到。因为他们一般是不会主动开口的,所以就需要你去表现得格外主动和热情。只有足够的热情才能消除他们的羞怯。如果你还能了解他们心里所想,说出心声与他们共鸣,他们就能和你亲近起来,说出他们心里的话。

对抑郁质激励应该用温柔表达、婉转表扬的方式。他们不喜欢在大庭广众之下受到赞扬,那样会令他们因成为众人关注的焦点而羞怯不安,含蓄的表达对他们来说绝对不会影响表扬的效果。同样,批评也要千万小心,稍稍点拨即可,否则对他们脆弱的自尊心来说会是个沉重的打击。

以上四种气质类型只是理论意义上的典型气质类型,而在实际生活中,大部分人都是混合型。那么我们就要根据实际情况,兼而用之,灵活处理。而且在沟通与交往中要注意多站在对方的角度上"换位思考"。只有站在对方的位置,去体验对方的感受,了解对方所想,才能更好地与别人沟通交流,建立良好的人际关系,从而帮助我们更好地学习、工作、生活。

相关链接:测试自己更适合哪种职业

下面这个测试帮助你认清自己,看看自己适于哪种职业。对下面的问题,你只需回答

"是"或"不是",没有对错之分。

1. 读侦探小说,看侦探片时,你自己能否推测出谁是间谍或凶手?

2. 你愿听赏心悦目的音乐,而不愿听迪斯科、摇滚乐、爵士乐及现代舞曲吗?

3. 你拼读外文或拼音时速度很快吗?

4. 画、字画、工艺品,没有摆放整齐,你心里总是很在意吗?

5. 你是否爱读说明文而不喜欢"瞎编"的小说?

6. 影视与读物的情节和语句你能常记得吗?

7. 你认为用不同的方法均可将一件事办好吗?

8. 你喜欢玩棋类而不是扑克、麻将吗?

9. 你借钱买急用的书吗?

10. 见到一种新玩意,你想知道它的机械原理吗(如某种机器、发动机、组合音响连接、激光唱片调试等)?

11. 你喜欢富有变化的生活吗?

12. 空闲时你是否宁愿蹦蹦跳跳也不愿读书?

13. 提起数学你有困难的感觉吗?

14. 你喜欢忘年交,愿意和小于自己年龄的人在一起玩吗?

15. 称之为朋友的人你能列举出姓名吗?

16. 你喜欢节日和热闹的聚会吗?

17. 你厌倦精细的工作吗?

18. 你阅读速度快吗?

19. 你同意"一个槽子里拴不住两头驴"的说法吗?

20. 你是否惧生?是否有兴趣了解新知识结识新朋友?

数一下1~10题有多少"是",再数一下11~20题有多少"是",然后将两组进行比较:

如果前10题的"是"多于后10题,说明你是个紧张类型的人,适合做学者、机械师、技术员、修理工、律师、医生、出版家、哲学家、工程家、工程师等专攻一术者。

如果后10题的"是"多于前10题,说明你是一个公关类型的人。你喜欢出主意,但希望别人付诸实现。但凡参谋、助理、公关人员、演员、广告宣传员、推销员都有此类特长。

倘若两组"是"不相上下,则意味着你既适合做精力集中的事,又适合做处理人际关系的工作,例如教师、画家、作家、翻译及文秘、公务人员、图书馆管理员、办公室主任等。

第十一讲　性格差异与管理

一、性格的概述

(一)性格的含义

性格是指一个人对现实的稳定的态度和习惯化了的行为方式中表现出来的较稳定的有核心意义的个性心理特征。性格在某种程度上是以道德观点来评价的,所以有好坏之分。我们通常对"懒惰""骄傲"持以否定态度,而对"勤奋""慷慨"加以赞同。性格不是天生的,是现实社会关系在人头脑中的反应。世界上性格完全相同的人是没有的,只能说相似性的程度大小。性格的特征是多种多样的,其组合后的特征就更多了。显然,性格是个体差异的一个重要方面。

(二)性格的结构

性格是一个十分复杂的心理现象,是一个多维结构,其主要的组成成分为性格的理智特征、情绪特征、意志特征,以及对现实态度的性格特征。

1. 理智特征

理智特征指人们在感知、记忆、想象和思维的认识过程中所表现出来的个别差异。比如,在观察事物时有人偏好分析,有人偏好综合;有人擅长直观记忆,有人善于逻辑记忆;有人富于想象,有人想象贫乏;有人善于独立思考,有人容易受别人的影响等。

2. 情绪特征

人的情绪状态影响着一个人的全部活动,当人对情绪的控制具有某种稳定的、经常表现的特点时,这些特点就构成一个人的性格情绪特征。主要表现在情绪强度、稳定性、持久性以及主导心境方面。比如,有的人以饱满的热情投入工作,不骄不躁,对同事心平气和,在和谐气氛中工作;而有的人则忽冷忽热,喜怒无常;有的人经常处于情绪饱满、欢乐愉快中;有的人却经常处于抑郁低沉中。

3. 意志特征

意志是为了达到一定目的,自觉调节自己的行为,并与克服困难相联系的心理过程。性格的意志特征主要有自觉性与盲目性,自制力与冲动性,主动性与被动性,勇敢与怯懦,等等。比如,有的人的行为是具有明确的目的性,有独立的主见,良好的自制力,在紧急和困难条件下沉着镇定、勇敢,工作中有恒心、坚韧不拔;有的人的行为则是盲目蛮干,工作中缺乏恒心、半途而废等。

4. 态度特征

这是指人在处理各种社会关系方面所表现出来的个别差异。比如对社会、集体、他人、学习、工作、劳动的态度。有的人正直、诚实、富于同情心,对待工作勤奋、认真、细心,富于首创精神,勤俭节约;有的人则行为孤僻,欺软怕硬,狡诈、虚伪、冷酷无情,对待工作懒惰、马虎、粗心、墨守成规、挥霍浪费。

性格的各种特征并不是孤立、静止地存在着。一个人的性格会随着个人角色的转变、环境和情境的变化以及自我要求的不同而呈现出不同的特征,因此具有丰富性和复杂性。只有那些比较稳定的、习惯化了的态度和行为方式才是性格的主要方面,才称得上是性格。

二、性格的类型

性格是一个极为复杂的问题,许多心理学家从不同方面对性格进行分类,但尚未形成一套为一般学者所共同接受的理论。这里我们了解一些比较有代表性的性格类型理论。

(一) 机能类型说

英国心理学家培因(A. Bain)和法国心理学家李波特(T. Ribot)等提出来,按照理智、情绪、意志三种心理机能何者占优势来确定性格类型。把人的性格分为理智型、情绪型和意志型。

理智型者通常以理智来评价一切,并以理智来支配自己的行为;情绪型者情绪体验深刻,言行举止易受情绪左右,不善于冷静思考;意志型者具有较明确的活动目标,行为主动、意志坚强。除这三种典型类型外,还划分出中间型、混合型或非优势型。

之后的学者为了研究这种类型,编制了知、情、意心理机能测验。通过对被试测验所得到的数据确定他们属于何种类型。如果被测者的智力和意志是"中等",而情绪占优势,那么就可以认为他属于情绪型;如果被测者的智力优于情绪,就可以说他属于智力型;被试意志优于情绪和智力,那么就可以确定他为意志型。

(二) 内外倾向型

瑞士精神病学家和心理学家荣格(Carl G. Jung)根据自己的临床经验和与各种人的广泛接触,提出把性格分为外向型和内向型。

外向型的人,心理活动倾向于外部,一般表现为爱说话、喜欢社交、爱热闹,很自信,也很开朗乐观,容易适应新环境等。

内向型的人,心理活动倾向于内部,一般表现为爱思考、喜欢安静、善于内省,心理活动不外露,但不够自信,也不善于交朋友,显得孤僻和害羞。

案例：性格内向一定不好吗？

人际交往问题困扰王影很长一段时间了。从小学到大学，王影的朋友圈子一直很小。王影和熟人在一起的时候很健谈，但是与自己不太熟悉的人就找不到话题聊，或者总找不到大家聊天的兴奋点，气氛经常就会很沉默。王影也一直在尝试着解决，但是感觉效果不是很好，越是想改变，越是改变不了，这让王影有些惧怕和别人打交道。

王影非常苦闷，觉得是不是性格内向的人就不会有许多的朋友？他很担心这种情况会严重地影响今后的工作，不知道要如何做才好。

世上没有纯粹外向和内向的人，每个人都或多或少有些外向和内向，只不过有的人外向特征占优势，有的人内向特征占优势。这两种特征也说不上谁好谁坏，各有其优缺点。一般来说，外向的人在人际关系上占优势，但并不是在所有方面都占优势，内向的人对事情的分析更透彻、更理性，处理问题也更细腻和周全。有一种有趣的现象是两种类型的"互补"效应：内向的人心里面羡慕外向的人，外向的人又对内向的人很感兴趣，这种情况在异性交往中尤其常见，性格相反的人反而更容易互相吸引。

至于沟通、聊天的话题，那要看有没有找到你的信息、你的表达优势。比如，我们可以看到：内向的人在自己的专业上并不内向，即使表现不出色，但也充满自信。我们了解自己的性格类型，是为了让自己能够更好地扬长避短，甚至变短为长，不断地理解和完善自我，而不是改变和对抗。我们可以做必要的调整，但千万不要违背个性心理发展的必然。内向一点也不坏，只要能正常表达，不影响自己的正常生活与工作，没有回避一切的倾向，那就是正常的、健康的。

（三）优越型与自卑型

奥地利心理学家阿尔弗雷德·阿德勒（Alfred Adler）（图 11.1）创立"个人（体）心理学"，用精神分析的观点来划分性格类型。他的"个体心理学"的核心即是自卑与补偿。他认为："人对优越性的渴望起源于人的自卑感，而人的自卑感则是肇端于人在幼年时的无能"，"儿童对自卑感的对抗叫补偿作用"，"补偿作用就是推动一个人去追求优越目标的基本动力"。

他根据个人竞争性的不同把性格划分为优越型与自卑型两种。前者争强好胜,不甘落后,总想胜过别人;后者甘愿退让,不与人争,缺乏进取心。

图11.1　阿尔弗雷德·阿德勒(1870—1937)

相关链接：阿德勒关于出生次序对儿童人格发展的影响

阿德勒很强调出生顺序对儿童人格发展的影响。

长子在第二个孩子出生前一直是家里人关怀的中心人物。但第二个孩子出生后,他的地位就会迅速下降。他知道弟妹的出生给他带来的威胁,容易产生嫉妒和不安全感,他怕父母对自己的爱让弟妹夺去,所以比较孤独或倔强,对人容易产生敌意,也容易自卑。

次子常常雄心勃勃,有远大抱负,因为他要赶超长子,常怀有野心,容易反抗和嫉妒。

最小的孩子,容易受人溺爱,总想让别人帮助他。他们在家中的地位是没人能取代的,容易被惯坏,爱依赖别人或者专横霸道。

出生次序作为一种环境变量,确实会对儿童的人格发展有影响,但没有阿德勒所认为的那样简单,后来学者们的研究并没有得出一致的结论。

（四）场独立型和场依存型

场独立（field independence）和场依存（field dependence）这两个概念来源于美国心理学家赫尔曼·魏特金（Herman·Witkin）对知觉的研究。魏特金认为有些人知觉时较多地受他所看到的环境信息的影响，有些人则较多地受身体内部线索的影响。魏特金称前一种人的知觉方式为场依存性，后一种人的知觉方式为场独立性。所谓场，就是环境，心理学家把外界环境描述为一个场。

后来经过魏特金的大量实验研究发现，场独立-依存是两种普遍存在的认知方式，大多数人处于场依存性和场独立性之间。

进一步的研究发现，具有这两种知觉特点的人，其性格特征也不尽相同。所以，这种性格分类理论就是按个体独立程度划分为场独立和场依存，或者叫独立型与顺从型性格。

场独立性强的人，在性格上往往表现为喜欢独来独往、自主、自立、自强。但是独立性过强的人，喜欢把自己的思想和意志强加于人，不易合群。场依存性强的人服从性好，易与人合作，重视他人的意见，但独立性差，依赖性强，易受暗示。

场独立和场依存这两种人格特点，也不能说孰优孰劣。在某些方面，场独立型占有优势；而在另一些方面，则是场依存型占有优势。

（五）A—B—C型

20世纪50年代后期，心脏病学家弗雷德曼（Friedman）和罗森曼（Roseman）指出大多数冠心病人都有共同的行为模式，即A型行为模式或A型性格。与之相对的是B型性格和C型性格。

A型特征表现为：争强好胜、雄心勃勃、勇于进取、急躁易怒、缺乏耐心，常有时间紧迫感，行动匆忙，总想一心二用；事无巨细，必要恭亲；说话坦率，言不择辞，往往出口无心，极易得罪人；习惯于指手画脚，给人以咄咄逼人之感。

B型特征主要表现为：情绪心理倾向较稳定，社会适应性强，为人处事比较温和，办事讲究方式，表现为想得开、放得开；缺乏时间观念，喜欢慢步调的生活节奏；待人随和，不爱与人竞争；对工作和生活的满足感强。

后来，国际上有一些研究癌症与性格关系的科学家，把易患癌症的性格归为C型性格。C型性格不善于表达，这类人内心冲突大，情绪压抑，抑制烦恼，委曲求全，特别是竭力压抑本该发泄的愤怒情绪。这类人常常给人以不急不躁的印象,日常生活和工作中能与人保持表面和谐,但是其内心却矛盾而痛苦。如果这种矛盾情绪经常出现,就可能破坏人体免疫功能。

三、性格与职业选择

前面我们说过,根据气质特点选择职业和工作岗位可以提高工作效率,同样,性格也会影响一个人职业发展的前景。一般来说,性格影响着一个人对职业的适应性,一定的性格适宜从事一定的职业。

案例：他适合做什么？

小李是一个非常开朗、活泼、热情洋溢的男生,机械专业本科毕业后,进入一家企业做技术员。小李工作很努力,可业绩却非常一般,几年下来,自己也觉得工作枯燥乏味,提不起精神。在朋友的建议下,他做了一次性格测试。测试结果告诉他,他比较擅长与人打交道,更适合做类似销售或经纪人之类的工作。随后,他跳槽到一家机械公司作商务代表,将他的专业和特长相结合,取得了很好的职业成就。

小李的这种经历在很多人身上都发生过。现在很多组织都提出"人职匹配"的概念,要求员工的技能和性格要与岗位匹配。案例中的小李具有机械技术方面的知识背景,但是作为技术人员,需要很好的专注性,而性格外向的小李在此岗位上就会感到非常枯燥。而作为机械公司的商务代表,需要的不仅是机械技术方面的基本知识,还需要擅长与人交流。小李的性格特征与商务代表的职位是相匹配的,能够最大限度地发挥他的优势。

性格与职业的匹配性方面的分析模型有很多,其中比较有影响的是霍兰德(J. L. Holland)的人格和职业类型匹配理论。他认为大多数人的人格(主要指性格特征)可以分为6种类型:实际型、研究型、艺术型、社会型、企业型和传统型。每一种人格有相应的典型职业(表11.1)与之匹配。

表 11.1 霍兰德人格类型及其适宜职业

类　　型	特　　点	适　合　职　业
实际型 realistic（R）	喜欢具体的任务,动手能力强,使用手工或机械对物体、动物等进行操作,更喜欢与物打交道	技能性职业(技工、维修工、电工、农民等)和技术性职业(机械工程师、外科医生等)
研究型 investigative（I）	喜欢探索和思考,对未知问题的挑战充满兴趣	实验室工作人员、科技研究人员等
艺术型 artistic（A）	富有想象力、创造力,独立性、自主性较强,感情丰富、敏感,情绪易波动	艺术方面的职业(演员、导演、音乐家、艺术设计师等)和文学方面的职业(编辑、诗人、小说家、剧作家等)
社会型 social（S）	对人感兴趣,善于表达,善于与周围的人相处,有较强的社会责任感,关心社会问题	教师、教育行政人员、导游、护士、社会工作者、心理咨询师等
企业型 enterprising（E）	精力充沛、富于冒险精神、自信、勇于承担压力,支配欲强；希望拥有权利和地位	政府官员、企业领导、销售人员、管理人员、律师等
常规型 conventional（C）	忠诚可靠,遵守纪律,保守谨慎,自我控制能力强,喜欢有秩序安稳的生活	秘书、办公室人员、记事员、会计、图书馆管理员等

根据霍兰德理论,个体可能同时具备多种类型的人格特质,不过会有一种占优势,其他相对较弱。六种职业兴趣类型(R、I、A、S、E、C)按顺时针方向排成一个六角形,见图11.2。

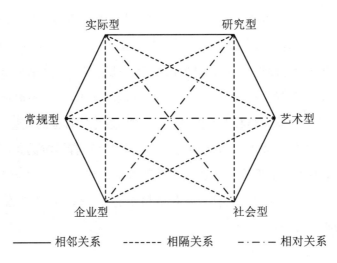

图 11.2 霍兰德六种职业兴趣类型

六种人格类型与六种类型的职业环境相关联,两种兴趣类型间有相邻、相对、相隔三种关系。其中,相邻职业类型间关系最紧密,相对最远,相隔居中。属于相邻关系的两种类型的个体之间共同点较多,比如实际型和研究型的人都不太偏好人际交往,这两种职业环境中也都较少机会与人接触。属于相隔关系(比如实际型和艺术型)的两种类型个体之间共同点较相邻关系少。在六边形上处于对角位置的类型之间(比如实际型和社会型),即为相对关系,相对关系的人格类型共同点少,因此,一个人同时对处于相对关系的两种职业环境都有浓厚兴趣的情况较为少见。

霍兰德认为,进行职业选择时应尽量选择与自己人格特质相一致的工作环境模式,这样比较容易获得职业上的成功以及心理上的愉悦感。

上面提到的六种人格类型及其对应的典型职业选择是一种理想化的划分,在现实生活的职业选择中,个体并非一定要选择与自己兴趣完全对应的职业环境。尽管大多数人的人格可以划分为某一类型,但个人又具有广泛的适应能力,其人格类型在某种程度上与另外两种人格类型相近,则也能适应另两种职业类型的工作。此外,影响职业选择的因素是多方面的,不完全依据兴趣类型,还要参照社会的职业需求及获得职业的现实可能性。当然,如果工作环境与人格类型协调一致,会产生更高的工作满意度和更低的离职可能性。

四、性格与能力、气质的关系

人的能力、气质和性格构成个性的心理特征,它们之间是相互制约,相互影响,彼此关联,密不可分的。

(一)性格与能力的关系

能力的发展水平受性格特征的影响。比如,工作中不负责任、不关心集体等不良的性格特征,会使个体能力的发展受到很大障碍。优良的性格特点往往能补偿某方面的能力弱点。

(二)性格与气质的关系

首先,气质对性格有深刻影响。气质影响着性格的表现方式。比如,工作中,同样是努力工作,多血质的人表现为精力充沛、情绪饱满,黏液质的人表现为任劳任怨、埋头苦干。气质影响性格形成和发展的速度和动态。比如,自制力这一性格特征的形成,对于胆汁质的人来说,需要经过很大的努力,而对于黏液质、抑郁质的人来说则会很容易。

其次,性格对气质也有影响。性格会在一定程度上克制气质的某些消极面,充分发展气质的积极面,从而使之服从于生活实践的需要。

第三,相同气质类型的人可以形成不同的性格特征,不同气质类型的人也可以形成同样的性格特征。

苏联心理学家列维托夫从 10 年级学生中挑选 40 名学生,分为 4 组,每组 10 人,他们分别为多血质、胆汁质、抑郁质和黏液质的典型代表。对每个学生在自制力和坚忍性方面的特征进行观察,最后作出鉴定(表 11.2)。

表 11.2 10 年级学生的气质类型与性格特征(自制力和坚忍性)

气质类型	各 类 性 格 特 征 的 学 生 人 数			
	自制力强	自制力弱	坚忍性强	坚忍性弱
多血质者	4	6	6	4
胆汁质者	5	5	7	3
抑郁质者	6	4	5	5
黏液质者	8	2	6	4

上表说明,无论是自制力和坚忍性强的学生或自制力和坚忍性弱的学生,都可能具有不同的气质。

相关链接:个性差异的判定——心理测验

心理测验是对人的心理现象和行为特征进行测定与评估的过程。近些年,随着个性特征的信息在员工招聘、选拔和工作绩效预测等方面的广泛应用,心理测验成为人才测评的重要组成部分和主要手段。

在人格心理学中所运用的测验已有数百种之多,在这多种多样的测验中可归纳为构造明确的问卷法和结构不明确的投射法两大类。构造明确的问卷测验又可分为自陈量表法和评定量表法。

自陈量表是一种自我评定式的测量方法。在自陈量表中包括一系列的陈述句或问题,每个句子或问题描述了一种行为特征,要求被试作出是否符合于自己的回答,答案无正误之分。

评定量表法是被试通过观察他人某种行为或品质作出评价的方法。评定量表法在形式上与自陈量表法有些相似，但自陈量表是被试对自我的评价，而评定量表是被试对他人的评价。

人格投射测验是一种结构不明确的测验。投射测验种类很多，经过近一个世纪的探索和尝试，投射测验发展出了多种稳定性较高、运用比较广泛的类型，如"罗夏墨迹"测验（Rorschach Inkblot Test）、"主题统觉"测验（Thematic Apperception Test）、"房－树－人"测验（House-Tree-Person Test）等。

"罗夏墨迹"测验由瑞士精神科医生、精神病学家罗夏（Rorschach）创立，通过按一定顺序向被试呈现10张标准化的本身不具有任何意义的墨迹图，让被试对每一张图片进行描述，并记录被试的反应。现在已经成为著名的人格测验之一。

"主题统觉"测验由美国心理学家莫瑞（Henry Murray）创立，通过向被试呈现内容为人物或景物的图片，要求被试想象并叙述图片中蕴含的故事，尤其是图片中人物的感受、情绪等。该测验被用以分析被试的欲望、动机、情绪、态度等，后来为了避免"测验"二字给被试带来压力，人们有时称之为PSE（Picture Story Exercise），即图片故事练习。

"房－树－人"测验由美国心理学家John Buck于1948年在美国《临床心理学》杂志上进行阐释，目前通行方案是要求被试在一张白纸上绘出房屋、树木、人物。绘制在同一空间内的三个要素之间产生互动关系，这种互动关系描述了被试的人格特征，能够揭示被试的潜意识内容。

心理测验是研究个体心理的一个重要工具，但它不是万能的方法，也不是唯一的方法。心理测验的结果只能作为对人才素质进行评价的一个重要参考依据，但绝不是唯一的依据。在管理领域，以这样的态度对待心理测验，既符合组织不断发现其成员发展潜能的要求，又可以避免人员使用过程中通过一次测评下结论而可能带来的误差。

课 堂 讨 论

1. 童先生是一家私营服装外销企业磬吉公司的老板。该公司创办至今,虽然也经历不少磨难,但在童先生的艰苦和执着追求下,已取得了不俗的成绩,年销售额从第一年的10多万攀升至今天的600多万。一个年轻人短短五年时间的创业,其中的酸甜苦辣恐怕是常人所不能体会的(童先生曾经有过身无分文的经历)。因此,童先生格外珍惜来之不易的今天。

几年的艰苦和今日的成功,使童先生本来就很好胜的性格增加了自傲和自信。他把自己作为参照物,以自己的眼光、自己的能力来衡量员工平时的工作,如因员工处理问题的方式与他不同而导致错误的发生,他经常说的一句话是:"如果由我来处理,就不是这样的结果。"童先生是一个工作很卖命的人,他希望所有人都能像他一样拼命地工作。因此如果他加班,他就要求所有人(不管与业务是否有关)留下来一起加班。他加班之前,不会问员工是否有空,而是让员工毫无选择地留下来加班到深夜一两点钟。即便如此,如果员工第二天来晚了,他还是要大发雷霆。

童先生将公司的管理权牢牢地控制在自己手中,事必躬亲。公司里大大小小的事都要通过他的批准,如果有谁擅自作了决定,他知道后肯定会严厉斥责,说员工虽然工作没做好,但是对权力的欲望倒是膨胀得很快。在他的讥讽下,员工一般是不管什么样的事情都要向他请示。童先生期望员工能准确无误地理解他的每一个想法、每一项任务布置,每次下达任务他往往是讲到一半就问大家"听懂了没有?"而员工往往很矛盾:一方面,为了避免惹怒童先生,他们多半当场回答"听懂了";另一方面,为了将来行事中少出差错,过了不久又会去问童先生。可很多时候他们得到的回复是:"我一天回答你们20个问题,还叫我做什么事?"于是员工再也不敢问下去了,在半知半解的感觉中去执行任务,至于做得对不对只有等结果出来了才知道。蒙对了,运气好;蒙错了,得到的评价是"当初做之前为什么不问清楚?"搞得大家常常是哭笑不得。

另外,童先生的性情非常暴躁。如果业务上出了问题,不管谁对谁错,也不管当谁的面,童先生经常破口大骂,这使得手下的员工感到非常没有面子,有的时候弄得自己狼狈不堪。

有时员工受不了他的挖苦,解释几句,得来的结果反而是更多的责骂,很伤人自尊心,这也是令员工最无法忍受的。

讨论题:点评童先生的个性和领导风格。

2. 半年前,苏黛薇从一所名牌大学研究生毕业,来到设计院工作。她芳龄26岁,出身于高知家庭,朝气蓬勃,大方直爽。室主任派她到七组参加某矿山机修厂扩建工程的设计工作,同时参与这项任务的还有七组代组长贾工(38岁,在本院工作了15年)及同组另两位工程师。

小苏很高兴初来乍到就能参与设计工作。她全身心投入工作,碰到困难,她会主动加班到深夜,查文献、翻资料,仿佛有使不完的劲。因她基础扎实,所学知识新,加上埋头苦干,所以总比别人早几天完成分派给她的任务。有时,她问贾工等人能不能分点儿活给她干,但每回都被谢绝了。她与同组同事们关系不错,可是与他们很少有工作以外的非正式交往。

星期四下午,室主任老马把小苏叫到自己的办公室谈话。下面是他俩谈话的后半段:

马:关于你这半年来的表现,还有一方面我得提醒你一下,我刚才已经说了,你在技术方面的工作,领导很满意;不过你跟组内其他同事的关系,可有点儿问题。

苏:我不明白,您指的是啥问题?

马:好吧。说具体点,你们设计组里有些人,对你那种"万事通"的态度和总想告诉人家怎么干自己活的方面,很有些意见。你对人家得克制点,别公开去评论人家的工作。这一组的工程师们挺强,多年来的工作一直属于优秀的一类。我可不愿意你把他们搅得不安心,影响工作质量。

苏:听我说几句行不行,主任?首先,我从来没公开批评过他们的工作,也没向您汇报过。起先,我把活先干完了,总要求帮他们干一点,这本是好心嘛,是不是?可他们次次都叫我"少管闲事",以后我就埋头干自己的活了。"休管他人瓦上霜"嘛!

马:你说的意思我明白。

苏:您不明白的是,在这个组里干上了这几个月,我可看出来了,他们明明是在"磨洋工"。他们故意定一种很慢的工作节奏,远远低于他们的能力。哪是拼命干工作呀,明明是"力争下游"!他们感兴趣的是足球比赛,商量着"谢天谢地又是礼拜天"了,该怎么一块去看电影、陪老婆逛商店或是带孩子去吃麦当劳;还尽谈一些庸俗不堪的电视连续剧。很遗憾,让我跟他们一块混日子,没门!还有一点,他们压根儿没正眼瞧过我,以为我不过是个破坏他们那个"快乐的俱乐部"的"黄毛丫头"罢了!

马:你别胡说!给工程师们做鉴定、写评语,是领导的事。你的任务就是做好本职设计工作,别干扰人家干活。你要是好好干下去,在这儿还是很有前途的;可你光管你的技术活就行了,管理方面是我的职责。

小苏离开办公室时,觉得很伤心,也挺寒心。她不知道该怎么办,有点儿想哭,但马上忍住了。把头一抬,她又挺胸阔步朝设计室走去。

讨论题:试分析小苏的个性特征和心理状态。小苏与组里的同事之间出了什么问题?假如你是老马,你将采取怎样的措施来转变小苏和其他同事对待彼此的态度?你认为小苏应该怎样做以改变目前的处境?

3. 小华是个比较有个性的女孩,进入一家20多人的小公司后,对公司一些不成文的制度比较反感。比如,员工过生日都要在饭店吃个饭,然后唱歌。老总个人负担总开销的1/3,剩下的2/3开销,除掉当天过生日的"寿星"免费外,其他人平均分担,其实,摊到每个人身上,也就是30元左右。这个不成文的规定,大家都很满意。老总觉得这是个大家在一起沟通的好机会,大家也觉得这样很有人情味,像个大家庭。

虽然没有明文规定大家必须参加,但是,多年来都是主动参加,好像成了公司文化的一部分。小华觉得给每个人过生日,自己要凑份子,还得晚回家。她觉得工作就是工作,工作不是请客吃饭。所以,她拒绝参加。小华不参加这种聚会,大家也都习以为常,公司上至老总下至员工都没说什么,但是,很多工作能力不如她的人得到了升迁,而她依然如故。

讨论题:你对案例中小华保持自己个性的做法如何看?你对案例中的现象有何思考?

4. 2006年春夏之交职场最热门的话题,恐怕非EMC(全球网络信息存储领导厂商之一,总部设在美国)女秘书和其老板陆纯初的"邮件门"事件莫属了。本是因琐事而发生的一点小矛盾,最终升级为一场席卷外企的邮件风暴,闹得沸沸扬扬,人尽皆知。

事件导火索:下班锁门引起总裁不满

4月7日晚,EMC大中华区总裁陆纯初回办公室取东西,到门口才发现自己没带钥匙。此时他的私人秘书瑞贝卡已经下班,陆试图联系后者未果。难抑怒火,陆在凌晨1:00通过内部电子邮件系统给瑞贝卡发了一封措辞严厉且语气生硬的英文"谴责信",同时抄送公司其他4位高管。

事件转折:秘书把邮件发给所有人

瑞贝卡非但没有向总裁致歉,反而用中文回复了一封更加咄咄逼人的邮件,表示错误完全在陆纯初,并且对陆对待下属的方式提出质疑。

更过火的还不是邮件内容本身,瑞贝卡把回信的对象设定为"EMC(北京)、EMC(成都)、EMC(广州)、EMC(上海)"。这样一来,EMC 中国公司的所有人都收到了这封邮件。这一做法最终为她在网络上赢得了"史上最牛女秘书"的称号。

事件升级:外企白领疯狂转发邮件

事态的后续发展远远超过了当事人的预料,包括"强人女秘书"瑞贝卡。

从 4 月中旬开始,从北京、上海到成都、广州,从 EMC 到微软、MIC、惠普、三星……全国各大城市白领都疯狂转发这封"发飙"邮件。很多人拍手称快,纷纷发表"真牛""解气""骂得好"之类的点评。流传最广的一个邮件版本署名达 1000 多个。

事件发展到现在,已不再是女秘书和老板之间的小矛盾,也不再是 EMC 的内部纠纷,而升级为一场席卷外企的邮件风暴。

事件后传:瑞贝卡离职

邮件被转发出 EMC 后不久,陆纯初就更换了秘书。瑞贝卡对外表示:"这事儿闹得太厉害,我已经找不到工作了。"在媒体的"攻势"之下,EMC 给出了外交辞令式的声明:"最近这位北京员工的离职完全是一个个人行为和独立的事件,EMC 中国区的员工都充满信心与 EMC 一起取得更大的发展。"

两封信件原文如下:

Rebecca,I just told you not to assume or take things for granted on Tuesday and you locked me out of my office this evening when all my things are all still in the office because you assume I have my office key on my person.

With immediate effect,you do not leave the office until you have checked with all the managers you support-this is for the lunch hour as well as at end of day,OK?

Soon Choo,首先,我做这件事是完全正确的,我锁门是从安全角度上考虑的,北京这里不是没有丢过东西,如果一旦丢了东西,我无法承担这个责任。

其次,你有钥匙,你自己忘了带,还要说别人不对。造成这件事的主要原因都是你自己,不要把自己的错误转移到别人的身上。

第三,你无权干涉和控制我的私人时间,我一天就 8 小时工作时间,请你记住中午和晚上下班的时间都是我的私人时间。

第四,从到 EMC 的第一天到现在为止,我工作尽职尽责,也加过很多次的班,我也没有任何怨言,但是如果你们要求我加班是为了工作以外的事情,我无法做到。

第五,虽然咱们是上下级的关系,也请你注重一下你说话的语气,这是做人最基本的礼貌问题。

第六,我要在这强调一下,我并没有猜想或者假定什么,因为我没有这个时间也没有这个必要。

讨论题:请结合管理心理学知识,谈谈你对这个"事件"的看法,它对你未来的职业生涯有何启发? 假如把主角换作你,你会如何选择?

5. 两年前,王晓是南京某学院大三的学生,因为快毕业了,所以一直在忙着找工作。王晓在大学里学的是计算机专业,专业课学得不错,自身也对计算机网络等方面很感兴趣,因为听同学说现在社会上做营销工作工资很高,一直想找营销方面的工作。

辅导员老师发现王晓的职业类型是 RIC,即现实、研究、常规型。也就是说,王晓不适合从事营销方面的工作,而比较适合的是从事操作技术类工作。因此,辅导员老师建议他从自己的专业入手,先找一份与专业接近的技术类工作。初期就业,工资不是最重要的,重要的是先做一份自己感兴趣的、有能力做的工作。

王晓听从了辅导员老师的建议,几天后在一家公司找到了一份网络维护的工作,两年后,王晓已经做到了该公司的网络主管的位置,工资提高了,干起工作来也非常开心。

讨论题:运用霍兰德人格和职业类型匹配理论分析案例。这个案例给我们带来什么启示?

6. 王伟是广州一家外资 IT 公司的人力资源经理。今年 3 月,王伟所在的公司召开部门经理会议,再次讨论困扰公司已久的顾客对一线员工的投诉问题。总经理要求人力资源部门也介入调查,并在一个月内找出答案。是员工的素质问题? 还是领导方法问题? 或者是管理制度的问题?

王伟经过初步调查,有一个奇怪的感觉:公司销售部、售后服务部共 300 多名一线员工中,得到上级主管好评的,大部分的顾客评分都较低;相反,顾客评分较高的一线员工,大部分的上级主管评分都较低。为什么上司喜爱的员工却受到客户的抱怨呢?

王伟的公司原来实行的是主管考评的绩效管理制度。对直接服务顾客的一线员工,公司同时也一直在进行顾客满意度的跟踪调查:针对每个员工,公司每月联系 25 位顾客,请他们就所接受服务的质量打分,调查持续了 12 个月,每个员工得到了 300 位顾客的评分。通过认真分析这些数据,人力资源部门发现,上级主管考评与顾客评分之间实际上并无明显联系。

正当王伟感到茫然无措时,通过人力资源咨询公司,他接触到了"职业类型理论"。王伟尝试着把这种理论应用到绩效管理中。在咨询公司帮助下,采用职业性向测试工具对每个员工进行测试,再一对一地面谈,以掌握每个人的"霍兰德密码"和性格特点。

调查结果显示,得到顾客较高评分的121位员工中,社会型的员工占96%,企业型员工占89%;而得到上级主管较高评分的130位员工中,常规型的员工占98%。

讨论题:按照霍兰德的职业类型理论对案例中的调查结果进行分析,并提出该公司绩效管理的调整方案。

7. 弗兰克是美国洛杉矶西南零售连锁店的一家商店经理。他已在这里工作了5年。跟附近其他拥有同样人口与人均收入的城市中类似的商店相比,他的商店的销售额是低于平均水平的。弗兰克的老板爱露丝,已在这家连锁店待了12年,其中5年是在弗兰克现在的商店当经理,在她任职期间,该店的销售额在这个地区最高,她的雇员们对她评价甚高,认为她是个非常优秀的经理。

爱露丝认为,一个商店经理重要的品质之一,是要有良好的个性。他必须喜欢人,善于与人打交道,愿意听取顾客的意见而不掺杂个体的感情,对店员的生活福利要表示出真诚的关切。在爱露丝看来,弗兰克似乎缺少这些特点。他有好斗的脾气、性急、缺少耐心,说话生硬。老板担心这种个性可能会导致丧失商誉。在最近一次对商店的巡视中,爱露丝碰到的两件事情更加深了她的这种担忧。

第一件事是,早晨有个店员迟到了5分钟,当她气喘吁吁、满头大汗地走进商店时,弗兰克劈头一通指责,店员似乎想对他解释点什么,但弗兰克不给她说话的机会,并警告说:"你这个月的奖金被扣除了。"店员含着眼泪走开了。

紧接着,有一位顾客来退货,顾客咬定货物在打开包装之前就已损坏,要求换一个好的。弗兰克拒绝退货。他说:"我们不会出售残次品,一定是你买回去后才损坏的,要不,你为什么不当场要求换呢?"

顾客暴跳如雷,她扯开嗓子批评商店及其职员。爱露丝注意到,商店里的其他顾客看到这场争吵时,大部分人没买任何东西就离开了。

临走之前,爱露丝又在商店里转了一圈,跟一些雇员谈了谈。从简短的谈话中她了解到,大家对弗兰克意见很大,不乐意让他当商店经理。有一个职员说他是"马大哈",另一个则说他具有"部队里军士级教练员的个性"。

讨论题:如果你是爱露丝,接下来你会什么?

8. 有一次，胡庆余堂的一个采购人员不小心把豹骨误作虎骨买了进来，而且数量不少。进货阿大认为这个采购人员平日做事很牢靠，忙乱之中未加详查就把豹骨入库备用。有个新提拔的副档手得知此事，认为晋升的机会来了，他不去查验货物，反而是直接找到胡雪岩打"小报告"。

胡雪岩当即到药库查看了这批药材，命药工将豹骨全部销毁。眼看由于自己工作失误带来巨大的经济损失，进货阿大羞愧地递了辞呈。胡雪岩却温言相劝："忙中出错，在所难免，以后小心就是。"但对那位自以为举报有功、等着奖赏的副档手，胡雪岩却发了一张辞退书。因为在胡雪岩看来，身为副档手，发现伪药不及时向进货阿大汇报，已是渎职，而背后打"小报告"更是心术不正，继续使用此类人，定会造成上下隔阂和矛盾。所以，这样的人不能留用。

陈世龙原是一个整天混迹于赌场的"混混"，胡雪岩却把他带在身边。胡雪岩看到了他的长处：一是这小伙子灵活，与人结交从不露怯，打得开场面；二是这小伙子不吃里扒外，不出卖朋友；三是这小伙子说话算数，有血性。由于胡雪岩从这个人身上发现了这些优点，才将他调教成了为自己经商跑江湖的得力助手。

胡雪岩的用人之策带有一定的时代色彩和局限性，但其用人的方法值得我们借鉴。

讨论题：运用本篇所学的管理心理学知识，分析胡雪岩的用人之策。

第五篇

激励与管理

个体行为管理的核心问题是激励,而动机是推动人类行为的根本原因,只有了解人类行为的原因,才能预测行为、激励行为、控制行为,提高个体行为的积极性。本篇从了解人的行为、动机与需要开始,对激励相关的重要理论及应用加以介绍。

第十二讲　激励理论与实践

案例：牛肉面的难题

当年兰州拉面卖得最火的时候,瞅准商机的年轻人小王在闹市口开了家拉面馆,一开始买卖好得不得了,后来却不做了。为什么呢？一提起这事,小王滔滔不绝:"我当时雇了个会做拉面的师傅,但在工资上总也谈不拢,开始的时候,为了调动他的积极性,我们是按卖的多少来分成的,每卖一碗面给他提成5毛钱。经过一段时间,他发现,来吃面的客人越多,他的收入也越多,这样一来,他就在每碗面里加超量的牛肉来吸引回头客。一碗面才4块钱,本来就靠个薄利多销,他每碗多放几片牛肉我还挣什么钱？""后来我看这样不行,钱全被他赚去了！就换了个办法,给他每月发固定工资,工资给高点无所谓,这样他不至于多加牛肉了吧？因为客多客少和他的收入没关系。""但你猜怎么着？"小王有点激动了,"他在每碗里都少放牛肉,把客人都赶走了！""牛肉的分量少,顾客就不满意,回头客就少,生意肯定就清淡,他才不管你赚钱不赚钱呢,反正他拿的是固定工钱,卖多卖少无所谓,巴不得你没客人才落得清闲呢！"

小小牛肉面的故事,反映出管理中的种种问题。首先就是一个激励的问题,虽然这个牛肉面馆里只有一个员工。激励是管理工作永恒的主题。

心理学研究认为,人类行为的基本模式是:需要引起动机,动机产生行为,行为又指向一定的目标(图12.1)。

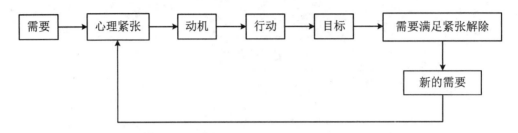

图 12.1　需要动机行为的关系

需要是人们感到某种重要的事物匮乏的一种心理状态,动机是需要和行为的中介,只有当需要与某种具体目标相结合时,才能转化为动机。动机是推动人们去从事某种活动、指引活动去满足一定需要的愿望和意念。人们的一切活动总是从一定的动机出发,并且总是指向某一目标。因此,动机才是人们行为的真正动力,是活动的直接原因。

从心理学的角度分析,激励就是指持续激发人的动机的心理过程。通过激励,使人在某种内部或外部刺激的影响下,始终处在一个兴奋状态中。因此,激励是引起个体产生明确的目标指向行为的内在动力。

将"激励"这一概念用于管理,就是通常所说的调动人的积极性的问题。激励在组织管理中的作用是不言而喻的,管理者的一个重要任务就是采用适当的方法及策略,激发员工的工作积极性。

20世纪二三十年代以来,国外许多管理学家和心理学家们从不同的角度对人们行为的激励问题进行了研究,提出了许多激励理论。

一、马斯洛的"需要层次论"

案例:选择"四千元奖金"还是"三天周末制"?

几年前,李娜创立了一家小公司,她利用自己的设计专长做一些广告类的业务,公司只有12名员工,基本上都是二三十岁的年轻人。公司的年利润非常可观,员工的人均收入远超本地从事相似工作的员工。

李娜决定让她的员工分享公司的成功。她宣布在即将到来的六、七、八三个月星期五也成为休息日。这样,所有员工将有三天的周末时间,但他们仍得到与五天工作制一样的薪水。

令李娜没有想到的是,在实施三天周末制一个月后,一位李娜最信赖的员工向她坦白,他宁愿得到加薪而不是额外的休息时间,而且,他还说其他员工也有同样的想法。

李娜感到不可理解。对于她自己来说,现在让她在钱和休闲时间之间进行选择的话,毫无疑问将选择后者,她以为她的员工也会如此。不过,李娜十分开明,她召集所有员工讨论这个问题,问他们:"你们是希望得到夏季的四天工作制呢,还是希望得到四千块钱的奖金?多少人赞成继续实行四天工作制?"六只手举了起来。"多少人更愿意得到奖金?"另外的六只手举了起来。

同样的奖励,不同的员工有不同的感受。这是为什么?需要理论会给出答案。

西方人本主义心理学家马斯洛(Abraham H. Maslow)于1943年和1954年先后发表了《人的动机理论》《动机和人格》两本著作,提出了著名的需要层次理论。这一理论对行为科学有较大影响,得到了许多心理学家和管理实践人士的重视和认可。

(一)马斯洛"需要层次论"的内容

1. 从低向高的需要层次

马斯洛把人的需要按照由低级到高级的顺序分为:生理需要、安全需要、社交需要(归属和爱的需要)、尊重需要、自我实现需要(图12.2)。

生理需要,是人最基本的需要,它直接与人的生存相关,指衣食住行、婚姻、疾病治疗等人类最原始、最基本的维持个体生存的物质性需要。当该需要得到相对满足,人们的注意力就会集中到高一层次的需要上去。

安全需要,这是寻求依赖和保护,避免危险与灾难,维持自我生存的需要。包括人身健康与安全、劳动保护、职业安全、生活稳定、社会秩序与治安、退休金与生活保障等。

社交需要,也称归属和爱的需要,指的是对爱、友谊和归属的需要。希望得到爱和爱他人,希望有和谐的人际关系、被团体接纳。

尊重需要。马斯洛把尊重需要分为两个方面:一是受别人尊重的需要,二是自尊、自重。

这类需要被满足可以增强人的自信心和自我观念，反之则会出现自卑心理。

自我实现需要。以上四种需要都获得某种程度的满足之后，个体还会有紧张的心理状态出现，要追求最高一层次的自我理想的实现。马斯洛指出，如果一个人要从根本上愉快的话，音乐家必须搞音乐，画家必须画画，诗人必须作诗，一个人必须成就他梦想的事业。自我实现并不是指人人都要成为"第一流""伟大人物"。照字义讲只要发挥了自己的禀赋能力（潜能），就可称自我实现（或自我充分发展）。因而，自我实现需要是指促使人的能力得以实现的趋势，这种趋势就是希望自己越来越接近所期望成为的人，完成与自己能力相称的一切事物。

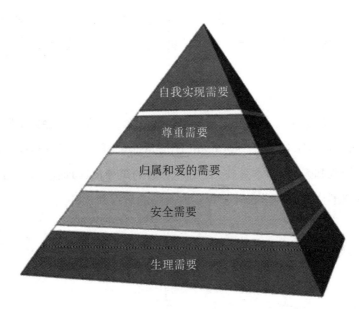

图 12.2　马斯洛需要层次理论的金字塔模型

马斯洛先提出五个需要层次，后又在尊重需要和自我实现需要之间加了求知、审美两个需要层次。求知需要包括好奇心、求知欲、探索心理等。审美需要指人追求匀称、整齐、和谐、鲜艳、美丽等事物而引起心理上的满足。

2. 需要层次之间的关系

马斯洛认为，在人的发展过程中，需要是按层次由低到高逐级发展的。最基本的生理需要和安全需要得到满足之后，高层次的需要才能依次出现和满足。越到上层，满足的百分比越少。

在不同年龄阶段和不同的社会生活条件下，总有某种需要处在优势地位。这种占优势地位的需要是主导需要，其需要强度也最大。只有满足人的优势需要，才能对人产生最大的激励作用。

马斯洛认为,一个社会的多数人的需要除受年龄因素影响外,还与该社会经济状况以及教育普及程度有关。经济落后地区的民众,其需要多在低层次;经济繁荣地区、受教育程度较高的民众,其需要多向高层次发展。

马斯洛认为,在同一时期内,不同层次的需要可以并存。任何一种需要并不因为下一个高层次需要的发展而告消失,各层次的需要相互依赖与重叠,高层次的需要发展后,低层次的需要依然存在,只是对行为的影响力量减轻而已。

相关链接:雷尼尔效应

雷尼尔效应是一个经济学术语。这个效应来源于美国西雅图华盛顿大学的一次风波。位于美国西雅图的华盛顿大学曾经要在校园的华盛顿湖畔修建一座体育馆。消息一传出,立即引起教授们的反对。因为这个拟建的体育馆一旦建成,就会挡住从教职工餐厅窗户欣赏到的美丽的湖光山色。与当时美国的平均工资水平相比,华盛顿大学教授们的工资要低20%左右。而他们在没有流动障碍的前提下自愿接受这么低的工资,完全是出于留恋那里的湖光山色,尤其是眺望美洲最高的雪山之一——雷尼尔峰。这一现象被华盛顿大学经济系的教授们戏称为"雷尼尔效应"。

人的需求结构具有多样性和层次性,美丽的景色也是一种无形财富,它起到了吸引和留住人才的作用。管理者可以利用或创造各种"美丽的景色"来吸引和留住人才。

(二)需要层次理论对管理的启示

马斯洛的需要层次理论在一定程度上揭示了人类需要的发展规律,强调了人的内在需要是激励的主要诱因。因而在现代组织管理中有重要的应用价值。

1. 对员工的需要归类和确认并予以满足

管理者在了解和掌握员工所处的需要层次的基础上,有针对性地采取相应的管理制度及措施进行激励,才能取得较好的激励效果。

满足员工们的生理需要、安全需要是基本的要求,对此,管理者可以通过增加工资、改善劳动和生活条件,给与更多的业余时间和更长的公休时间、较好的福利待遇等办法来激励员工。可以努力为员工提供安全、有保障的工作,强调规章制度、职业保障、福利待遇,给员工以安全感、安定感,把满足安全需要作为激励的动力。

当员工的低层次需要得到满足时,应创设更好的工作和人际环境去满足他们更高层次的需要。

2. 关注员工优势需要及其变化

人的需要不是一成不变的,随着时间、环境、社会生活条件等因素的改变,人的需要也在不断变化发展中,如果人们的需求发生了变化,则管理措施必须紧紧跟上。作为管理者,尤其要注意了解和掌握员工优势需要的变化,只有满足人的优势需要,才能对人产生最大的激励作用。

近年来,随着我国经济的快速发展,我国年轻一代员工的需要层次普遍提高,更强调成长、享受和发展的需要。中智咨询发布的《2021年新生代员工职场趋势报告》将职场年轻一代("90后""95后""00后")形容为"新生代员工",并指出,新生代员工具有价值观独立、崇尚自由、兴趣广泛、可塑性强等特点。新生代员工的入场,为组织管理带来了新的挑战。

3. 正确看待需要层次理论

马斯洛的需要层次理论由于其直观性和简易性而极具吸引力,西方管理心理学对于马斯洛这一理论的有效性和科学性存在着一些争议,但作为一种激励理论,它的确在一定程度上反映了人类行为和心理活动的共同规律。这种理论对需要所作的分类,为管理者了解员工的行为动机提供了一个很实用的思路(表12.1)。

马斯洛需要层次理论也有它的局限性。马斯洛过分强调了人的价值,认为人的价值是一种先天的潜能,忽视了社会生活条件对先天的潜能的制约作用。

需要层次理论认为只有低层次需要获得一定程度的满足,高层次需要才会产生,如果越级上升就是不正常的。这种看法过于机械,忽视了人的主观能动性。比如,抗日战争爆发后,大批中国留学生甘愿放弃自己前途,共赴国难。在归国留学生中,不仅有许多学业未竟的学生,还有那些已在国外成家立业的老留学生,他们不惜放弃自己的事业和安逸的生活,回到祖国,许多人甚至牺牲了自己的生命。抗日战争爆发后的一年时间里,归国留学生总数约8000人,其规模超过了中国近代留学史上的历次回国运动。因而,中华民族危亡时刻,中国人的需求状况绝不是马斯洛排列的金字塔式的结构,而应该是倒金字塔,应该是绝大多数人以国家利益为重,完全不考虑自己的生理、安全甚至是情感需求。

表 12.1 与需要层次理论相适应的管理措施

需要层次	追求的目标	管理制度与措施
生理需要	薪水、福利、健康的工作环境	提供医疗、保健、休息、住宅、福利等
安全需要	职位的保障、意外的防止	雇佣保证、退休金、健康及意外保险
归属和爱的需要	友谊(良好的人群关系)、团体的接纳、与组织的一致	团体活动、娱乐、教育训练制度
尊重的需要	地位名分、权力、责任、薪水相对高低	考核、晋升、表彰、选拔进修制度
自我实现需要	能发展个人特长的组织环境、具有挑战性的工作	决策参与、研究发展计划等

二、克雷顿·奥尔德弗的 ERG 理论

克雷顿·奥尔德弗(Clayton Alderfer)是美国耶鲁大学教授,ERG 理论的创始人。他在马斯洛需要层次理论的基础上,进行了更接近实际经验的研究,提出了一种新的人本主义需要理论——ERG 理论。

(一) 何谓 ERG 理论

克雷顿·奥尔德弗认为,人们共存在三种核心的需要,即生存(existence)的需要、相互关系(relatedness)的需要和成长发展(growth)的需要,因而这一理论被称为 ERG 理论。

生存需求。关系到人的存在或生存,这实际上相当于马斯洛理论中的生理需要和安全需要。

关系需求。即在与人交往时得到尊重的需求,这种需求通过工作中的或工作以外与其他人的接触和交往得到满足,它相当于马斯洛理论中的归属与外部尊重需要。

成长需求。即个人自我发展和自我完善的需求,这种需求通过创造性地发展个人的潜力和才能、完成挑战性的工作得到满足,这相当于马斯洛需要层次论中的自尊和自我实现的需要。

（二）ERG 理论的主要观点

奥尔德弗的 ERG 理论在需要的分类上并不比马斯洛的理论更完善，对需要的解释也并未超出马斯洛需要理论的范围。但这种理论还是有自己独特的见解的。

第一，ERG 理论不强调需要层次的顺序。ERG 理论不认为各类需要层次是刚性结构，即使一个人的生存和相互关系需要尚未得到完全满足，他仍然可以为成长发展的需要工作。

第二，某个层次的需要得到的满足越少，则这种需要越为人们所渴望。比如，满足生存需要的工资越低，人们就越渴望得到更多的工资。

第三，提出了受挫-回归现象。ERG 理论认为，当较高级需要的满足受挫时，个体可能会降而求其次。即把更强烈的欲望放在一个较低层次的需要上。比如，成长需要受到挫折，就会下降到对人与人关系的需要产生更大的希望。如果人在工作中没有能与同事建立密切合作的关系，那么他可能更关心自己的工资、工作条件和福利待遇，会从关系需要倒退到存在需要。

第四，低层次需要满足得越充分，高层次的需要就越强烈，需要将指向更高层次。比如，个人的生存需要越是得到满足，对人和人关系的需要和工作成绩的需要就越强烈。

（三）ERG 理论的应用

需要就是激发动机的原始驱动力，一个人如果没有什么需要，也就没有什么动力与活力可言了。反之，一个人只要有需要，就表示存在着激励因素。作为一名管理者，不仅要掌握充满活力的需要理论，还要善于将满足员工需要所设置的目标与组织的目标密切结合起来，同时应特别注重下属较高层次需要的满足，以防止"受挫-回归"现象的发生。

案例：他为什么会辞职

A 大学毕业后去了一家外贸公司，由于公司效益不好，不久就跳槽去了一家在西亚和非洲从事国际工程承包的公司。去非洲是 A 儿时的梦想，A 进入公司后主动学习土建常识，很快在几个短期项目中被派驻国外从事资料管理、生活物资采购和标书翻译等从属性工作，之后被长期派驻东非 K 国。

当时由于中国工程技术人员对监理制不适应,经常与国外监理发生冲突。A以监理工程师联络人的身份进入项目后,很快找到了控制冲突的有效办法,改善了承包商与监理的关系。A协调各方面关系的能力得到了该公司驻K国高层领导的认同,被晋升为驻K国的人事经理,并顺利地解决了棘手的员工关系问题,后被调到位于K国首都的办事处负责当地政府关系和保险索赔。从此,A得以从更高层面理解公司事务,日常接触的都是K国的政府官员。A很开心,工作得心应手,领导也非常信任他,只要有特殊事件发生,总是派他去处理,如:当地工人罢工、恶性交通事故、法律纠纷、洪水围困施工营地,甚至还在施工现场充当过一个月的负责人,成了救火队员。

公司有一条规定:只有处级干部和项目经理(与A平级)才能带家属去国外工作。A在临来K国时已结婚,三年过去了,规定的探亲假都用完了,但他还是希望办事处能安排家属过来一起工作。办事处总经理表示公司有规定,但他会想办法。此时办事处正在筹划K国一个新项目,A主动负责这个项目的投标工作,他希望中标后自己可以自然成为项目经理,能将太太带来工作。

新项目中标了,但项目经理却是另一位有多年项目经理经验的同事。总经理私下对A讲,他不是学工科的,所以不适合做负责施工的项目经理。过了不久,A要求回国,公司劝不住他,只有安排他回国探亲。临行前总经理再三叮嘱,回去休养些时间就回来,这里需要他,A回国后却辞职了。

案例中的A之所以会辞职,就是"挫折-回归"现象的表现。员工感受不到自己的价值,看不到自己的发展前景,满足不了自己的成长需要,就会降而求其次,由高级需要后退到低级需要。

三、麦克莱兰的成就需要理论

(一) 成就需要理论的主要内容

美国哈佛大学的心理学家戴维·麦克莱兰(D.C. McClelland)把人的高层次需要分为三类,即权力需要、友谊需要和成就需要。提出了成就激励理论。

具有较高权力需要的人对影响和控制别人表现出很大的兴趣。具有友谊需要的人,通常从友爱、友好的社交中得到欢乐和满足。具有高度成就需要的人,对工作的成功有强烈的要求。他们乐意甚至热衷于挑战性的工作,往往为自己树立有一定难度而又不是高不可攀的目标。

这三种需要无高低层次之分,其排序和重要性因人而异。麦克莱兰认为具有高度成就需要的人对国家和组织有重要作用。他采用主题统觉(TAT)的投射技术测定,具有高度成就需要的人根据含义模糊的图画会编出各种取得成功或顺利达到目标的故事。

高度成就需要的人有下述四个特征:

第一,采取适中程度的风险措施。麦克莱兰的研究证明,具有高度成就需要的人能以现实的态度对待冒险,他们不愿意选择过于容易的任务,也不愿意选择无法完成或过于困难的任务。

第二,要求及时得到工作的反馈信息。具有高度成就需要的人希望在达到目标的过程中能得到及时、精确的反馈信息,以知道自己是否有所进步。

第三,从工作的完成中得到很大的满足。具有高度成就需要的人会从工作的完成中得到内在的激励,而并不单纯追求物质报酬。他们把物质报酬看成是他们取得成就的一种反馈形式。

第四,全神贯注于完成任务。具有高度成就需要的人一旦选中了目标,他们就会全力以赴地投入工作,直至成功地完成任务。

总之,高成就需要的人更喜欢具有个人责任、能够获得工作反馈和适度冒险的环境。因而,当具备了这些特征时,高成就者的激励水平会很高。但高成就需要的人不一定就是一个优秀的管理者,因为高成就需要者感兴趣的是他们个人如何做好工作,而不是如何影响其他人。友谊需要和权力需要与管理者的成功有密切关系。最优秀的管理者有高权力需要和低友谊需要。

相关链接:麦克莱兰的成就动机实验

该实验是用5岁的儿童来当被试的。让一个孩子走进一间屋子,手里拿着许多绳圈,让他用绳圈去套房间中间的一个木桩。孩子们可以自由选择自己站立的位置,并且让他们预测他们能够套中多少绳圈。

研究结果发现,追求成功的学生选择了距离木桩适中的位置,然而避免失败的孩子却选择了要么距木桩非常近,要么距木桩非常远的地方。

麦克莱兰解释为:追求成功者的目的是获取成就,获得心理上的满足。因而,追求成功的孩子会选择具有一定挑战性的任务,但同时也保证了具有一定的成功可能性,即成功概率为50%的任务。这个发现在不同年龄、不同的任务中取得了一致的结果。而避免失败者关注的是尽力避免失败及与此有关的消极情绪,因而这部分孩子会选择要么距离木桩非常近,要么距离木桩非常远的地方,即倾向于选择非常容易或非常困难以致任何人都不可能完成的任务,避免带来消极情绪。

(二) 成就需要理论在管理实践中的运用

麦克莱兰针对管理中如何更好地运用成就激励理论、增进成就对人的激励作用,提出了四种方法。

第一,对被激励者经常安排一些成就的反馈,使他们了解自己的成功所在,进一步加强对成就的愿望。对于高成就需要者,当他们在组织中工作成绩显著时,应给他们比较合理的薪酬,如果薪水偏低,他们多半不会久留的。

第二,提供取得成就的楷模。如果一个人周围的人取得成功,会刺激他取得成功的愿望和行为。

第三,肯定员工们的成就,让他们多出成果,有高度事业心的人常常乐于肩负重担。

第四,不要限制员工们的创新,以成就激励他们脚踏实地干事业。

此外,麦克莱兰提到,高成就需要者并不全是天生的。因此,如果某项工作要求高成就需要者来担任,管理者可以通过直接选拔的方式找到高成就需要者,也可以通过训练来激发原有员工的成就需要。

以下内容是一高校学生会一次例会的会议记录:

同学们的辛勤劳动和创造不能成为过眼烟云,在学生会的工作不可能像工人那样量化计酬,也不能像农民那样个体承包,要克服干好干坏都一样的弊端,就必须把学生干部的功绩记录在案,业务档案具有权威性,可以为学生干部的奖励选拔工作乃至今后的求职提供翔实客观的依据,也是校学生会的财富。

建立业务档案,说明校学生会重视每一位学生干部的工作成就,以工作实效对学生干部进行评价,避免了以往"干好干坏一个样"的尴尬局面。学生干部追求的显然不是报酬,而是个人成就,校学生会的建档工作满足了他们的这一需求。

相关链接：反馈效应

反馈原来是物理学中的一个概念，是指把放大器的输出电路中的一部分能量送回输入电路中，以增强或减弱输入讯号的效应。心理学借用这一概念，以说明学习者对自己学习结果的了解，而这种对结果的了解又起到了强化作用，促进了学习者更加努力学习，从而提高学习效率。这一心理现象被称作"反馈效应"。

美国心理学家赫洛克（E.B. Hunlock）把被试分成四个能力相当的小组，在四种不同诱因的情况下完成任务。

第一组为表扬组，每次工作后予以表扬和鼓励；第二组为受训组，每次工作后严加训斥；第三组为被忽视组，不予评价只让其静听其他两组受表扬和挨批评；第四组为控制组，让他们与前三组隔离，不予任何评价。

实验结果是：成绩最差者为第四组（控制组），激励组和受训组的成绩则明显优于被忽视组，而激励组的成绩不断上升，学习积极性高于受训组，受训组的成绩有一定波动。

实验结果表明，及时反馈信息，能强化学习、工作动机，是活动目标达成的必要条件。

反馈效应不仅可以用来指导组织管理工作，对自我的学习、工作的管理亦具有启发意义。

四、赫兹伯格的"双因素理论"

（一）双因素理论的主要内容

双因素理论是美国心理学家、管理理论家弗雷德里克·赫茨伯格（Frederick Herzberg）和他的助手们在匹兹堡心理研究中心的工作成果（表12.2）。20世纪50年代后期，他们访谈了该地区9个企业的200多名工程师和会计师，调查人员要求被访者回答："在工作上何时感到心情舒畅、对工作特别满意？""什么时候对工作特别不满意？""引起这些特别感情反应的条件是什么？"

调查发现，使员工感到满意的因素与使员工感到不满意的因素是大不相同的。造成员工非常不满意的因素往往是由外界环境引起的。赫茨伯格认为,这些工作环境和工作条件不具备时,会引起员工的不满意,但即使改善了这些条件,只会使员工没有不满意,但不会激发他们的工作积极性。赫茨伯格把这类外在环境条件称为保健因素。保健因素并不能激励成员更加努力地工作,但它们必须存在。就像讲卫生本身不会增强体质,但不讲卫生可能得病。在工作中,保健因素起着防止人们对工作产生不满的作用。调查中发现,使员工感到满意的因素通常是由工作本身产生的,与个人的工作成效、工作责任心、通过工作成就获得的晋升与承认等都有直接关系,这些来自工作本身的因素的改善,能激励员工的积极性和热情,从而会经常提高一个人的工作效率。如果处理不好也能引起员工的不满,但是影响并不是很大。赫茨伯格把这类来自工作本身的因素称为激励因素。

表12.2 保健因素与激励因素

保 健 因 素	激 励 因 素
公司的政策与行政管理	工作富有成就感
技术监督系统	工作成绩能得到承认
与监督者个人之间的关系	工作本身富有挑战性
与上级的关系	职务上的责任感
与下级的关系	个人发展的可能性
薪金	
工作安全感	
个人的生活	
工作环境或条件	
地位	

(二)双因素理论在管理中的应用

双因素理论有一定的科学性,实际工作中确实存在着这样的划分。要调动员工的积极性,首先得注意物质和工作条件等保健因素,使员工不致产生不满情绪。但更重要的是要利用来自工作本身的激励因素,注意工作的安排,注意对员工工作给予赞扬与认可,注意给人以成才、发展、晋升的机会。用这些内在因素激发员工的工作热情。

我们应该看到,我国与国外的社会制度、国情、民族传统等均不同,因而在实际工作中,哪些因素应该属于保健因素,哪些因素应该属于激励因素是会有差异的。此外,还有一个处理得当的问题。保健因素和激励因素是可以相互转化的,比如,奖金既可以处理成激励因素,也可以处理成保健因素。如果奖金的获取同员工绩效挂钩,奖金就是激励因素;如果撇开绩效、采取平均分配的办法,那么奖金就会变成保健因素,起不到激励员工努力工作的作用。

相关链接：知识型员工激励因素

"知识型员工"这一概念最早由美国著名学者彼得·德鲁克提出,是指那些掌握和运用符号和概念,利用知识或信息工作的人。在今天,知识型员工实际上已经被扩大到大多数白领。

知识管理专家玛汉·坦姆仆经过大量实证研究后得出结论:激励知识型员工的前四个因素依次是"个体成长"(33.74%)、"工作自主"(30.51%)、"业务成就"(28.69%)、"金钱财富"(7.07%)。安盛咨询公司与澳大利亚管理研究院对澳大利亚、美国、日本多个行业的858名员工(其中包括160名知识型员工)进行分析后列出了知识型员工的激励因素。名列前五位的激励因素依次是:"报酬""工作的性质""提升""与同事的关系""影响决策"。其中,"工作的性质""与同事的关系""影响决策"三个因素对于知识型员工的重要性强于其他员工。"报酬""提升因素"两个因素的重要性,知识型员工与其他员工差别不显著。

中国人民大学张望军、彭剑锋在对150名研发人员和150名销售人员、服务人员进行问卷调查的基础上,比较、分析得出中国知识型员工激励因素排序为:"工资报酬与奖励"(31.88%)、"个人的成长与发展"(23.91%)、"有挑战性的工作"(10.145%)、"公司的前途"(7.975%)、"有保障和稳定的工作"(6.52%)。中国科学技术大学郑超、黄攸立对426份问卷调查表进行分析后,得出中国国有企业知识型员工激励因素排序为:"提高收入"(48.12%)、"个人发展"(23.71%)、"业务成就"(22.30%)、"工作自主"(5.87%)。

中外知识型员工的激励因素存在一些差别。这主要表现在薪酬因素的排名上。玛汉·坦姆仆的研究表明"金钱财富"因素排名最后,而且所占比例很小。安盛咨询公司与澳大利亚管理研究院的研究表明"报酬"因素虽排名第一,但对知识型员工的重要性并不显著。中国学者的两项研究都表明,"工资报酬与奖金"或"提高收入"因素都位于第一位,而且所占比例相当大。可见从整体上说,薪酬因素对中国知识型员工的重要性十分显著。

五、期望理论

(一) 期望理论的表述

美国著名心理学家和行为科学家维克托·弗鲁姆(Victor H. Vroom)于1964年在《工作与激励》一书中提出了他的工作激励的期望理论。

这一理论可用一个公式来表示:$M = f(E \cdot V)$。M指激发潜力的指标,即激励力量的大小;E指期望值,即被激励者对实现目标可能性的估计;V指效价,指达到目标对于满足个人需要的价值,即对目标意义的估价。

按上述公式,若被激励者的E值高,即期望值高,而且V值也高,即激励目标的价值高,意义大,有吸引力,则激励的力量就大,反之激励力量就小。

案例:谁的积极性最高?

临近年底,人力资源部推出了销售额最高的两个推销员可获得免费在春节去海南三亚旅游的额外奖励。目前,业绩名列前茅的三位推销员是斯俊、吴林和李特。斯俊没有去过三亚,因此非常想去三亚游玩,但去年人力资源部也推出了这项奖励措施,之后却因为没有和财务部协调好,而没有兑现奖励。所以,斯俊对今年奖励能否兑现持怀疑态度。吴林连着两个春节没有回家看望父母了,今年已经和父母家人沟通过了,春节回老家看望父母。所以吴林不想在春节期间去三亚旅游,但她得到确切消息,今年人力资源部和财务部已经协调好,奖励政策肯定能兑现。李特去过三亚,三亚美丽的景色让他难以忘怀,他很想旧地重游,而且他也知道今年人力资源部和财务部已经协调好,奖励措施肯定能兑现。

同样的奖励措施,对案例中三位员工的激励力量是不一样的,对斯俊来说,V值高,但E值打了折扣;对吴林来说,E值高,但她压根不想在春节期间去三亚,那么三亚旅游对她来说,其效价V近乎零。李特虽然去过三亚,但他依然很想再次去三亚旅游,所以效价V很高,同时他又知道这项奖励肯定能兑现(期望值E也高)。按照期望理论的观点,只有当人们对某一行动成果的效价和期望值同时处于较高水平时,才有可能产生强大的激励力量。

所以，这项奖励措施对李特的激励效果是最好的。

（二）期望理论在管理中的应用

期望理论反映了某些客观的规律性，因而在我们的管理工作中也是可以吸取的。

依据期望理论的观点，管理实践中，要使激发力量达到最佳值，需要注意处理好几个方面的关系。

第一，努力与绩效的关系。人们总是希望通过一定的努力能达到预期的目标，如果个体认为达到目标的概率很高，就会有信心，并激发出很强的工作力量；反之，如果他认为目标高不可攀，就会失去内在的动力，不愿意付出努力。如果目标太低，唾手可得，员工也会动力不足。所以要为员工设置有一定难度且被员工认同的目标。

第二，绩效与奖励的关系。人们总是期望在达到预期成绩后，能够得到适当的合理奖励，或者物质的或者精神的。如果没有相应的有效的物质和精神奖励，员工的积极性就会消失。因而要让员工清楚地认识到他们的努力能产生绩效。

第三，奖励与满足个人需要的关系。人总是希望自己所获得的奖励能满足自己某方面的需要。然而由于人们在年龄、性别、资历、社会地位和经济条件等方面都存在着差异，他们对各种需要要求得到满足的程度就不同。因而，可以建立一个内容和方式多样化的奖励体系，力求组织奖励满足个体目标或需要的程度即激励效价达到最优。

作为管理者，可以时常问自己三个问题：你的员工是否相信他们经过努力可以达到目标的实现？你的员工是否相信他们的努力可以在绩效评估中体现出来？你的员工获得的报酬是不是他们希望得到的？

案例：有梯度的奖金制度

某钢锉厂为了提高产品质量，规定一级品合格率达到85%以上者可获得质量奖金；连续半年获得质量奖的员工可评为"信得过"操作者；连续两年获得"信得过"称号的，在晋级加薪时优先。这样一个把质量要求同员工的利益联系起来的决定，实际上就给广大员工树立起一个近期、中期、远期目标。这一做法极大地激发了员工搞好产品质量的积极性，使全厂一级品合格率得到较大提高。

六、公平理论

公平理论分为分配公平理论和程序公平理论。

(一) 分配公平理论

1. 分配公平理论的主要内容

分配公平理论又称社会比较理论,它是美国学者亚当斯(J. S. Adams)提出的一种激励理论。该理论主要阐述了报酬分配的合理性、公平性及其对员工工作积极性的影响。

分配公平理论的主要观点是:公平感是人类的一种基本需要,当一个人作出了成绩并取得了报酬以后,他不仅关心自己所得报酬的绝对量,而且关心自己所得报酬的相对量。因此,人们总是习惯于把自己的付出与所得与别人的付出与所得进行比较,还会对自己的付出与所得做个人的纵向比较,比较的结果将直接影响今后工作的积极性。

付出,主要指个体对组织的贡献,如教育程度、所作努力、用于工作的时间精力和其他无形损耗等。所得,主要指个体从组织中得到的回报,如薪金、工作安排以及获得的赏识等。

经过与他人的横向比较或自我纵向比较之后,如果认为付出与所得之比是公平的、合理的,员工就会保持现状,继续积极地工作;一旦所得更多时,个体会更主动地投入,以保持付出与所得的平衡。经过比较,如果感到不公平,可能会采取以下行动:减少投入,或谋求改变自己的所得;改变认知,自我安慰;采取某种行为改变他人的付出或所得;改变比较对象;抱怨、情绪衰竭甚至离职。

案例:公平

小刘,外国语大学博士毕业后进入本地一所高校任教,这所高校对教师的工资、绩效实行保密制度,一般情况下,员工之间相互都不知道彼此的具体收入。但小刘对这份工作还是很满意,一方面同事人际关系和谐,气氛轻松,工作虽累却挺舒心;另一方面,就是报酬也不错,一年的工资收入有 15 万元,另外还有教学绩效酬金。

小刘一门心思扑到工作上,教学科研齐头并进,一年下来,上了 420 个学时,发了 3 篇 C 刊,申请到一项国家社科青年基金项目。学生们对她的教学评价非常好,所有课堂的评教分都是优秀,年终考核会上,系主任对小刘提出了表扬,小刘本年度的考核结果为优秀。在同事和领导眼中,小刘是个积极上进、有潜力的青年教师。但之后同事间的一次聊天打破了小刘内心的平静。

同事小李是和小刘同年进入学校的青年教师,年终考核会后,两人一起去食堂吃午饭,小李有点闷闷不乐,说自己今年论文没有发,项目没拿到,学生评教分也没有达到优秀,除了一年 20 万的收入,其他没有什么收获了。听到这,小刘心里一惊,原来小李的收入比她高这么多。她对小李并没有意见,可是她想不通,她俩同样的职称,小李的学历、能力都不比她强,为什么薪金却比她高这么多?她不仅感到不公平,而且有一种上当的感觉,原来我一直以为自己的收入不低了,应该好好干,原来别人的收入都比我高,她决定要去人力资源部门要个说法……

可以想见,如果人力资源部不能很好地解释小刘与小李的付出与所得比,满足小刘公平心理的需求,会大大影响小刘的工作积极性,甚至可能会导致优秀员工离职的后果。

2. 分配公平理论给管理者的重要启示

首先,影响激励效果的不仅有报酬的绝对值,还有报酬的相对值。一旦员工感受到不公平,他们会采取行动纠正这种状况,从而影响员工的工作积极性及工作效率。因此,激励时应力求公平,根据员工对工作和组织的投入(努力和绩效)分配报酬。

其次,公平激励中要特别注意避免"马太效应"和"威士忌效应"。

1968 年,美国科学史研究者罗伯特·莫顿(Robert K. Merton)提出"马太效应"这个术语用以概括一种社会心理现象:任何个体、群体或地区,在某一个方面(如金钱、名誉、地位等)获得成功和进步,就会产生一种积累优势,就会有更多的机会取得更大的成功和进步。在奖励中若有"马太效应",则会引起员工的不公平感。

什么是"威士忌效应"? 有这样一个寓言故事。渔夫发现一条蛇的嘴里咬着一只青蛙,正准备吞下去。出于对生命的爱护,渔夫救下了这只青蛙。为了安慰蛇,他从怀里掏出一瓶威士忌,给蛇喝了。蛇吃了一辈子的青蛙,从来没有喝过这么好喝的威士忌,非常高兴。青蛙与蛇离开后,渔夫为今天此事处理得如此圆满陶醉了。可过了不一会,渔夫发现,刚才那条蛇又游回来了,并且嘴里咬着两只青蛙。这就是"威士忌效应"。"威士忌效应"是管理激励中普遍存在的一种平衡效应、安慰效应。一些管理者在激励时经常搞安慰、搞照顾。"没有功劳还有苦劳,没有苦劳还有疲劳",人们的积极性自然发挥不出来。所以,公平激励要根据员工的行为和业绩进行奖惩,不搞平衡,不搞安慰,按功行赏,按过处罚,只有这样才能激励先进,鞭策后进,使每个员工为实现组织目标而努力。

第三,激励过程中,应注意对被激励者公平心理的引导,避免盲目攀比,正确对待自己与他人的付出与收入比。

(二)程序公平理论

除了分配公平外,程序公平也受到员工的关注。西波特(Thibaut)和沃而克(Walker)提出了程序公平的概念,程序公平理论是一种较新的激励理论,它研究报酬分配时使用的程序、过程的公正性。

程序公平理论主张,如果员工认为用于分配的程序公平,他的业绩得到实事求是的评定,他就会有更高的工作积极性,从而达到更高的绩效水平;反之,就会挫伤工作积极性。

研究者发现,当人们得到了不理想的结果时,如果认为用于分配的程序公平,也能接受。这种现象被称为"公平过程效应"。

因此,要使员工感到程序的公平,应该做到:制定分配程序、绩效评估标准及报酬时,注重吸收员工的参与,尊重员工的权力和意见,这样既有利于政策的落实,又能达到激励效果。

七、目标设置理论

(一)目标设置理论的主要内容

目标设置理论是美国马里兰大学的管理学和心理学教授洛克(E. A. Locke)提出的,简称目标理论。流行的"目标管理"方式即源于此。

目标设置理论认为,目标本身就具有激励作用。目标是一种刺激,合适的目标能把人的需要转为动机,使人的行为朝着一定的方向努力。这种由需要转化为动机,再由动机支配行为以达成目标的过程就是目标激励。比如,在企业中,奖金就是一种诱因,员工为了获得奖金而努力工作,最后获得了奖金,这就是一个激励过程。其中,奖金作为一种目标、诱因对员工的积极性起着强烈的激励作用。因此,目标设置理论也被称为目标激励理论。

目标理论特别强调目标设置中的几个重要条件。

第一,目标具体。清晰、准确、具体的目标是最有效的。明确的工作目标可以使人们知道他们要完成什么工作,以及必须付出多大努力才可以完成。

第二,目标难度适当。难度依赖于人和目标之间的关系,同样的目标对某人来说可能是容易的,而对另一个人来说可能是难的,这取决于他们的能力和经验。相当容易的目标不足以引起很大的兴趣和努力;超过个人能力的目标会通过产生失望和非效能感而降低动机;而当目标有一定难度但又可以实现时,能带来较高的绩效,因为这种目标能提供一种挑战性,通过目标的完成,可以使人获得成就感,满足了自我成长的需要。

第三,目标的可接受性。这是指人们同意和接受任务指标的程度。员工对目标的接受程度越高越有效,否则达成目标就有困难。

第四,反馈性。反馈是目标设置与个体对目标成就的反应之间的一种动力过程。目标与反馈结合在一起更能提高绩效。

(二)目标设置理论给管理者的启示

首先,有目标才有动力。没有明确的具体的目标和要求,人们会无所适从。管理者应当致力于为员工设置清晰、具体、难易适当、具有挑战性的目标,而不是简单地告诉员工"请尽最大努力去做"。比如,一家快餐店客服人员的工作目标应该从"在顾客反馈和服务方面应做到最好"转变为"在30秒内接听顾客电话和在首次接听电话时解决95%的顾客疑问"。

其次,员工参与目标设置。对于那些难度较大的工作任务,如果能让员工参与目标的设置过程并将工作目标的完成与激励结合起来,而不是仅由管理人员规定,可增强目标的合理性、可接受性,增加员工对目标的理解和认同,从而产生更大的激励作用,提高工作绩效。

第三,目标实行过程的及时反馈。在工作中及时给予员工工作情况的反馈,使员工对自己的工作完成情况有清楚的认识,从而提高工作绩效。对于具有高成就需要的人来说,及时反馈尤其重要。

相关链接: 哲理故事——不要忘记目标

有一位禁欲苦行的修行者,只带了一块布当衣服,就到无人居住的山中去隐居修行了。当他要洗衣服的时候,需要另外一块布来替换,于是他就下山到村庄中,向村民们乞讨一块布当衣服。村民们都知道他是虔诚的修道者,于是给了他一块布当作换洗用的衣服。

当这位修行者回到山中之后,他发现在他居住的茅屋里面有一只老鼠,常常会在他专心打坐的时候来咬他那件准备换洗的衣服。他早就发誓一生遵守不杀生的戒律,因此他不愿意伤害那只老鼠,他向村民要了一只猫来饲养。

得到了猫之后,他又想到了:"猫吃什么呢?我并不想让猫去吃老鼠,但总不能跟我一样只吃一些野菜吧!"于是他又向村民要了一头奶牛,这样那只猫就可以靠奶牛生活。

但是,在山中居住了一段时间以后,他发觉每天都要花很多的时间来照顾那头奶牛,于是他又回到村庄中,找了一个可怜的流浪汉到山中居住,帮他照顾奶牛。

流浪汉在山中居住了一段时间后,跟修道者抱怨:"我跟你不一样,我需要一个太太,我要正常的家庭生活。"修道者想一想也有道理。

这个故事就这样演变下去。半年以后,整个村庄都搬到山上去了。

做好任何事都要明确目标,并基于目标看待眼前的问题。为此,决策时必须时刻谨记目标。

相关链接:哈佛大学关于目标对人生影响的跟踪调查

哈佛大学有一个关于目标对人生影响的跟踪调查,调查对象是一群智力、学历、环境等条件都差不多的年轻人。调查发现:27%的人没有目标,60%的人目标模糊,10%的人有清晰的短期目标,3%的人有清晰且长期的目标。25年的跟踪调查结果表明:那些3%者,25年来几乎都不曾更改过自己的人生目标。25年来他们都朝着同一方向不懈地努力,25年后,他们几乎都成了社会各界的顶尖成功人士。他们中不乏白手创业者、行业领袖、社会精英。占比10%的有清晰短期目标者,大都生活在社会的中上层。他们的共同特点是,那些短期目标不断被达成,生活状态稳步上升,成为各行各业不可或缺的专业人士,如医生、律师、工程师、高级主管等。那些占比60%的目标模糊者,几乎都生活在社会的中下层,他们能安稳地生活与工作,但都没有什么特别的成绩。剩下的27%是那些25年来都没有目标的人群,他们几乎都生活在社会的最底层。他们常常失业,靠社会救济,并且常常都在抱怨他人,抱怨社会,抱怨世界。

一个组织需要目标的导引,个人也需要目标的导引,目标能给人的行动明确方向,在目标的驱使下,个人能力会得到更大程度的开发。

> **案例：从车间主任到经理**

谢代国曾是某公司从维修工做起的一名车间主任，在年轻的中层干部中是最出色的。2009年，他向总公司申请调到销售部门，理由只有一个：寻求生产与销售的紧密结合。他当时的目标就是利用三年的时间，使自己成为该公司驻外的一名分公司经理。谢代国认准了这个目标，他相信自己肯定行。并计划循序渐进地实现自己做经理的梦想。第一个目标，作出骄人业绩，让上司关注并重视。这是基础。这一步大约需要一年的时间。第二个目标，抓住每年两次的分公司内部业务主任公开竞聘的机会，用数字说话，用理论铺垫，用激情和信心感染大家，争取脱颖而出，成为业务主任。这是必经之路。这一步最多用三次来实现。第三个目标，在业务主任岗位上更多地承担一些责任，千锤百炼，自己获得迅速成长的同时，使团队得到健康发展。这是资本。这一步用三年剩下的时间来做完。第四个目标，成为一名分公司经理，实现自己的价值，成就自己的梦想。结果，谢代国用了两年时间，因其优秀的业绩和不凡的管理才能，被提拔为某省会市场的分公司经理。

八、强化理论

（一）强化理论的主要观点

强化理论亦称学习论或操作条件反射论，是由美国心理学家斯金纳（B. F. Skinner）等人提出的一种理论。该理论强调研究个人的外在行为，侧重于研究个人行为结果对行为的作用。

> **相关链接：斯金纳的强化实验**

斯金纳（B. F. Skinner，1904~1990），美国心理学家，是新行为主义的主要代表和操作条件反射理论的创始人。斯金纳对强化的概念作了系统的论述，他在长期用动物做实验的过程中创造了一种特殊的实验装置"斯金纳箱"。箱内装有一个按压杠杆，把小白鼠放在箱内自由走动,偶然碰到杠杆,就会有一粒食物沿沟槽滚入箱内。由于按压杠杆可以得到食物,所以小白鼠很快学会了按压杠杆取食物的操作。这就是说,形成了操作条件反射。而这种操作条件反射形成的关键条件则是得到食物的强化。

斯金纳对强化的解释与巴甫洛夫有些不同。巴甫洛夫只是把强化看成是使条件反射避免消退和得以巩固的措施,而斯金纳则把强化看成是增强某种反应、某种行为概率的手段,是保持行为和塑造行为必不可少的关键因素。

斯金纳所倡导的强化理论是以学习的强化原则为基础的关于理解和修正人的行为的一种学说。

强化理论认为行为的结果对行为本身有强化作用,是行为的主要驱动因素。即认为个体倾向于重复那些伴随有利结果的行为,而不重复那些伴随不利结果的行为。

斯金纳认为,强化有四种情况:正强化、负强化、惩罚和消退。

正强化又称积极强化,就是通过出现积极的、令人愉快的结果而使某种行为得到增强或增加。比如员工遵守安全规程进行安全生产,管理方即给予表扬、发奖金,这样员工后续会倾向于保持安全生产行为。

负强化又称消极强化。正强化指的是给以一个愉快刺激,从而增强行为出现的概率。而负强化指的是撤出一个厌恶刺激,从而增强其行为出现的概率。比如,一位员工因为违反安全规程被处分,现在他能遵守安全规程进行生产,撤销对他的处分,就是负强化,目的是增强员工之后安全生产的行为。

惩罚指的是对某种行为的否定,是伴随某种特定行为而施加某些令人厌恶的刺激,以使该行为不再出现。比如,学生违反校纪,给予处分,其目的是让学生不再违纪。

消退是指个体形成某种习惯或出现某种行为后,由于未受到持续强化而使个体的行为逐渐减弱直至消失的现象。比如,一位新进员工上班提前来、下班推迟走,主动增加自己的工作量,但主管视而不见,从不表扬,这位新员工之后可能就不再会出现类似行为了。

(二) 强化理论在管理中的应用

首先,强化理论认为"行为决定于它的结果",因此,管理上可以通过操纵结果,从而控制(至少是影响)员工行为。如果要鼓励一些个体的行为(如高生产率、工作质量好)或者要抑制一些个体行为(如迟到、工作质量差),必须要建立强化机制。

其次,要取得最好的激励效果,管理者应该在行为发生后尽快采取适当的强化方法。一个人在实施了某种行为以后,即使是领导者表示"已注意到这种行为"这样简单的反馈,也能起到正强化的作用。如果领导者对这种行为不予注意,这种行为重复发生的可能性就会减小以至消失。所以,必须利用及时反馈作为一种强化手段。著名的激励艺术研究者鲍勃·威尔逊(Bob Nelson)在《1001 零成本奖励员工好方法》中指出:"在恰当的时间从恰当的人口中道出一声真诚的谢意,对员工而言比加薪、正式奖励或众多的资格证书及勋章更有意义。这样的奖励之所以有力,部分是因为经理人在第一时间注意到相关员工取得了成绩,并及时地亲自表示嘉奖。"反馈也是有保质期的,有个流传甚广的金香蕉奖的故事:

美国福克斯波罗是一家专门生产精密仪器设备等高技术产品的公司。创业初期,在技术改造上遇到了棘手的问题,若不及时解决就会影响企业生存。一天,一位技术专家拿了一台自己研制的新产品的样品来到总裁的办公室。总裁看到这个主意非常妙,简直难以置信。他弯下腰把办公桌的大多数抽屉都翻遍了,总算找到了一样东西,于是躬身对那位技术专家说:"这个给你!""这个"竟是一只香蕉,是总裁当时能拿得出的唯一奖品。而技术专家也很感动,因为这表示他的研究成果已得到了总裁的认可。从此以后,该公司设立了"金香蕉奖",对攻克重大技术难题的技术专家授予一只纯金制香蕉形别针。

这不单单是个有关奖励的故事,更是有关反馈的故事。在员工有良好表现时,就应该尽快给予奖励,等待的时间越长,奖励的效果越可能打折扣。

第三,心理学研究证明,正强化比负强化更有效。在强化手段的运用上,应以正强化为主;同时,必要时也要对坏的行为给予惩罚,做到奖惩结合,以奖为主。

相关链接:阿伦森效应

阿伦森效应是指随着奖励减少而导致态度逐渐消极,随着奖励增加而导致态度逐渐积极的心理现象。

埃利奥特·阿伦森(Elliot Aronson),美国社会心理学家,研究领域主要有社会影响、态度改变、认知失调、人际吸引等。

阿伦森认为,人们大都喜欢那些对自己表示赞赏的态度或行为不断增加的人或事,而反感上述态度或行为不断减少的人或事。他曾经做过一个实验:将志愿者分成四组,让四个组对某一人给予不同的评价,然后考察这个人对哪一组最具好感。第一组始终对其褒扬有加;第二组始终对其贬损有加;第三组先褒后贬;第四组则先贬后褒。此实验对数十人进行后发现,绝大部分人对第四组最具好感,而对第三组最具反感。

相关链接:故事中的管理智慧

有位做人事管理工作的老人退休了,他在一所学校的附近买了房子,刚住下的一段时间很惬意。可是不久,有几个学生每天放学后都在附近追逐打闹、踢垃圾桶,且大喊大叫。老人受不了这些噪音,出去对这些学生说:"看到你们玩得这么开心,让我想起了自己的少年时光,如果你们每天都能来这里玩耍,我给你们每人一元钱。"那时候的一元钱还是挺管用的,学生们非常乐意,既玩了还能得钱,于是他们每天放学后都来到这里卖力地闹动静。

过了两天,老人愁眉苦脸地说:"我没有按时收到养老金,所以,从明天起,每天只能给你们五角钱了。"学生们虽然显得不太开心,但还是接受了老人的钱,每天下午继续来这里打闹。又过了几天,老人"非常愧疚"地对他们讲"真对不起,通货膨胀使我不得不重新计划我的开支,所以每天只能给你们一毛钱了。""一毛钱?"这几个学生不干了,谁会为了一毛钱在这既出力又浪费时间呢。从此,老人又过上了安静悠然的日子。

这位智慧老人的做法暗合了心理学上的"阿伦森效应",老人采用"奖励递减法",巧妙地达到了目的。

课 堂 讨 论

1. A公司是一家处于西部地区的中外合资网站,网站的规模属于中下水平,资金实力较其他网站明显偏弱,不可能为所需人才付出发达地区同等水平的薪酬,同时,由于处于内陆地区,地域较为偏僻和闭塞,工作与生活条件远不及沿海发达地区。以上两方面原因导致该网站在人才竞争领域明显处于劣势,本地人才严重不足,又难以吸引外地高手加盟,尤其在优秀"内容编辑"这一项上,该网站与竞争对手有很大差距。在网站投资建成几年内,网站内容的深刻度、创新度、吸引力方面都差强人意。

前年,网站引入了一名新的内容部门负责人Z先生,他为激励员工独创了"明星激励法",情况发生了改变。这一激励法是这样操作的:一方面,为调动众编辑的创造力和工作激情,同时使其得到有效的业务锻炼,Z先生为每位编辑"量身定做"地选择了一位或几位业界的"明星",先通过各种方式向编辑们传达有关"明星"的名气、声誉、身价、收入、生活方式等信息,使编辑对他们产生向往心理,然后Z先生本人和编辑一起,研究"明星"的成长历程,分析、讨论该明星在写作、编辑和其他工作方面的风格、长处、短处,并且创造条件让编辑与这些"明星"认识、对话和商榷问题,让员工明白,这些"明星"不是天生的,也是从普通的编辑、记者锻炼成长起来的,只要自己努力,也一定能够成为业界名人。另一方面,在公司的制度上,工作安排上,为编辑创造成名的条件,如设立以编辑个人名字命名的栏目,尽可能安排他们在各种"出头露面"的活动上亮相,等等。这种"明星激励法"并未增加企业任何成本,只是给员工制定了具体的、具有美好前景和诱惑力,同时又现实可行的奋斗目标。这样的激励作用迅速收到了成效,短短半年时间,该网站众编辑在敬业精神、工作态度、工作能力等方面明显提高,内容质量大大提升,访问量快速增加,权威性和影响力也获得长足进步。一年后,该网站以超过竞争对手总和的市场占有率成为业界领袖。

B公司是一家从事计算机硬件、软件销售和二次开发的电脑公司,公司规模不大,50人左右。公司经过多年的打拼,在本地小有名气,并占有一定的市场规模。随着市场竞争的激烈化,为了继续保持公司的快速超常发展,提高员工的积极性,该公司总经理借鉴当时业界较为风行的"目标管理法",对员工进行目标管理。

其具体操作是这样的:公司根据第二年销售额的预测(公司希望达到第二年实现销售额翻番的目标,因此,将其营业额的预测定为上一年度的两倍),并将这一销售额自上而下,分配到每一部门,再由各部门分配到每位员工头上,取消了原先执行的按销售比例提成制度,改为未完成任务时只有极低提成,超额完成任务则有巨额提成。表面上看来,如果业绩真的如公司所愿,能够继续快速增长,优秀员工在超额完成任务后,收入将大幅度提高,而对于不能完成任务的不合格员工,公司又降低了花在他们身上的成本,似乎是一举两得的好事,但员工在仔细分析后发现,由于该公司所处环境竞争加剧,公司产品优势逐渐丧失,公司规模扩大、销售人员增加导致每位销售人员所拥有的潜在"蛋糕"变小,并且公司在资金实力、内部管理、配套服务等方面跟不上快速增长的需要,几乎无人有信心完成两倍于前一年的销售额。多数员工产生了"被愚弄"的情绪。一年后进行核算,全公司没有一个人能得到高额提成,核心销售人员流失殆尽。两年后,该公司已濒于倒闭。

讨论题:请通过以上两则高科技企业典型的激励案例,运用本篇知识分析为什么有的激励获得成功,有的激励却以失败告终?

2. 假如你现在是一个小型部门的负责人,有三个下属——朱杰、沙森和吴鸿。保证这个部门成功发展的关键在于使这些员工尽可能地得到激励,保持积极进取的状态。下面是对每一位下属的简要介绍。

朱杰的缺勤记录比平均水平要高许多。他非常关心他的家庭,而且认为他的家庭应该是他生活的中心。由此,公司能够提供的东西对他的激励非常小。他认为,工作仅仅是为他的家庭的基本需要提供财务支持的一种手段而已,除此之外很少有什么别的意义。总体上说,朱杰对本职工作尽职尽责,也是一个友好而可爱的人,但对公司而言他仅是个够格的员工。只要他的工作一达到业绩要求的最低标准,他就希望能去"做自己的事"。

沙森也是一个受人欢迎的人,对公司的各项制度都积极响应和执行,而且对公司有很高的个人忠诚度。他对那些指派给他的任务完成得非常好,但他的创新精神不足,做事时依赖性比较强。他性格相当内向,在同部门外的人士打交道时显得信心不足,不能够在短时间里把自己或本部门推销给别的部门或公司的高层管理机构,这在某种程度上影响到他的工作业绩。

吴鸿是非常自信的人。他为金钱而工作,而且会为了更多的钱而更换工作。他的确努力工作,但也期望公司能回报他。在他目前的岗位上,他对一周60个小时的工作没有什么不满,只要薪水足够高就行。他也有一个家,并且在赡养他的母亲。吴鸿的前任老板说,吴鸿的工作确实很出色,但他的个性也非常强,似乎总在不断地要求,而且从来也不会满足。

讨论题:你认为应采取哪些措施来激励这几位员工?本案例对如何做好激励工作有哪些启示?

3. 北京某科技发展有限公司(以下简称公司)的创立者原先从事电脑营销工作,由于与原公司的合作出现分歧,他们认为再到别的小公司去替人打工意义不大,于是决定创办自己的公司。

公司创办之初非常艰难,但他们都一一设法克服了。没有资金,就向亲属借钱;没有场地,就从别的公司的营业场所中租了一张桌子,作为自己的营业场所;没有现成的客户,他们就从朋友中发展。整个公司就两个人,所有推销、搬运、验货、送货等全部工作都是两个人亲自干,辛苦自不待言。公司刚开始主要经营打印机。当时卖一台打印机的利润还是相当可观的。这样一年下来,经营情况还算不错。

第二年,租了一个门市,招了一名员工帮助进货,业务量开始增加。由于对整个市场发展行情把握得比较好,公司业务发展很快。当年做得比较好的是惠普公司的外设产品。他们决定招聘一个在惠普PC和服务器产品方面有丰富经验的人加入公司。为了吸引对方加盟,他们提出加盟者与公司之间对所经营的惠普PC和服务器产品毛利二八分成的分配方式,并于当年6月开始代理惠普公司的PC和服务器产品。

之后公司稳定发展,微机和外设产品的销售量都有明显的增长,人员增加了不少,公司有了自己的独立门市,并有HP专卖店雏形了。一年以后,公司办公场所从临街门市搬上写字楼,同时又吸收了一名合作者加盟,任销售部经理,公司与他之间也实行毛利润二八分成。这样,整个公司的经营分成门市和写字楼两个相对独立部分,各有一名合伙人负责,权责分明。

从上述情况看来,公司的发展还是比较顺利的。但要进行再创业,他们就遇到了许多问题:公司各个部门之间各行其是;除加盟者之外,其他员工士气和热情不高,公司除了物质上的刺激外,再无其他能调动员工积极性的办法。而以该公司这样的规模和经营情况,在物质刺激方面的余地并不大,因为利润率已经够低了。公司领导常常为这类事情头痛不已。

讨论题:请运用所学的激励理论,设计一份调动该公司员工积极性的方案。

4. 某民营企业的王厂长参加了一个为期三天的管理培训班,培训班的教授介绍了美国企业对员工的种种管理方法,王厂长记住了教授讲的其中一句话:工资和奖金不能真正调动人的积极性。短训班结束后,王厂长回到厂子,正赶上年终考核,要发年终奖金,他决定学以致用。

他了解了一些员工工作状况的数据后,决定从今年销售部的明星员工小刘开始他的改革试点。小刘工作业绩最突出,大专生,高低也算个知识分子,聪明能干、积极认真,还能动脑子出主意想办法。

于是,王厂长和小刘进行了一番谈话。谈话一开始,王厂长先强调了小刘这一年对厂子做出的贡献,对他表达了感谢和肯定,还细致讨论了明年怎样使他的工作更有趣,责任更重大也更有挑战性。培训课上听来的词都用上了。最后谈到了"最不要紧的事情"——奖金。王厂长告诉他,这回年终奖,小刘跟大家一样多。王厂长正对自己能活学活用新理论而得意,小刘突然发起火来,"什么!就给我那么一点?跟大伙一样?不是说我干得最好吗?说了一大堆好话,到头来,我就值那么几个钱?得啦,您那套好听的留着送给别人去吧,我才不稀罕呢。搞什么诡计?表扬又不能当饭吃。"

讨论题:请运用所学习的激励理论分析王厂长做法失败的原因并提出建议。

5. 张飞是一名"985"大学的研究生,满怀期待来到名牌大学就读,很是兴奋。可是,来到大学以后,发现一切都与想象的不一样。

张飞的导师袁绍给学生制定了严格的考勤制度,更甚于互联网公司流传的程序员的"996"工作制,若有事离开,必须请假,这让还处于学生状态里的张飞感到很没有自由。

导师袁绍也没有给张飞一个明确的研究方向,经常是前段时间做某项研究,还没结果很快又变了,中间可能还穿插了一段其他的实验,张飞不能长期集中精力在某一件事上,做不出什么成果来,也不被袁绍认可,张飞的研究劲头直线下降。最让张飞苦恼的是,袁绍经常找张飞谈天说地,灌输思想,想让其变成听话小绵羊,常是半天一汇报、三天一组会,而实际对其研究任务并无实质指导,张飞感觉十分郁闷。

一个多学期下来,张飞一事无成,十分沮丧,两人关系开始对立。张飞常和朋友在背后大骂袁绍,愤愤不平,指责其没有学术水平,从来不做研究,像个商人。张飞对于导师交代的任务也是比较敷衍,得过且过,有时甚至当面顶撞。特别是与同实验室的学生在一起,更是一起破口大骂,情绪激动,形成对抗导师的小同盟。袁绍也对张飞不满,常以不能毕业威胁,经常公开批评,并且克扣劳务。这样发展下去,两人矛盾加深,张飞难以顺利毕业。

讨论题:点评导师袁绍对研究生的管理措施,如果你是张飞,你会如何做?

6. 徐庶和荀彧是今年重点高校本科毕业生,分别被本地的两家公司录用。徐庶刚进公司就受到了大家的热烈欢迎,公司管理人员刘备向徐庶详细介绍了公司目前的发展以及未来30年的计划,表明了徐庶作为公司的一员,也是公司未来重要的组成部分,让徐庶感到前景一片大好。随后的工作中,徐庶由于刚刚接触工作,有些地方做得不太好,也不知具体做什么,刘备总是去鼓励他、帮助他,相信他一定能做好。刘备常常以身作则,让员工明白自己的责任的重要性。为了调动员工的积极性,公司通过工作完成度来进行物质奖励,每月都有3000~10000元的奖金,倡导能力大于资历,肯定工作勤奋,进取心强的员工。对于混吃等死的"磨洋工"员工,公司也会毫不留情地淘汰出去。公司的奖惩机制也让徐庶更加积极工作,内心是一团火热。

荀彧刚进公司的时候也受到了大家的热烈欢迎,公司经理曹操非常热心,提出:"未来30年,公司要进军世界500强!"荀彧听了是热血沸腾,但是光有积极性,却不知做什么,也没有人告诉他。周围的人和管理层一样,到点下班,也不管事情有没有做完。后来,荀彧已没有了积极性,每天也是看着时间下班。

三个月后,徐庶成为了刘备公司的正式员工,荀彧在曹操公司的极力挽留下还是失望地离开了。

讨论题:点评两家公司的管理状况,徐庶和荀彧为何一个留一个去?

第六篇

群体心理与管理

群体是若干个体为了实现共同的目标,满足共同的需要,以一定的方式联系在一起进行活动的集合体,它是实现组织目标、完成组织任务的基本单位。管理的对象不仅是个人,也包括群体。作为管理者,不仅要了解个体心理、管理个体,还必须了解群体心理并对群体进行有效管理。

第十三讲　群体与个人

一、群体的概述

（一）什么是群体

群体也称团体,在管理心理学的研究中,"群体"是一个狭义和专业性的术语。管理心理学上认为:群体的重要特点是群体内部成员之间在心理上有一定的联系,彼此之间发生相互作用,相互影响。依据这个标准,公共汽车上的人即使挤得"亲密无间"也不能称为群体,同一个写字楼里的人,即便每天乘同一部电梯上上下下,也不是我们所要研究的群体。因为他们之间缺少了群体的一个核心特征即成员之间的互动性。所以群体乃是人们彼此间有共同目的,以一定方式结合在一起,彼此间存在相互作用,心理上存在相互联系的两个或两个以上的人构成的个体的集合体。

（二）群体的种类

群体是多种多样的，群体提出的目的、相互联系的机制、影响群体成员的方式、群体成员之间的交往特点、相互作用的性质、亲密和团结的程度等都可以作为对群体进行分类的标准。下面我们介绍几种通常采用的分类方式。

1．正式群体和非正式群体

这种划分最早是由美国心理学家梅叶在霍桑实验中提出的。所谓正式群体是指那些被人们规定好成员的地位和角色、明确提出各成员的权利和义务，并有固定编制的群体。如企业中的部门、学校中的班级。它又可以分为永久性正式群体（如车间班组）和暂时性正式群体（如抢险办公室）。所谓非正式群体是指那些无正式规定的、自发产生的，成员的地位和角色、权利和义务都不明确，又无固定编制的群体，它主要用于满足人们某种生活需要。

非正式群体有这样一些特征：以某种共同利益、观点和爱好为基础，以感情为纽带；有较强的凝聚力及较高的行为的一致性；其领导较有威信；有不成文的奖惩手段；成员间消息渠道畅通；有较强的自卫性和排外性等。非正式群体存在于正式群体之中的现象比较普遍。非正式群体对正式群体来讲，有正负两种功能，若非正式群体与正式群体在领导、成员、目标、价值定向等方面一致或接近时，可能加强正式群体的功能，有利于组织目标的实现；若不一致时，会使整个群体出现不团结、不和谐的气氛，妨碍组织目标的实现。

管理者要善于协调正式群体与非正式群体的关系，引导非正式群体为达到正式群体的目标服务。当然，也有少数非正式群体有反社会倾向，他们不仅妨碍正式群体目标的实现，而且对社会具有破坏作用。比如非法的政治团体、流氓团伙、走私集团、盗窃集团等。

2．假设群体和实际群体

这种分类是从群体是否实际存在来说的。假设群体也叫"统计群体"，这是为了进行某项研究而划分出来的群体。比如，研究企业中各类人员的需要特点，可按工人、科室人员、技术人员、干部分类调查，这里工人、科室人员、技术员、干部等都是假设群体。这种统计群体是我们调查研究、了解实际群体的行为特征和情况的手段。

3．成员群体和参照群体

所谓成员群体是指个体为其正式成员的群体，如个人所在的班级、球队等。作为参照群体是指个人自觉接受其规范准则并以此来指导自己行为的群体。如先进班级、优秀球队等。

此外,还有初级群体和次级群体、松散群体和联合群体、内群体和外群体等不同标准的分类。

二、群体对个体行为的影响

人在一定的群体中工作和生活,群体必然会对人的心理和行为产生这样或那样的影响。管理者了解这些影响,就可采取有效的措施指导和控制群体成员的心理和行为,提高群体成员的工作绩效。

(一) 社会助长与社会抑制

1. 社会助长作用(社会助长效应)

个人的活动由于有其他人同时参加或者有其他人在场旁观而使其活动效率提高,这种现象被称为社会助长或社会促进。

最早以科学方法揭示社会助长现象的是心理学家特里普里特(N. Triplett)。他在1897年的研究中发现,有别人在场,或群体性的活动,会明显促进人们的行为效率。他设计了一个实验,让被试在三种情景下骑车完成25英里路程。第一种情景是单独骑车计时,第二种情景是骑车时让一个人跑步伴同,第三种情景是与其他骑车人同时赶路。结果表明,单独计时情况下,平均速度为每小时24英里,有人跑步伴同情况下,平均时速达到31英里,而与其他骑车人同时赶路时,平均时速为32.5英里。他又在实验室条件下,让被试完成计数和跳跃等工作,得到了同样的结果。

这些实验说明,人们结伴活动时,会感受到一种刺激作用,从而提高活动效率,心理学上把这种现象叫作结伴效应,即由于结伴活动而使活动效率提高。

在特里普利特研究后不久,人们发现,他人在场,即使不参加同样的活动,只是作为观众,也会促进个体活动的效率。这在心理学上,又被称为观众效应,即有人在场观看,使得活动效率提高。现实生活和工作中,这样的例子很多,比如,演讲的时候,如果听众很少,演讲人就没什么激情,如果台下听众众多,气氛热烈,演讲人也会神采飞扬、富有激情。

2. 社会抑制

20世纪20年代,心理学家奥尔波特(Gordon W. Allport)在哈佛大学领导了一系列有关社会助长作用的研究。一方面,他们发现社会助长作用的确广泛存在。另一方面,他人在场或与别人一起工作,并不总是带来社会助长作用。随着工作难度的增加,社会助长作用会逐渐下降,乃至降低工作效率,成为社会干扰。

奥尔波特让被试在两种情境下完成难易不同的工作(表13.1)。这些工作由简单到复杂的排序是:划掉报纸上所有的元音字母,编排词的联想表,演算简单的乘除法算术题,反驳他人的哲学观点等。要求被试(大学生)在两种情境下去完成这些作业:独自一人做和5个人在一起做。结果发现,除反驳他人哲学观点的复杂作业外,其余几项作业,5个人在一起做都比独自一人做效果更好。

表13.1 不同情境下完成哲学作业的效果

情境 \ 等级	最好的	中等的	差的
单独进行	6	4	3
集中进行	3	4	6

实验表明,社会助长作用虽然广泛存在,但他人在场或与别人一起工作,并不总是带来社会助长作用。随着工作难度的增加,他人的在场会出现相反的效果。个人的活动由于有其他人在场旁观而使其活动效率降低的现象,心理学上称之为社会抑制或社会干扰。

造成社会促进或社会干扰作用的原因比较复杂。其中,一个很重要的原因是,由于他人在场可使个体在不知不觉中感受到竞争压力,唤起了人们的竞争和被评价意识,在这类动机的作用下,对于简单的工作,通常可以提高工作效率。对于那些比较复杂的思维工作,群体所造成的社会干扰作用,是因为他人的存在和由其造成的种种干涉,导致人的精神不集中。

社会促进或社会干扰作用提醒管理者,在安排工作的时候,为了提高工作效率,最好根据工作任务性质的复杂程度而定。如果工作为简单的机械操作或手工活动,尽量让人们在群体的环境中工作,因为当一个人单独从事此类工作时,会很容易产生孤独感和疲劳感,造成的直接结果就是工作效率的降低。相反,如果工作为需要一系列判断、推理等复杂的思维工作,则群体的背景会产生社会干扰作用。最好是单独一人在一个安静的环境中完成,因为这样有利于当事人进行深入的思考,更有利于提高工作效率。如果是在群体环境中,当事人便无法静下心来去完成要做的工作。

(二) 社会惰化作用

1. 什么是社会惰化作用

10个人一队的拔河比赛中队员们所付出的力气与他们独自一人参加拔河比赛时所出的力气相同吗？早在1930年，心理学家就测量了人们在拔河比赛中的用力状况。结果发现，如果一个人独自参加拔河比赛，平均用力63公斤；如果是两个人，平均59公斤；三个人为53.3公斤；八个人为31公斤。即参加的人越多，每个人贡献的平均拉力越小。

社会心理学家拉塔奈（B. Latane）曾在个体独自的情况下和在不同群体规模的情况下测查个体鼓掌和欢呼的声音强度，他发现，与个体独自情况相比，个体的声音强度（鼓掌声和欢呼声）是随着群体规模的增大而减弱的，如图13.1所示。

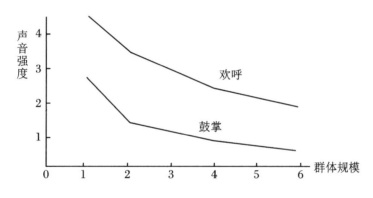

图13.1 群体规模和个体声音强度实验

当个体参加群体活动，其绩效不能被单独评估时，往往比单独一个人完成任务时努力程度小一些，这种效应就是社会惰化，也称为社会懈怠或者社会逍遥。

"滥竽充数"是个家喻户晓的寓言故事。原文是："齐宣王使人吹竽，竽必三百人，南郭处士请为王吹竽，宣王说之，廪食以数百人。宣王死，湣王立，好一一听之，处士逃。"传统的解读是，"滥竽充数"主要指向南郭先生及其装模作样的"假吹"行为：不学无术、靠蒙骗混饭吃的人，骗得了一时，骗不了一世。这里，我们转换一种视角来解读这则寓言故事，其实这种现象就是社会惰化效应的体现。由于没有建立技能鉴定制度，对宫廷乐队的所有吹竽者的技能水平没有相应的要求，没有定期或不定期的技能鉴定，当然也就不知道南郭先生一直是在"对口型""假吹"。因为总是以三百人合奏的方式吹竽，无法组织真正的绩效考核。所以，分配上不是按劳分配，不看技能水平，不看出力大小，采取的是"吃大锅饭"式的分配方式。

在集体性质的工作中,很普遍地存在着这种"搭集体便车"的现象。比如,在合作学习中,往往能发现小组成员你推我让,抱怨所分配的任务太多或不喜欢,习惯把困难推给其他成员,最终不能完成任务,造成整体小于部分效果的社会惰化效应。

2. 社会惰化作用的降低

对于社会惰化现象的产生原因,一个被普遍认同的观点是,当个体认为自己的工作会"淹没在群体中"时,个人的评价焦虑减弱,使个人在群体中的行为责任意识下降,行为动力也相应降低。不过,研究也发现,人们在以下几种情境中,社会惰化效应会变弱:第一,群体规模较小;第二,任务很有价值或很重要;第三,群体成员间关系密切;第四,认为自身的贡献在群体中是重要的和不可取代的;第五,个人相信群体成员也像自己一样努力。除此之外,还有跨文化一致性的问题。心理学家研究表明,以个人为导向的美国社会中的社会惰化现象要比以群体为导向的亚洲文化中更为鲜明。

管理工作中,管理者要关注社会惰化效应的降低。减少社会惰化的有效途径主要有:

第一,不仅公布整个群体的工作成绩,而且还公布每个成员的工作成绩,使大家都感到自己的工作是被监控的,是可评价的。

第二,帮助群体成员认识他人的工作成绩,使他们了解不仅自己是努力工作的,他人也是努力工作的。

第三,不要将一个群体弄得太大,如果是一个大群体,就可以将它分为几个小规模的群体,使得更多的成员能受到外在影响。

另外,提高成员的责任心,提高群体的凝聚力,让每位成员都认识到自己在群体中所发挥的重要作用,都是解决这一问题的好办法。比如在一次以小组为单位的竞赛中,你有着很强的成就动机,取得胜利对你来说意味着考试加分或者工作的晋升提拔,可是你了解组里其他成员的实力都比较弱,这时你会选择更加努力工作还是偷懒懈怠呢?

(三)社会标准化倾向

指人们在群体活动中,个体行为差异明显变小,人们对事物的知觉、判断等有趋向同一标准的倾向。

人们在单独情境下,个体差异很大,而在群体中有行为的常模和群体规范的制约和影响,个体行为差异会明显变小。比如某个人在单位或在群体中能遵守行为规范,同大家保持一致、标准化的倾向;而其处在单独活动的情况下,可能出现某些特别的行为。所以对同一现象,个体在单独情况下的行为和个体在群体中的行为可能是不一致的。

群体的公约、规则可以有效地改变人们的态度。20世纪40年代,美国心理学家库尔特·勒温(Kurt Lewin),曾做过这样一个实验:"二战"时期,由于食品短缺,美国政府希望能说服家庭主妇们购买一向不大受欢迎的动物内脏做菜。勒温把主妇分为六组,每组13~17人。其中三组接受讲解与劝说,即让口齿伶俐的人对这三组主妇进行劝说,演讲者告知主妇们这些食品如何美味,营养如何丰富,吃这种食品对国家贡献如何大,等等,每位主妇还得到一本烹调内脏的食谱。另三个组采取群体规定,即这部分主妇被简单告知,在特殊时期规定大家要用动物内脏做菜。一周后进行检查,结果发现,讲解组仅有3%的主妇改变了态度,用动物内脏给家人烹调饭菜,而采取群体规定的三组家庭主妇,有32%的人改变了态度,用动物内脏给家人烹调饭菜。群体规定之所以可以有效地改变人们的态度,是因为个人对所属群体具有认同感,希望同群体保持密切的关系,因此乐意接纳群体规范。

勒温通过一系列的实验告诉我们,对于起码的、基本的准则,群体规定是必要的,也是有效的。群体规范一经形成,具有明显的压力特点,这种压力约束着群体成员的行为,使他们的行为趋向一致。

(四)从众行为倾向

1. 从众行为的产生

我们在认知模块提到过"从众",介绍了阿西(Asch)的"从众实验",从众是个体在群体中时常表现出的一种心态,是个体在真实或想象的压力之下发生行为或信念改变的倾向。

阿西及其他心理学家对从众的原因、从众行为的影响因素也做了说明。认为促使人们从众的群体压力有两个来源:规范性和信息性的社会影响。前者发生在人们想要获得奖励与避免惩罚的时候;后者发生在个体希望从他人或群体那儿获得精确的信息时。比如,当个体遇到难以决策的任务时更容易从众,在不了解更多信息的情况下,更愿意到销售记录多、好评多的网点购物,选择去观看上座率高的电影。我国学者岑国桢研究分析了从众效应,"对8~16岁儿童认同从众反应原因的研究"结果表明,个体认为从众的产生有如下原因,"图省事不费心""为了免受责难""为了表示友好""表示归属群体""多数人更正确"。

影响从众行为的因素可以分为三类:情境因素、个人因素及文化因素。

研究发现,一般情况下,群体的凝聚力越强,个体从众的可能性就越大。群体成员之间关系越亲密、信任,个体越能接受他人的观点或行为,个体越有可能为了群体的利益而放弃

个人的意见,与群体的意见保持一致。个体从众程度也会随着任务难度的增加而增加。当群体面对非常重要的任务时,也会使个体倾向于从众。

从众行为倾向也会受个体自身特征的影响。个人的智力、自信心、自尊心以及社会赞誉需要等个性心理特征与从众行为密切相关。智力低下者,自信心较低的人,容易产生从众倾向;有较高社会赞誉需要的人,比较重视社会对他的评价,希望得到他人的赞许,因此也容易表现出从众倾向。群体中那些地位越高的人,越不容易屈服于群体的压力;反之,个体的地位越低,就越容易发生从众行为。

关于从众行为,心理学家们还做了大量的跨文化研究。他们在多个国家和地区重复了阿希的从众实验,从众的比例是:黎巴嫩31%,中国香港32%,巴西34%,但在对不从众者施加处罚的津巴布韦的班图部落,从众比例高达51%。具有集体主义倾向的国家(如日本、中国)比强调个人主义的国家(如英国、美国)具有更高的从众比率。随着文化和社会发展,从众的比率在这两种文化倾向的国家中都有渐小的趋势。

2. 从众行为的作用

(1) 积极作用

首先,从众对于个人适应社会具有非常重要的意义。任何一个社会,无论从社会功能的执行,还是从社会文化的延续角度说,多数人的观念与行为保持一致都是必要的。从个人的角度说,一个人只有在更多的方面与社会的主导倾向取得一致,他才能适应社会,否则他将为困难所围绕。

其次,从众会有助于形成和维护群体的规范、秩序和价值。因而,管理活动中,利用人们的从众心理同样可以达到积极的目的。美国心理学家埃略特·阿伦森(Elliot Aronson)博士在自己的著作中提到:杰西卡·诺兰(Jessica Nolan)和她的同事给加利福尼亚州居民的样本人群一些资料,以鼓励人们在家中节约电能。家庭成员收到四条信息中的一条。其中三条信息写的是节约能源的基本原因:保护环境,造福社会,省钱。第四条则包含一条旨在促进信息性从众的信息:被试得知他们邻居中的大多数都节约用电。之后,研究者从这些家庭的电表上得到了他们的实际用电量,发现规范性信息(包含邻居行为的第四条信息)相比其他三条信息,显著地引起人们节约能源的行为。类似的,诺亚·戈尔茨坦(Noah Goldstein)等人发现,如果在酒店浴室里放置"大多数顾客都重复使用他们的浴巾"的信息标志,那么客人往往也会作出相应的行为,这种方式比酒店的呼吁(保护环境)更为有效。

管理者要善于运用从众行为的积极作用,营造制度、政策执行的良好心理氛围,引导个体行为,培养良好作风和习惯。

(2) 消极作用

从众也是一把双刃剑,有积极的一面,也有消极的一面。从众容易让人为了和大多数保持一致而放弃自我意识,人云亦云,墨守成规,不利于个人创造性思维的发挥和创新能力的培养。群体决策时,从众心理容易产生小团体意识,随声附和错误决策,产生错误或不当的决策结果。这是管理者要特别注意避免的问题。

相关链接:美国的四次外交失误

美国心理学家詹尼斯(Irving Janis)研究过美国历史上四次重大外交决策失误:罗斯福政府未能警惕日本偷袭企图,招致美国太平洋舰队在珍珠港几乎全军覆没;杜鲁门政府出兵朝鲜越过三八线,打了一场美国历史上从未有过的"在错误的时间、错误的地点、与错误的敌人打的一场错误的战争"(美国第一任参谋长联席会议主席布雷德利 Omar Nelson Bradley 语);肯尼迪政府策动古巴流亡分子妄图从猪湾入侵古巴推翻新兴的卡斯特罗政权,遭到可耻失败;约翰逊政府在越南战场上逐步升级卷入,越陷越深。詹尼斯认为,这四次决策失误中有一个共同的心理学问题,那就是四位总统的决策班子中都有强烈的从众倾向,片面、过分地追求班子成员精诚团结、意见一致而忽视了决策的质量,在表面一致赞同的假象下,强行通过不正确的决策方案。

第十四讲　解读人际心理

亚里士多德说过："能独自生活的人，不是野兽，就是上帝。"人是社会的人，每个人都在社会中生存、发展，离不开和周围的人建立各种各样的人际关系。一个人的成长、发展、成功、成才都是在人际交往中完成的。一个人的喜怒哀乐也和人际关系息息相关。而和谐的人际关系也有助于团体及组织管理目标的顺利实现。心理学家通过丰富的临床实践发现，对人际关系的困惑是影响管理者心理健康的重要原因之一。为此，解读人际心理，对人际关系进行有效的管理就显得格外重要，是每个管理者的必修课。

一、人际关系概述

"人际关系"作为专用名词是在本世纪初由美国人事管理协会最先提出来的。从广义看，人际关系是指人与人之间的关系，包括社会中所有的人与人之间的关系，以及人与人之间关系的一切方面。从狭义看，人际关系是人与人之间通过交往与相互作用而形成的直接的心理关系。它反映了个人或群体满足其社会需要的心理状态，它的发展变化决定于双方社会需要满足的程度。人际关系受生产关系和政治关系的制约，是社会关系的一个组成部分。其外延包括朋友关系、夫妻关系、亲子关系、同伴关系、师生关系、同事关系，等等。

人具有社会性，交往是人类社会的本质特征，是人的一种必然需要。美国心理学家沙赫特（Schachter）曾做过一个"人际交往剥夺"实验：他以每小时15美元的高薪招募应试者到他创设的一个小房间里去居住，居住的时间越长，得到的报酬越多。小房间里有一桌、一椅、一床、一马桶、一灯，没有报纸，没有电话，不准写信，听不到外界的声音，当然更找不到人聊天。一日三餐有人送，但不和里面的人接触。也就是说，这个小房间完全与外界隔绝了。这个看似天上掉钱的实验，结果如何呢？先后有5人应聘参加了这个实验。实验的结果是：1个人在小房间里待了2小时，就受不了了，要求放弃实验，3个人待了2天，只有1个人待了8天。这个待了8天的人出来以后说："如果再让我在里面待1分钟，我就要疯了。"这个实验充分地验证了，作为社会性的人，不可能孤立地存在。即使在衣食无忧，还有可观报酬的情况下，一个人单独待着也是让人难受的。人际交往就像吃饭、呼吸和喝水一样，是人类生存所不能或缺的。

人际关系的形成依赖于社会实践。马克思在《雇佣劳动和资本》一文中谈到人的多种关系时说："人们在生产中不仅仅同自然界发生关系。人们在生产中如果不以一定方式结合起来共同活动和互相交换其活动，便不能进行生产。为了进行生产，人们便发生一定的联系和关系；只有在这些社会联系和社会关系的范围内，才能有他们对自然界的关系，才会有生产。"

从心理学角度考察，人际关系包含三种成分：其一是认知成分，反映个体对人际关系状况的认知和理解，是人际知觉的结果，是理性条件；其二是情感成分，是对交往的评价态度，是关系双方在情感上满意的程度和亲疏关系，是人际关系的基础；其三是行为成分，是双方实际交往的外在表现和结果，即能表现个性的一切外在行为。

二、人际吸引的秘密

人际关系的核心成分是情感因素，即对人的喜欢与厌恶，由此可以推知，人际间的吸引与排斥是人际关系的主要特征。人际吸引是指人与人之间彼此注意、欣赏、倾慕，进而彼此接近以建立感情关系的心理历程。人际吸引除了受社会、经济等因素影响外，从心理学角度看，还受其他一些更为直接的、具体的因素的影响。

（一）接近性吸引

人际关系中有个很常见的事实，即我们最亲密的朋友往往是生活、学习、工作或玩耍时更接近我们的人。

美国心理学家利昂·费斯廷格（Leon Festinger）等研究者要求居住在美国麻省理工学院已婚学生公寓里的个体确定他们最亲密的三个朋友。结果显示：这些朋友中65%住在同一栋大楼里，41%住在隔壁。

当然，人与人空间上彼此接近，未必一定彼此吸引，时空接近性只是密切人际关系的一个必要条件，不能看作充分条件。

交往频率也是影响人际关系发展的一个客观条件。美国心理学家扎荣茨（R. B. Zajonc）在1986年进行了交往频率对人际吸引影响的实验研究。他将被试不认识的12张照片，随机分为6组，每组2张，按以下的方式展示给被试：第一组2张只看1次，第二组2张看2次，第三组2张看5次，第四组2张看10次，第五组2张看25次，第六组2张被试从未看过。在被试看完全部照片后，实验者再出示全部照片，加上从未看过的第六组照片。要求所有被试按自己的喜欢程度将照片排序，结果发现一种极明显的现象：照片看的次数愈多，被选择排在最前面的机会也愈大。由此可见，简单的重复呈现确实会导致人际吸引，彼此接近、常常见面，的确是建立良好人际关系的必要条件。

相关链接：单纯曝光效应

当我们反复接触一个刺激物时，我们更容易对它产生积极情绪的现象，被称作"单纯曝光效应"，也被称作"熟悉原则"。

20世纪60年代，心理学家扎荣茨（（R. B. Zajonc）进行了一系列实验发现，只要让被试者多次看到不熟悉的刺激，他们对该刺激的评价就要高于那些没有频繁出现过的其他刺激。该效应已经在多种情境下得到了证实，如单词、中文汉字（对不知晓中国文化的外国人来说只是图形和符号）、人脸照片、气象学数字以及声音等元素，都能引发单纯曝光效应。当不熟悉的刺激短暂呈现时，曝光效应最强。曝光的次数在10~20次之间一般能达到最大的喜欢程度，但是曝光次数过多时，喜欢程度则会下降。一开始就让人感到厌恶的刺激，无法产生单纯曝光效应。

交往是人际关系的基础,缺乏沟通,再好的关系也不易维持,并可能淡化。"鸡犬之声相闻,老死不相往来",是不可能建立亲密的人际关系的。当然,交往频率也并非越大越好,正如《增广贤文》语:"久住令人贱,频来亲也疏。"心理学研究亦表明:交往频率与喜欢程度的关系呈倒U型曲线,过低与过高的交往频率都不会使彼此喜欢的程度提高,中等交往频率时,彼此喜欢程度较高。

此外,我们不能只关注交往的次数,人们之间交往的内容、交往的性质常常比次数更为重要。

(二) 相似性吸引

接近性吸引在陌生人开始相处的时候影响很大,但是沟通时间长了就会有其他变化,此时双方的相似性就变得很重要。所谓相似就是沟通双方的年龄、学历、成长环境、兴趣、爱好、价值观等比较接近。这样,双方容易相互吸引和产生亲近感,从而更容易建立融洽的人际关系,我们常说的"志同道合"就是这个道理。另外,在文化背景上,同一地域或民族的人,往往在生理和心理上有很大的相似性,故也易于建立人际关系。

美国心理学家西奥多·纽科姆(Theodore Mead Newcomb)做过这样一个实验:让互不相识的17名大学生住在同一间宿舍里,对他们的亲密化过程进行了近4个月的追踪研究。实验前调查了他们的态度,然后调查谁与谁结成朋友,陆续让这些学生自由选择同室的对象。结果发现,在见面的初期,多是住在附近的人成为好伙伴,后来,态度的相似性逐渐成为人际吸引的主要因素。而且学生对自己的朋友各方面相似的评价远远超出了实际的情况。由此可见,相互间的相似性增加时,认识深度和吸引力也在逐步增加和深化,从而为群体内部良好人际关系的建立奠定了基础。

相似性吸引的原理提醒我们:在与人沟通交流时,应注意寻找共同点。也就是寻找共同的话题、共同的爱好、共同的看法等相同点,从而使对方认同自己,产生共情。

一个美国商人突然接到公司的命令,让他到印度去和一个将军接触,要尽量劝说对方和自己所在的公司签下一份购买合同。商人来到将军的办公室后,将军低着头,冷冷地对他说道:"对不起,我很忙,所以只能给你5分钟的时间!"显然对方不是很欢迎他,商人并没有因

此紧张,而是平静地扫视了办公室一下,缓缓说道:"我很高兴,回到家乡之后第一个见到的人就是一位您这样出色的将军。"将军放下手中的文件,抬起头不解地看着他,商人继续说道:"其实我是在印度孟买出生的,四岁之前我一直生活在这个美丽的国家里,我们喝着同一条河里的水,吃着同一块土地上种植出来的食物,从这个意义上说,我们应该算是同乡了。"说到这里,将军脸上露出了笑容,两个人的陌生感被冲淡了许多,气氛渐渐变得融洽起来。

很多人不愿意主动和人交往的原因是:很多时候,不是没有交往的想法,只是不知道如何开口,说些什么。案例中,一个是美国商人,一个是印度将军,身份不同,职业有别,国籍迥异,似乎毫无共同点,这样两个陌生人的谈话难度可想而知。而商人聪明的地方就在于他没有开门见山地谈自己的来意,而是第一句话就点明自己回到印度其实就是回到了家乡,然后就用层层剥茧的方法说明自己和印度的联系。于是,商人很轻松地就跨过了横在两人之间的门槛。

再看下面这个案例:

小王在火车上遇到一个女孩,很想和她交谈,于是连珠炮似的问女孩的姓名、年龄、学历、家庭背景,让对方不厌其烦。最后,女孩冷冷地反问道:你不是公安局来查户口的吧!小王一时语塞,也就不好再继续问下去了。

我们在同陌生人或不熟悉的人沟通时,常常会觉得不自在,这时我们往往从一般性的寒暄开始,如谈谈天气、社会新闻等,然后转向双方感兴趣的话题。那我们也可以从相似性入手,即从对方那里找到与自己相似的地方,如老乡、相同观点、共同的爱好等,将彼此的陌生感降到最低。在最初的交流中,即使是一点点的相同也会带来惊喜和共鸣。

(三)互补性吸引

这里的互补性是指人们需求或个性的互补性,它是双方在交往过程中获得互相满足的心理状态,是构成人际关系的重要因素之一。当交往双方的需求或个性能互补时,就能形成强烈的吸引力。

互补似乎跟相似有点矛盾,其实不然,互补是指沟通双方的需要都得到满足的互补。独立性较强的人和依赖性较强的人能够友好相处;脾气急躁的人和脾气温和的人成了好朋友。究其原因关键在于他们可以彼此取长补短,互相满足对方的需要,从而相互吸引,能够建立并保持良好的人际关系。

互补性,无疑是导致人际吸引的一个原因,但也不是一个根本原因。只有人们的世界观、价值观和人生观的一致性,才会导致真正的吸引。

(四)外表吸引

这里的外表不仅指长相,还包括气质、风度、谈吐、衣着等外在形态。外表对人际交往产生的影响是毋庸置疑的,尤其是陌生人之间初次打交道更是如此。亚里士多德曾写道:"美丽是比任何介绍信更为巨大的推荐书。"一般来说,人们倾向于对那些漂亮的人产生积极反应。有研究者(沃尔斯特 E.Walster,1996)让男女大学生各332名(每两个成一对)进行了两个半小时的舞会,舞会结束时,询问学生是否希望再次同对方进行约会,结果表明,与希望再次约会的回答有关系的因素只有对方的外貌。表14.1是回答希望同对方再次约会的学生所占的百分比。

表14.1 希望再次同对方约会的百分比

	对 方 的 外 貌		
	丑	一般	美
丑的男性	41	53	80
一般的男性	30	50	78
美的男性	4	37	58
丑的女性	53	56	92
一般的女性	35	69	71
美的女性	27	27	68

外表在人际关系中有着非常明显的影响作用,尤其是在交往的初期,好的外貌给人一种良好的第一印象,人们往往会以貌取人。另外,还有研究发现,漂亮的外表能产生明显的"光环效应",即人们倾向于认为外貌美的人也具有其他的优秀品质,虽然实际未必如此。2021年高考发生过这样一件事情:湖北武汉一女生将手机带进了考场,并且在考试的过程中将数学卷的试题拍照上传至小猿搜题软件,被小猿搜题工作人员发现后举报。有网友爆料作弊考生细节时说:这名同学长得挺漂亮,怎么就作弊了呢?潜台词即是:长得漂亮的人不应该作弊的。这个说法折射出外貌美"光环效应"的作用。

学校的社团每年都要招新,同学们在做招新评委时有没有下列这种情况?这位同学仪表堂堂、风度翩翩、口若悬河,你可能会觉得:嗯,不错,这一定是个有能力的人。接着又进来一位,颜值不高而且冷若冰霜、不善表达,你内心里立马就投否定票了。但是这一点许多人不愿意承认，甚至要有意无意地加以掩盖，仿佛承认了这一点，就意味着自己很浅薄。实际上，爱美之心，人皆有之。心理学家马斯洛在他的人类需要层次理论里，认为审美需求是位于衣食住行、安全、社交、尊重等需要之上的高级需要。漂亮的外表对任何人都具有不可抗拒的吸引力，也都会对人际交往产生实实在在的影响。

一般情况下，外表会影响最初的沟通，但沟通得越深，彼此吸引的因素当中，外部的因素就会越来越少。我们常说，一个人不是因为美丽才可爱，而是因为可爱才美丽。从长远来看，外表的吸引力终归要让位于内在的吸引力。

尽管通常情况下美貌会产生光环效应，使人们对外貌美的人其他方面作出更为积极的评价，但是，如果人们感到有魅力的人在滥用自己的美貌，会反过来倾向于实施更严厉的惩罚。

西格尔（H. Sigall）做了一个有趣的研究。研究者给被试详细的案件材料，让他们设想自己是法官，对罪犯进行判罪。

罪犯都是女性，有三种情况。一是有魅力组，以案例附有漂亮的罪犯的照片来操作；二是无魅力组，以案例附有缺乏魅力的罪犯的照片来操作；三是对照组，接到同样的案例材料，但没有罪犯的照片。

案件有两种类型，一种是诈骗，一种是夜盗。很显然，对于被认为同美貌有关的诈骗罪，被试倾向于认为有魅力的女性罪犯利用美貌进行诈骗犯罪，因而明显给予重判，平均刑期明显长于其他两组。而其他两组则没有差别。而在明显与外貌无关的夜盗罪上，有魅力的罪犯则得到了更多的同情，平均判刑年数远低于其他两组。

（五）能力与个性品质的吸引

个人的能力不仅是一个人求职和职业成功的关键因素，而且在人际关系的建立中也起着不可忽视的作用。在其他条件都相同的情况下，比较有能力的人更容易受到人们的喜欢，愿意与他接近，对其产生敬佩感，更容易建立人际关系。但也不是说，个人能力越强，越完美，就越容易得到别人的认可，越能与他人建立良好的人际关系。研究表明，一个很有才华而又有小缺点的人，反而更使一般人喜欢接近他。这种现象被称为"仰巴脚效应"（意指出丑效应）。

相关链接："仰巴脚效应"

一位心理学家把四段情节类似的访谈录像分别放给他准备要测试的对象。

第十四讲　解读人际心理

在第一段录像里接受主持人访谈的是个非常优秀的成功人士,他在自己所从事的领域里取得了辉煌的成就,在接受主持人采访时,他的态度非常自然,谈吐不俗,表现得很有自信,没有一点羞涩的表情,他的精彩表现,不时赢得台下观众的阵阵掌声。

第二段录像中接受主持人访谈的也是个非常优秀的成功人士,不过他在台上的表现略有些羞涩,在主持人向观众介绍他所取得的成就时,他表现得非常紧张,竟把桌上的咖啡杯碰倒了,咖啡还将主持人的裤子弄湿了。

第三段录像中接受主持人访谈的是个非常普通的人,他不像上面两位成功人士那样有着不俗的成绩,整个采访过程中,他虽然不太紧张,但也没有什么吸引人的发言,一点也不出彩。

第四段录像中接受主持人访谈的也是个普通人,在采访的过程中,他表现得非常紧张,和第二段录像中一样,他也把身边的咖啡杯碰倒了,弄湿了主持人的衣服。

当教授向他的测试对象放完这四段录像,让他们从上面的这四个人中选出一位他们最喜欢的,选出一位他们最不喜欢的。最不受测试者们喜欢的当然是第四段录像中的那位先生了,几乎所有的被测试者都选择了他,可奇怪的是,测试者们最喜欢的一位不是第一段录像中的那位成功人士,而是第二段录像中打翻了咖啡杯的那位,有95%的测试者选择了他。

图14.1中的人是2009年4月凭借电视节目《英国达人秀》脱颖而出的苏格兰歌手"苏珊大妈"。"苏珊大妈"的全名是苏珊·博伊尔(Susan Boyle),虽貌不惊人,却用歌声征服

图14.1　"苏珊大妈"

了所有观众,后推出自己的首张个人专辑《我曾有梦》(I Dreamed a Dream),销量惊人,短短几天就卖出 41 万多张,成为英国历史上卖得最快的唱片。

"苏珊大妈"有着天籁般的嗓音,但苏珊是不完美的。苏珊当时已经 47 岁,满脸皱纹、头发蓬乱,水桶腰,没钱、没工作。她的形象、她的生活方式都是最普通的。这样的人,在大众眼里不是很完美,但却是最具亲和力的。可以说,"苏珊大妈"的不完美成就了她完美的吸引力,没有人不喜欢她。因为人们从她身上得到一种安慰,明星并不都是集各种优点于一身的,他们也有缺点,和我们大家都差不多。

个体的个性品质也会影响人际关系的建立和发展,而且这种影响通常比较持久、稳定和深刻。

美国学者安德森(N. Anderson)于 1968 年曾进行了一项研究,列出 555 个描写人的个性品质的形容词,让被试指出他们在多大程度上喜欢一个有这些特点的人。研究结果表明:被试评价最高的品质是真诚和真实,而评价最低的是说谎和虚伪。所以,安德森认为,真诚受人欢迎,不真诚则令人厌恶。

个性特征是影响吸引力的最稳定因素,也是个体吸引力重要的因素之一。因此,要建立良好的人际关系,还必须注重良好个性的培养。

三、人际交往的基本原则

尽管每个人可能都有不同的交往动机,对朋友的要求与期望也不尽相同,但是,心理学家仍然从研究中得出了帮助人们赢得朋友、保持友谊、避免人际关系破裂的一般原则。

(一)交互性原则(相互性原则)

心理学家通过大量的研究发现,人际关系的基础是人与人之间的相互重视、相互支持。人际交往当中喜欢与厌恶、接近与疏远是相互的。一般情况下,喜欢和我们接近的人,我们才喜欢和他们接近;疏远我们的人,我们也倾向于疏远他们。这就是人际交往中的交互性原则。

在日常生活中,到处都可以见到相互性原则。

我们来看一个学生在学校食堂的经历:

记得那次去吃炒面,一般那儿的人非常多,刷卡后得在那等很久。工作人员也都一脸严肃,进行程序化的动作。当他端给我炒面时,我带着微笑说了句"谢谢",而且是语气有点调皮的那种。他突然有点不知所措的样子,看着我回了个微笑,"不用谢"。从那以后,每次我在他那儿吃饭时,他都会尽量先把我的饭给做好,感觉真的很好。一句无关紧要的"谢谢"和一个微笑居然有这么大的力量,换来不小的"收益"。

被誉为"中国管理教育第一人"的余世维先生在他的著作《有效沟通》中提到过他的一个经历:

我们公司财务部经理喜欢打高尔夫。有一次,我在马来西亚出差,看到一个很漂亮的高尔夫纪念品,就买回来送给他,他非常高兴。又有一次,我在街上看书,发现了最新出版的《税法》,上下两册,我立即买了一套给他,他同样也很高兴。

有一次,供应商向我反映公司的支付支票开得太慢了,并且说如果再这样下去的话,就不会把好材料卖给我们了。于是我向财务部经理寻求帮助,我对他说:"供应商说找我们开支票要四个月,太久了。尽管我们公司的钢铁厂很牛,但是你知道,铁矿石如果不好的话,再好的合金钢和高碳钢都做不出来。如果我们开票要四个月,人家就把好的铁矿石卖给别人了。可不可以这样,最少减掉一个月,我们用三个月?"他讲了一句很漂亮的话:"只要董事长没有意见,我也没有意见。"我说:"太好了,苏经理。我刚从董事长那边过来,已经跟他说过了,他说你没有意见他也没有意见,现在你们两个既然都没有意见,那就这么办了。"这件事情就办妥了。

交互性原则提醒我们在人际交往中要注意主动交往、恰当赞美。

很多人之所以不能和他人建立良好的人际关系,原因之一就是因为他们在人际交往过程中总是采取消极的、被动的退缩方式,总是期待友情从天而降。交互性原则告诉我们:别人不会无缘无故对我们感兴趣的。因此,要想赢得别人,同别人建立良好的人际关系,就必须成为交往的始动者。当你主动与陌生人打招呼或攀谈时,你会发现自己的努力几乎都是成功的。

真心真意、适时适度地表达你对别人的赞美,对良好人际关系的建立也是非常必要的。要做到恰当赞美,不仅需要发自内心的真诚,也需要学习一些方法,以避免误区。

(二) 社会交换原则

社会交换原则是心理学家霍曼斯(George Casper Homans)提出的。霍曼斯认为,人与人之间的交往本质上是一个社会交换过程,这种交换不仅涉及物质的交换,同时还包括非物质,如赞许、荣誉或声望之类的交换。人们如何看待与他人的关系主要取决于人们对关系中回报与成本的评价和体验。人际交往不断加深或延续的一个必要条件就是:交往双方的需求和需求的满足必须保持平衡。付出多而得到少的关系总会终止,而得到多的关系会维持。

当然,霍曼斯的理论有不足之处,它忽视了社会因素在人际交往中的作用,混淆了动物为了生存而形成的本能行为与人类的社会行为之间的界限,忽视了人类生活、人类文化以及人类实践活动的意义和价值。但是,霍曼斯的社会交换原则重视人的需要和情感在人际交往和社会交换中的地位和作用,对于我们提高人际交往与沟通的有效性,还是具有一些启发意义的。比如,当我们要说服别人接受自己的提议,或与自己合作做一件事时,不仅要考虑自身的利益,还要站在对方的立场上告诉他,如果接受提议,对方会得到怎样的好处。如果你拿出一个方案,想说服别人与你合作,你只是说"哎,这件事情这样做对你有好处"或者只是说"哎,这件事怎么看对我都有好处",沟通的效果都不是最佳,如果你能说明这是一件双赢的事情,对双方都有好处,那对方可能就有兴趣听你分析这个事情如何能双赢了。

(三) 自我价值保护原则

自我价值是个体对自身价值的意识和评判,自我价值保护是一种自我支持倾向的心理活动,其目的是防止自我价值受到否定和贬低。

人际交往中,每个人都有一种自我价值的保护倾向,他人在个体的自我价值感确立方面具有特殊的意义,别人的肯定会增加人们的自我价值感,而别人的否定会直接威胁到人们的自我价值感。因此,个体对他人的评价极其敏感。对肯定自我价值的他人,个体对其认同和接纳,而对否定自我价值的他人则予以疏离。生活中,这样的事例并不陌生。比如,许多父母为了"鞭策"孩子,鼓励孩子向上,频繁地用各种方式"打击"孩子,不赞同孩子的所作所为。虽然这种否定和打击是出于好心,但结果是,父母的话渐渐不再起作用,因为孩子根本不会听那个否定自己的人的任何意见。

自我价值保护原则提醒人们在人际交往中要做到"直言有讳"。人际交往中,人们之间的接纳与排斥是相互的,要想同别人建立和维持良好的人际关系,就必须对别人的自我价值感持支持态度,避免人们产生自我价值保护的防卫倾向。几乎每一个人都会有一些软弱的敏感区和危险的避讳区。所以即便大家在相互开玩笑,也绝不要触及对方的避讳区。注意控制容易伤人自尊心的话语出口,做到这一点,将会大大优化人际关系网。否则,很难与他人建立和维持良好的人际关系,已经建立起来的关系也会遭到破坏。

（四）"刺猬法则"

"刺猬法则"来源于一则寓言，说的是在寒冷的冬天里，两只刺猬要相依取暖，一开始由于距离太近，各自的刺会刺痛对方，反倒睡不安宁。后来它们调整了姿势，相互之间拉开了适当的距离，不但互相之间能够取暖，而且很好地保护了对方。

"刺猬法则"强调的就是人际交往中的"心理距离效应"。

我们来看一个案例。

大学生小 A、小 B 是一对要好的朋友，学习、生活中经常形影不离。后来小 A 觉察到小 B 周末常常不在自习教室，问她去做什么，小 B 不愿意说，又担心小 A 多心，影响两人的关系，内心很矛盾。小 A 则很不高兴，认为两个好朋友之间不该有个人隐私，若保留个人隐私就不是真正的友谊。

在人际交往中，彼此之间交流沟通需要控制一定的距离感，无论是同性或是异性间，都应尊重他人，保护他人的隐私，不能强迫他人暴露。我们要注意对别人不要关心过度，别人不愿意告诉我们的，我们就不要穷追不舍，拼命打听，这也是有教养的一种表现。

大家都喜欢用"亲密无间"这个词来形容很要好的朋友，其实真的到了亲密无间的程度，往往适得其反，朋友间保持一定的距离是很必要的，只是不同程度的朋友的具体距离的大小可以有所区别。这里所说的距离，主要指的是应有的礼节或尊敬。人与人之间如果想保持和谐相处，需要留有心理上的个人空间。所以，著名的美学命题"距离产生美"不仅体现在审美上，也体现在人际交往中。

四、人际关系的"PAC 分析模型"

（一）什么是"PAC 分析模型"

"PAC 分析模型"是加拿大蒙特利尔精神科医生艾里克·柏恩（Eric Berne）于 1964 年在《人们玩的游戏》一书中提出的，又称为相互作用分析理论、人格结构分析理论、交互作用分析、人际关系心理分析。

这种理论认为，人的个性就是由三种比重不同的心理状态构成：父母（parent）、成人

(adult)、儿童(child)，取这三个词的第一个英文字母，简称为 PAC 分析(表 14.2)。

PAC 理论认为"父母""成人""儿童"这三种自我状态在每个人的人格结构中所占的比例不同。每个人身上总有一种自我状态占优势，不同的人在不同的情境下会不由自主地选择不同的自我状态。

表 14.2　PAC 理论中个性心理状态的构成

	构　　成	行　为　表　现
个性	parent(父母)	权威、优越感、命令、指责、呵护
	adult(成人)	客观、理智、成熟、稳重
	child(儿童)	情绪化、任性、撒娇、服从

"父母"状态是以权威和优越感为标志。其行为表现常常是统治人、训斥人，权威式、命令式、家长式的作风，其待人处事的态度为主观、独断专行、滥用权威，其说话的语气常常是强制命令的口气。

"成人"状态表现为注重客观事实根据和善于进行客观理智的分析。其行为表现较冷静、慎重、理智、明断，其待人接物的态度较民主、平等、尊重别人，其说话的语气常常是一种商量、讨论的口气。

"儿童"状态是幼稚、不成熟、冲动、任性，或者顺从、任人摆布。其行为表现是幼稚、可爱又讨厌、感情用事、做事不考虑后果、无主见、依赖、遇事畏缩，其待人接物的态度不稳定，易耍小孩子脾气，说话易用夸张、幼稚的语气。

如果最近学校食堂出现价格不合理、质量下降、口味变差、分量不足等情况，引起同学们的不满。你作为学校的一名学生，面对这种情境，你会如何选择？

第一，每天吃饭心里都不舒服，见人就说食堂不好，应该如何如何改变。

第二，直接与食堂窗口服务人员发生冲突，发泄不满。

第三，跟食堂负责人或学校相关部门反映情况，希望问题得到解决。

如果是第一种做法，就是 P 心态；如果是第二种做法，就是 C 心态；如果是第三种，则是 A 心态。显然，只有第三种做法，也就是成人心态才是解决问题的理智选择。

请判断以下三种情境下服务人员的心理状态：

旅游者：小姐姐，请帮忙发个传真。服务人员：好的，我马上给您发。

旅游者大声嚷：马上给我送开水。服务员大声应答：你自己去拿。

旅游者：小姐姐，请帮个忙，给留个言。服务人员爱答不理：留言可以，但送到送不到我可不管。

PAC分析模型是一种分析人们在交往中所处心理状态的方法,这种方法可以帮助我们进一步洞察自己的个性,在了解自己的同时也关注他人的沟通状态,理解他人会和你一样,也会表现出高高在上的父母态和任性的儿童态。因而,PAC分析模型可以作为训练管理人员正确处理人际关系和沟通意见的一种工具,以帮助管理者正确评价自我,认识交往对象,树立积极处事态度,改进人际沟通。

(二) PAC分析模型在人际沟通中的应用

PAC分析理论认为,理想的相互作用是"成人刺激"和"成人反应"。相互作用有时是平行的,如父母—父母,成人—成人,儿童—儿童。在这种情况下,对话会无限制地继续下去。但在现实生活中,常常会遇到交叉的相互作用,如父母—成人,父母—儿童,成人—儿童。在这种情况下,信息交流就会中断。

1. 平行的交往

平行的交往是一种互应交流沟通,符合正常的人际关系,也是一种人们所预期的反应。

P—P交流类型(父母—父母)。在这种交流类型中,甲乙双方都表现得颐指气使,比较武断。比如,甲:"你把这任务完成一下。"乙:"你不见我正忙着呢,找别人干去。"

A—A交流类型(成人—成人)。在这种交流类型中,甲乙双方都是以较成熟的理智的态度来对待对方。比如,甲方为管理者,问:"你能在一周内把这项任务完成吗?"乙方为普通员工,答:"如果没有干扰,我想是能够完成的。"

C—C交流类型(儿童—儿童)。此种交流类型,甲乙双方都是以幼稚对幼稚,缺乏理智判断,以感情用事的态度对待对方。比如,管理者要和一个没有完成工作任务的下属沟通,下属:"今天没心情,不想讨论工作。"而管理者的反应是:"你太任性了,工作由不得你的心情。"

C—P交流类型(儿童—父母)。比如,甲:"组长,我不大舒服,想早一点回去。"乙:"回去吧,剩下的工作明天再做。"

A—P交流类型(成人—父母)。此种交流类型,甲方以长者身份对待成熟而又理智的乙方;而乙方表现出理智行为,但又担心自己控制不住自己,愿意甲方担任P角色,接受其监督和控制。在上下级关系、同事关系、家庭关系中,常有这类交流类型。比如,甲:"我准备戒烟了。"乙:"那我以后不许你抽烟了。"

C—A交流类型(儿童—成人)。此种交流类型,甲方表现出幼稚、娇气、耍小孩子脾气。

乙方则表现出成熟的理智行为。比如，甲："下星期的考试，我一定通不过。"乙："你上次考得不错嘛。"

P—C交流类型（父母—儿童）。比如，甲："你看你的办公室乱成了什么样！"乙："我马上收拾。"

2. 交叉的交往

交叉的交往，往往不能获得适当的或预期的反应，这样，信息沟通就会中断。这类交往有以下几种：

AA—PC交流类型。此类交流类型，甲方以成人意识对待乙方，乙方却以父母意识进行反应，双方可能就会出现不愉快的局面。

比如，甲："老师，这次评奖，我有可能吗？"乙："你根本就不要想评奖的事！"甲："今天的培训几点开始？"乙："你不会自己看通知？"

AA—CP交流类型。此类交流类型，甲方以成人意识对待乙方，乙方却以儿童意识进行反应。比如，甲："你现在有什么困难？"乙："得了，虚伪，假惺惺，搞什么形式主义！"

PC—PC交流类型。此种交流类型，一方采取命令式而另一方不服，也采取同样方式回敬。这种交流类型常引起矛盾冲突。这种类型常发生在上下级或家长和子女之间。

CP—CP交流类型。此种交流类型，甲乙双方都喜欢用儿童对长者的幼稚态度，采用夸大的口气、感情冲动的态度对待对方。比如，甲："你的课上得不好，我不想听。"乙："那我走好了，你来上课。"这类行为也常发生在同事和朋友之间。

3. 交往的转变

交往中要自觉地使自己处于成人自我状态，这样才能引导对方也进入成人自我状态，使不良的交往转变为良好的交往。

比如，甲："你这次根本不用想评奖的事！"乙："请问这次评奖的标准是什么？"甲："这次评奖的标准是……"

这说明，当对方是PC状态时，若能用AA的态度对待，往往可以将对方引导到AA的状态。

此外，还有一种多重相互作用的交流类型，即一种主导意识中，可能包含其他两种刺激信息，从而构成多重相互作用交流类型。但只要成人意识起主导作用，即使有儿童意识和父母意识参与，也能形成和谐的关系。一般来说，平行关系是和谐的，交叉关系有时和谐，有时导致误会，出现关系紧张和关系中断现象。

（三）基于PAC分析理论进行管理沟通

根据PAC分析，人们交往中起主导作用的是P(父母)A(成人)C(儿童)三者中的一种心理状态。当乙方接到信息后，按照甲方的期望作出反应，那么这种交往关系属于"互补"或"平行"交流类型，交往就可能顺畅进行；如果乙方反应出乎甲方的期望，这种交往关系属于"非互补"或"交叉"交流类型。交叉交流类型可能会导致误会、紧张和关系中断。因而，恰当的自我状态是交流成功的关键。

"P—P，C—C"不良交往是一种普遍存在的社会现象，尤其是管理工作中，管理者由于工作压力大容易导致交往过程中表达方式较生硬，不良的交往方式势必影响上下级及同事间的感情，以及损害工作效率。

PAC分析理论能够帮助管理者改进沟通方式。如果管理者能掌握并应用PAC分析的方法，在管理沟通中，对惩罚性的父母态和任性的儿童态保持敏感，识别其独特的语言风格，在了解自己的同时也关注他人的沟通状态，根据不同的场合、不同的角色及时调整，进而把感情、思想和举止控制在适当的范围，并尽可能调整为平行或互补交流类型，就有可能消除信息交流中的心理障碍，促进管理沟通的正常进行。

一般情况下，"成人"的心理状态是解决问题的主要途径。成人的刺激，往往也会诱使对方作出"成人"的反应。因此，管理者一方面要把自己的情感、思想、举止控制在成人状态，努力培养自己的成人自我状态，另一方面要积极引导员工进入成人自我状态，尽量采用"成人"的反应去处理问题。这不仅在管理沟通中，而且在个人所有的交往活动中都是适用的。

课 堂 讨 论

自8月份以来,我已经连续两个多月没有休息天,每个周末都在办公室加班写材料。一个星期日下午,我正在赶第二天一早开早会要用的季度分析报告,这时,同部门的小林走到我办公桌前,要我立刻陪同客户参观厂区。

小林:你马上到楼下陪华新公司的客人参观厂区!带上16个参观证!

我 :你没看到我在写季度分析报告啊!没空!

小林:客户都在楼下等着,马上下去!报告回来再写!

我(心里虽然知道不能让客户等太久,报告也的确可以在参观回来后再继续写,但是由于小林的命令式口吻,心里非常不愉快。):你找别人带客人参观吧,我没空!

小林:哼,大小姐摆架子了啊!

我 :你又摆什么领导架子!凭什么要听你的使唤!

这时我的手机响了,是华新公司的一位老客户打来的,他在电话里笑呵呵地说:"小刘啊,好久不见了,听说等会儿你带我们参观啊,周末还在加班可要多注意身体哦!"

客户打来的电话使我任意发挥的信息内容和情感都得到及时的控制,这时我意识到在与小林的对话中已经陷入了不良交往心态模式,如果任由这种交往心态发展下去,只会导致更严重的后果。小林虽然在信息传递的情感上是命令式的,但是他所传递的信息内容是合理的,华新公司是我们的重要客户,我也和他们较熟悉,由我陪同参观是最合适的。因此,我暗示自己:将不良交往心态及时调整,消除彼此间的人际冲突。

我 :不好意思,小林,你等我一下好吗,我先拿好参观证和扩音器。16位客户对吗?

小林(不好意思地笑了笑):对不起,刚才我的语气太急了些。可是你最熟悉厂区参观的介绍词,华新公司的客户又数你最熟悉了。要不等会儿我帮你找资料一起写季度分析报告吧。

我笑着对小林说:算了,我也有不对的嘛。我们一起陪客户参观吧,大家都加了几个月班,怎么好意思再麻烦你帮我的忙。

小林:君子一言,驷马难追！我保证在晚饭前帮你整理好报告！

讨论题:运用PAC分析模型理论分析以上案例,注意上述案例情境中的当事人心态的表现与转换过程,你从中获得什么启发。

第七篇 心理健康与管理

由中华医学会健康管理学分会牵头,联合国家卫生健康委员会科学技术研究所等单位以及国内30余位专家和学者共同完成的《中国城镇居民心理健康白皮书》,于2018年4月29日发布。白皮书通过对历时五年的大数据分析得出结论:73.6%的人处于心理亚健康状态,存在不同程度心理问题的人有16.1%,而心理健康的人为10.3%,提示着心理健康管理重要的意义。

以前,只有医学心理学、精神病学等学科探讨心理健康问题,现在,管理学、管理心理学等学科也在开始重视心理健康问题了。管理者及员工的心理健康问题是管理心理学的重要研究内容。

第十五讲 认识心理健康

一、健康新概念

1948年世界卫生组织(WHO)成立时,就在其宪章中给人类健康下了一个定义:"健康是指身体上,心理上和社会上的完美状态而不仅是没有疾病和虚弱的现象。"从定义上看,心理健康成为了健康概念里不可或缺的元素。

1999年WHO的健康标准是:食得快;便得快;睡得快;说得快;走得快;良好的个性;良好的处事能力;良好的人际关系。即所谓的"五快三良好"。显然,"三良好"针对的是心理健康。

传统的认知模式是:健康=无身体疾病、身体强壮,而现代的认知模式则是:健康=身体健康+心理健康。

2016年10月,国务院颁布的《"健康中国2030"规划纲要》中,专设单节讨论"促进心理健康"。

2018年10月10日,第27个"世界精神卫生日",国家卫生健康委员会发布了"心理健康素养十条(2018年版)"。其中第一条就是:心理健康是健康的重要组成部分,身心健康密切关联、互相影响。

二、心理健康的标志

随着社会的发展,心理健康问题越来越受到关注。那么,人的心理怎样才算是健康的,心理健康的标志是什么?

关于心理健康的含义,中外的很多研究者都曾提出过自己的看法。精神病学家孟尼格尔(K. Menniger)认为:"心理健康是指人们对于环境及相互之间具有最高效率以及快乐的适应情况。不仅要有效率,也不只是要能有满足感,或是能愉快地接受生活的规范,而是需要三者的同时具备。心理健康者应能保持平静的情绪,有敏锐的智能、适于社会环境的行为和令人愉快的气质。"心理学家英格里斯(H. B. English)给心理健康的定义是:"心理健康是一种持续的心理状况,当事者在那种情况下能作良好适应,具有生命的活力,并能充分发展其身心的潜能;这乃是一种积极的丰富的情况,不仅仅是免于心理疾病。"1946 年,第三届国际心理卫生大会给出的界定是:"心理健康,是指在身体、智能及情感上能保持同他人的心理不相矛盾,并将个人心境发展成为最佳的状态。"

其实心理健康和不健康之间并没有一个绝对的界限,心理健康还是不健康也没有一个公认的、一致的标准。国外的许多心理学家从不同的角度进行了探索,提出了各种观点。我国学者根据我国的国情、民情和东方人的心理特点,提出了适合中国人特点的心理健康标准。

第一,智力正常。

这是人们学习、生活与工作的基本心理条件,因此,智力正常是心理健康的重要标准之一。

第二,情绪健康。

什么叫情绪健康呢?是不是意味着我总是情绪饱满、从没有不开心、从没有烦恼呢?当然不是。

我们经常说人有七情:"喜怒忧思悲恐惊"或"喜怒哀乐爱恶欲"。更何况现代社会中,竞争的压力、工作中的挫折、生活环境的显著变化、人际关系的紧张等,都会使人难以避免地处于紧张、焦虑、烦躁的情绪之中。也就是说,生活中我们有时情绪不好,有些消极情绪是很正常的,那么正常或者说健康与异常有什么不同呢?

正常情绪有三大特点:事出有因,表现恰当,适可而止。比如说,我在校园里丢了 1 元钱,如果我为此找了一整天,我为此奔走呼号、伤心痛苦。我的确是事出有因,丢钱了当然不开心。但毕竟才丢1元钱,1元钱在现代人的财富中占的比例非常非常小。所以既表现不恰当,也没有做到适可而止。这就不是正常的情绪了。

所以,人可能会不高兴,可能会生气,这也是很正常的现象,但是我们是为了什么而生气,是一种什么样的方式,是否适时适度,这就非常重要了。

人有情绪反应是本能,人能控制情绪反应是本领,当我们有了消极情绪应该如何应对呢?

首先,我们不能过分地压抑消极情绪。

美国生理学家沃尔特·布拉德福德·坎农(Walter Braford Cannon)100多年前就对情绪和生理过程的关系做过研究,提出过"坎农-巴德情绪理论"。之后,心理学家们也在研究中关注到情绪与疾病的关系,学者们一致认可情绪是生物、心理和社会三个层面交互影响的一个核心中介系统。诸多研究表明,不良情绪,特别是紧张刺激引起的不良情绪,如焦虑、恐惧、抑郁、孤独、害怕、烦恼和自卑等,可以改变机体的机能从而增加个体对疾病的易感性。这种易感性主要是通过各种类型的细胞的功能的减弱来实现的,换句话说,长期暴露于应激源和威胁之下对免疫系统有极大的影响。不良的情绪会导致免疫能力下降,从而导致疾病的入侵。

案例:"沉稳"的秘书

陈宇是一位领导的秘书,本身性格比较内向,加上职务的原因,他一直以来很注意自己的言行,行事很谨慎。天长日久,逐渐形成压抑、敏感的性格。在他人面前,陈宇从来不愿表露自己的态度和情绪,在别人看来,他是属于老成持重、喜怒不形于色的人。即使有时受到领导的批评他也是赔着笑脸,回到办公室也不见他有丝毫不良的情绪表现出来。在其他人眼里,他似乎是一个猜不透的人,不知道他在想什么。陈宇也因此不会跟其他人产生什么矛盾,但是陈宇知道,其实自己是将这些情绪压抑了。有时自己也很生气,甚至气得咬牙切齿,身子直哆嗦,然后就是一阵剧烈的胃痛、头痛。

压抑的消极情绪不仅损害我们的生理健康,也有损于我们的心理健康。

按照弗洛伊德的精神分析理论,个体受挫后会产生紧张、焦虑的情绪,这种情绪一定要通过某种形式发泄出来,心理才能保持平衡。如果抑郁的情绪得不到发泄的机会,随着挫折的增多,消极情绪积累起来,甚至会导致精神失常。

相关链接:《二次曝光》

2012年9月29日中国大陆上映过一部经典的精神分析案例电影《二次曝光》,这部影片名称非常有深意。影片的主人公宋其,小的时候,生父遭遇海难,她的生母在律师刘建的帮助下获得赔偿金,并与刘建产生感情。宋其生父侥幸逃生回来,发现其母另有他人,在争斗中勒死了她的母亲,宋其从窗户上的小洞目睹了母亲被勒死的场面。此后,宋其被刘建收养,在成长过程中,与刘建的儿子刘东产生情感。但是遭到养父刘建强烈反对,她只能把这股爱情的力量压抑下去。之后,她的养父死于车祸。童年的创伤和压抑的情感,让她的精神崩溃,出现幻觉。在幻觉世界里,宋其以自己为主角,又重演了一遍母亲被杀、养父死亡的悲剧人生。

其次,注意表达情绪、宣泄情绪。

我们有了消极情绪,不能过分压抑,而要注意表达情绪、宣泄情绪,但要注意选择表达宣泄情绪的时机和方式,即做到合理宣泄。什么是合理宣泄? 就是说,宣泄要是无损的宣泄,不能损害自己,也不能损害他人,要正宣泄,不能负宣泄。

我们在案例讨论中讲述过"邮件门事件","事件"的当事人放纵情绪,随意发泄,导致了不良后果。如果当事人能把握好宣泄情绪的时机和方式,结果可能就大相径庭。所以,问题的关键不在于我们是否遇到负性情绪,而在于是否能有效地处理和应对。

美国社会心理学家费斯汀格(Festinger)有一个很出名的判断,被人们称为"费斯汀格法则":生活中的10%是由发生在你身上的事情组成,而另外的90%则是由你对所发生的事情如何反应所决定。换句话说就是:生活中有10%的事情是我们无法掌控的,而另外的90%却是我们能掌控的。

费斯汀格举了这样一个例子。

卡斯丁早上起床后洗漱时,随手将自己高档手表放在洗漱台边,妻子怕手表被水淋湿了,就随手拿过去放在餐桌上。儿子起床后到餐桌上拿面包时,不小心将手表碰到地上摔坏了。卡斯丁疼爱手表,就照儿子的屁股揍了一顿。然后黑着脸骂了妻子一通。妻子不服气,说是怕水把手表打湿,卡斯丁说他的手表是防水的,于是两人猛烈地斗起嘴来。

一气之下卡斯丁早餐也没有吃,直接开车去了公司,快到公司时突然记起忘了拿公文包,又立刻转回家。可是家中没人,妻子上班去了,儿子上学去了,卡斯丁钥匙留在公文包里,他进不了门,只好打电话向妻子要钥匙。妻子慌慌张张地往家赶时,撞翻了路边水果摊,摊主拉住她不让她走,要她赔偿,她不得不赔了一笔钱才摆脱。

待拿到公文包后,卡斯丁已迟到了15分钟,挨了上司一顿严厉批评,卡斯丁的心情坏到了极点。下班前又因一件小事,跟同事吵了一架。妻子也因早退被扣除当月全勤奖,儿子这天参加棒球赛,原本夺冠有望,却因心情不好发挥不佳,第一局就被淘汰了。

在这个事例中,手表摔坏是其中的10%,后面一系列事情就是另外的90%。都是由于当事人没有很好地掌控那90%,才导致这一天成为闹心的一天。试想,卡斯丁在那10%产生后,假如换一种反应,比如,他抚慰儿子:不要紧,手表摔坏了没事,我拿去修修就好了。这样儿子高兴,妻子也高兴,他本身心情也好,那么随后的一切就不会发生了。

可见,你控制不了前面的10%,但完全可以通过你的心态与行为决定剩余的90%。

人人都要认识情绪反应这个本能,但又要不断地提高控制情绪的本领。当我们遇到情绪问题时,第一时间能帮助我们的不是他人,而是自己。那么,有哪些有效管理情绪、宣泄情绪的方法可以借鉴呢?

生活中很多人有每天记日记或写微博的习惯,把自己的伤心、快乐、激动、痛苦、沮丧等都写进日记里、空间里,其实写也是一种情绪表达方式。美国心理学家詹姆斯·潘尼贝克(James Pennebaker)在1986年首次提出运用"写作暴露"程序来降低焦虑、抑郁以及对心理应激反应进行干预。他做过一个有趣的实验,他让受试者连续五天都花15~20分钟写出"一生中最痛苦的经历",或当时最让人心烦意乱的事情。受试者写出东西后若想自己保留则悉随尊便。这种自我表白的效果惊人,因为经过一段时间,受试者的免疫力增强了,其后看病的次数大大减少,因病缺勤的天数也减少了。现已有很多研究者对"写作暴露"的心身健康促进功效进行了研究。经过实验,心理学家们发现"写作暴露"和抑郁、焦虑、应激症状以及躯体症状的降低之间存在一定的因果联系,"写作暴露"能明显促进人的心理和身体健康。

美国加利福尼亚州圣克拉拉大学心理学教授Jerry M.Burger在他所著《人格心理学》一书中,介绍过一项实验:要求参与的大学生匿名写出自己的痛苦或创伤经历,另一些控制组的学生被安排在同样的时间写一些无关紧要的日常话题(如描述他们的起居室)。发现表露创伤经历对健康有好处。

Jerry M.Burger认为:即使把日常压力带来的感受写成文字,也会使人更轻松地应对这些担忧。在一项研究中,写出对即将到来的研究生入学考试的担忧感受的大学生在谈起考试时,烦躁情绪较轻。在另一项研究中,写出自己第一学期在学校适应中面临的困难的大学新生,比写出日常话题的新生在第一学期取得了更好的学习成绩。研究还发现,把不愉快的个人信息深藏于心的人,和那些坦荡开放的人相比,幸福感较低。

自我表露之好处的例子在我们周围随处可见。当人们遇到麻烦时常常去找朋友倾诉。一些人坚持写日记,另一些人会写微博。越来越多的人在网络上以匿名的方式表露自己的各种类型的缺点和遭遇的磨难。说出或写出令人烦恼的体验可能是战胜创伤的重要一步。

说,也是一种疏泄积郁情绪的很好的方法。所以,当我们心情不好时,可以多找朋友、家人倾诉,也可以疏泄积郁的情绪。

转移注意力也是调解情绪的一种方法。

心理学上有一个著名的实验:看不见的大猩猩。这个实验非常有趣,实验者要求参与者观看一段人们迅速地相互之间传递篮球的视频,并要求被试记录下传球的数量。在视频的中间时段,一个穿着大猩猩服装的人在镜头里整整走了9秒。但是在后续的问谈中,被试者不会被问到所记下的传球次数,而是会被问到是否注意到人群中走过的那只"大猩猩"。结果大约只有一半的被试者看到了走过去的那只"大猩猩"。在心理学上这个现象被称作"无意盲视",即人在太过于投入某件事的情况下,很容易忽略身边的事,即使这件事很显眼。

对待负面情绪也是同样道理。你过于关注它,它对你的危害就会被放大。掌握了这一规律,我们就可以用转移注意力的办法对付负面情绪。比如,有意识地转移话题或做点别的事来分散注意力,出去走一走,看电影、听音乐或做有氧运动,避免情绪继续恶化。

注意调节认知也很重要。

Jerry M. Bruger 在他所编著的《人格心理学》中说到:仅有消极生活体验不足以引发抑郁。怎么解释这些事件是关键。Jerry M. Bruger 提到:研究者发现了消极认知风格与抑郁的联系。长期、广泛地把消极事件看作个人缺点的结果的人,只要有一件难以避免的不幸经历发生,就会陷入抑郁。有研究者考察了遭受身体和情绪虐待对一组妇女的心理影响。在这些妇女进入受虐妇女庇护所两周以后,研究者和她们进行了接触。他们发现,具有消极认知风格的妇女比不具备这种风格的妇女更多地出现抑郁和其他创伤症状。另一项研究考察了强烈地震之后的情绪反应。具有消极认知风格的人,比不具有这种认知风格的人,在地震后更可能发生抑郁。

1962年,美国心理学家斯坦利·沙赫特(Stanley Schachter)和辛格(Jerome Singer)进行过这样一项实验:他们把实验参加者分成两大组,一个称为实验组,另一个称为控制组。实验前,他们告诉所有的实验参加者,这个实验是要考察一种新型维生素对视力的影响效果,这种新的维生素对于人体是没有任何毒副作用。在征得这些实验参加者的同意后,实验者为这些实验参加者注射了这种新型维生素。但实际上,心理学家们给控制组的实验参加者注射的是生理盐水,而给实验组的实验参加者注射的是肾上腺素,肾上腺素会使人出现心悸、颤抖、灼热、血压升高、呼吸加快等反应而处于典型的生理唤醒状态。

注射以后,心理学家们又将实验组的实验参加者分为了三个小组:

告知组:告诉被试药物会导致心悸、颤抖、兴奋等反应(即真实反应)。

未告知组:温和的没有副作用。

误告知组:导致全身麻木、发痒、头痛(虚假信息)。

然后人为安排两个情景:愉快情景和愤怒情景。

实验组里三个小组的被试各有一半进入愉快情景(唱歌跳舞、滑稽表演),另一半进入愤怒情景(看到一个人对填写的调查表发怒咒骂,被试被要求填写调查表,表中带有攻击和辱骂性的题目)。

实验结果是:控制组和告知组在室内安静地进行工作,不理会同伴的愉悦和愤怒;未告知组和误告知组更倾向于追随室内同伴的行为,变得愉快或愤怒。控制组没有接受环境因素的实验所以平静。

沙赫特认为控制组的实验参加者未经受生理唤醒所以平静,告知组平静是因为能正确解释自身的生理唤醒,所以不被环境影响。未告知组和误告知组的实验参加者对自身的生理唤醒没有现成的解释,从而受到环境中同伴行为的暗示,把生理唤醒与愉快或愤怒情景联系起来并表现出相应的情绪行为。

由此,两位心理学家得出了这样的结论:无论生理唤醒还是环境因素都不能单独地决定情绪,情绪发生的关键取决于认知因素。通俗地说,就是我们对于一件事情或一个人的看法和态度才是决定我们产生何种情绪的重要因素。

从这个实验的结论中,我们不难看出,建立一个对事件或人的合理认知才是进行情绪管理的根本。

美国临床心理学家埃尔伯特·埃里斯(Albert Ellis)在20世纪50年代提出情绪ABC理论。他以一句很有名的话作为ABC理论理念上的起点:"人不是为事情困扰,而是被对这件事的看法困扰着。"

所谓ABC,A指事件(accident);B指信念(beliefs),是指个体在遇到诱发事件之后,对该事件的想法、解释和评价;C是指这事件发生后,人的情绪和行为结果(consequence)。通常人们会认为,人的情绪是直接由诱发性事件A引起的。ABC理论则指出,诱发性事件A只是引起情绪的间接原因,而人们对诱发性事件所持的信念、看法和解释B才是引起情绪更直接的原因,即A→B→C。

目前心理咨询与心理调整中有一种经常运用的方法就是合理情绪疗法,亦称"理情疗法"。这种方法的理论依据就是情绪 ABC 理论,它旨在通过纯理性分析和逻辑思辨的途径,改变咨询者的非理性观念,以帮助他解决情绪和行为上的问题。这种方法,我们既可以用来帮助他人摆脱心理困扰,也可以用于自身心态调整。这个过程我们可以概括为:A、B、C、D、E,即:A——诱发事件,B——由 A 引起的信念(对 A 的评价、解释等),C——情绪的和行为的后果,D——与不合理的信念辩论,E——通过调整达到的新的情绪及行为。

不合理信念的特征主要有:对他人及自己的绝对化要求(人们以自己的意愿为出发点,对某一事物怀有认为其必定会发生或不会发生的信念,它通常与"必须""一定""应该"这类词连在一起);过分概括化(以点概面、以偏概全的不合理思维方式的表现);糟糕至极(不可原谅,无法改变);过分外归因(都是环境和他人的原因,我无能为力)。

人的情绪状态,大部分来自于自己内在的心理活动,自己的"坏心情"常是自己对外界的理解与评价导致的,而并非单纯是外界对自己产生的影响,所以当我们情绪波动较大时,需要反观自己内心的活动,分析自己内在的想法是否存在不合理之处,懂得爱护自己,建立起健康的内部对话,摆脱负面情绪的影响。

情绪调节的方法有很多,可根据每个人情绪问题的类型、程度、原因以及个性特征采用适宜的方法。

第三,人格完整与和谐。

人格完整与和谐就是指有健全统一的人格,即个人的所想、所说、所做都是协调一致的。能力、兴趣、性格与气质等各个心理特征必须和谐而统一,生活中才能体验出幸福感和满足感。例如一个人的能力很强,但对其所从事的工作无兴趣,也不适合他的性格,那么他未必能够体验成功感和满足感。相反,如果他对自己的工作感兴趣,但能力很差,力不从心,也会感到很烦恼。当一个人的人格结构各方面彼此和谐一致时,就会呈现出健康的人格特征;否则,就会出现心理冲突,产生各种生活适应困难,甚至出现"分裂人格"或称"多重人格"。

第四,热爱生活,乐于工作。

人人都会有苦恼,但心理健康的人能从生活与工作中寻得快乐。

第五,自我评价正确。

恰如其分地认识自己,摆正自己的位置,既不以自己在某些方面高于别人而自傲,也不以某些方面低于别人而自卑。在努力发掘自我的同时,对自己无法补救的缺陷,也能泰然处之。现实生活中,个体常常容易出现两种自我知觉偏差。一是过高评价自己,恃才傲物,孤芳自赏。另一种是过低评价自己,看不到自我的价值,抑制了能力的发挥和潜能的挖掘。

第六,人际关系和谐。

作为社会性的人,我们离不开与别人的交往。而人与人的关系最为微妙,最为复杂,相处不好，又最易造成心理负担。

我国著名心理卫生学家丁瓒先生曾指出：人类的心理适应，最主要的就是对于人际关系的适应，所以人类的心理疾病，主要是由于人际关系的失调而来的。神经生理学的研究发现，遭受人际关系排斥会使个体的情绪低落，此时所激活的脑区与生理疼痛时所激活的脑区重合。不能与他人建立稳定的人际关系的个体，常常会体验到抑郁、焦虑等负面心境。长期遭受社会拒绝和排斥，会导致个体的社会功能退缩，合作意识降低，认知功能受损，甚至会增加个体的反社会和攻击性行为。因而，人际交往活动能反映人的心理健康状态。

哈佛大学自1940年以来一直在进行一项对幸福人生的研究，这是精神医学领域最负盛名的"人生全程心理健康研究"，从这个研究项目中产生了大量的学术论文、书籍，许多成果影响了精神医学和心理治疗的理论与实践。哈佛大学医学院麻省总医院（MGH）精神科医师、精神分析治疗师Robert Waldinger教授是这项研究的第四任主持者。Robert Waldinger于2015年11月在著名的TED演讲中报告了他们的研究成果。75年里，他们跟踪研究了724个人的一生。研究对象来自于波士顿两组背景迥异的居民——268名哈佛的高材生和456名贫民区的孩子，这些年轻人长大成人，进入了社会的各个阶层，七十几年过去了，他们中的很多人都经历了生老病死。只是有些人从社会底层一路青云直上，也有人恰恰相反。

至今，这项研究长达几十万页的访谈记录达成了一个共识性的结论：良好的人际关系能让人更加快乐和健康，良好人际关系的存在可以提升人类的健康水平和幸福感。

2021年3月，中国科学院心理研究所科研团队在发布的《中国国民心理健康发展报告（2019—2020）》（以下简称《报告》）中指出，研究生群体的心理健康影响因素包括：日常工作时间、心理健康素养、与导师关系、压力四个方面。《报告》显示，导师和研究生在过去一年的沟通频率大部分集中在一周至少一次或一个月至少一次上（41.2%和36.8%）。与导师沟通的频率越高，表示满意的研究生比例越高。研究生与导师的关系是影响其心理健康的重要因素。

第七，社会适应正常。

个体与客观现实环境保持良好秩序，能客观地认识现实环境，有效地对付环境中的各种困难，还要根据环境的特点和自我意识的情况努力进行协调，或改善环境适应个体需要，或改造自我适应环境。心理不健康的人往往以幻想代替现实，不敢面对现实，总是抱怨他人或者责备社会环境，怨天尤人，无法适应现实环境。

大家都知道那个著名的典故："如果有个柠檬，就做柠檬水。"当前世界主流心理学家的观点认为，心理健康的本质就是适应性。人进入一个社会环境就必须进入良好的适应状态。

第八，心理行为符合年龄特征。

不同年龄阶段有不同的心理和行为,心理健康者应具有与多数同龄人相符合的心理行为特征,如果严重偏离,就是不健康的表现。比如已是成人还不能成熟思考问题,心理行为仍然停留在儿童时期。这就是与年龄不相符合的心理行为特征。

我们在理解和运用心理健康的标准时,要看到两点,一是上述心理健康的标准是相互关联的,二是心理健康的标准是相对的。

首先,心理健康的标准是相互关联的。像自我认知方面有偏差的,人际关系上也往往有问题。积极乐观的生活态度、积极的自我评价、良好的人际关系及良好的适应性都是相互关联的。

案例:请叫我"大连"

2020年疫情期间,有一位大连小伙火了。大连的蒋文强本想去长沙一趟,结果误入高铁上外地回武汉人员的专门车厢,阴差阳错滞留武汉。举目无亲的他,打车打不到,酒店也住不上。经过一番周折,最后电话联系到了武汉市第一医院,成为一名病区保洁志愿者。

虽然这个"志愿者"当得很意外,不是"自告奋勇",但他对生活的态度,对生活不期而遇的遭遇,处理得十分让人敬佩。可以说,全国人民都为他的乐观坚强态度、对生活挑战的适应和接受能力而折服。

面对计划外的突发情况,并没有抱怨,没有陷入其中,而是很快就调整了心态,积极寻求方法自救。

这个小伙还很自信、乐观。穿上防护服,不能频繁上厕所,便自称是"憋尿小王子",还写一字条自称是9楼护士们的"女神守护者"。他这名志愿者成了医院里的"大红人",用医护人员的话说,他上演了一幕抗击疫情的"温暖剧情"。

其次,心理健康的标准是相对的。在心理健康与心理疾病之间存在着一个"心理亚健康区"。处于亚健康状态的人,如果不加以适当的调试,很可能就滑入患病区。我们说心理健康,不是说没有失败,没有冲突,没有痛苦,而是能够有效地进行调整。

其实,心理健康说到底是一种人生态度。心理健康的人,以积极的眼光看待世界,看待周围事物。心理健康的人追求高尚的生活目标,但能放弃做"完人""超人"的念头。一个心理健康的人,有目标,但目标不要太完美,既要积极进取,又要正视客观现实。

第十六讲　影响心理健康的因素

一、遗传因素

一般说来，人的心理活动是无法遗传的，主要是后天的社会环境影响下形成和发展起来的。但人作为一个整体（身体、心理）与遗传因素的关系就十分密切，尤其是人的体形，气质、神经结构的活动特点，能力与性格的某些成分都受到遗传因素的明显影响。澳大利亚基因学家尼克·马丁(Nick Martin)2002 年在国际人类基因组大会上宣布，他在实验中取得了大量的证据，证明人体有特定的基因控制着焦虑和抑郁这些"情绪"。马丁说，虽然人类焦虑在很大程度上受外界因素的影响，但是它们确实是由遗传基因控制的，而且属于多基因疾病。马丁说，他从 1 万对具有亲缘性神经性疾病的患者中挑选出其中的 600 对，并对他们的神经细胞进行全基因组扫描。他在实验中找到了在同一区域重复出现的几对染色体，这些染色体对人的神经特质能够产生很大的影响。

二、工作压力

在工作中，人们时刻都会面临来自不同方面、不同程度的压力，虽然压力可以转化为激励和动力，但长期性的压力过大，又缺乏科学的解压方法，对身心都有害。

相关链接："执行猴"

国外一个研究报道说明了压力如何"杀死"执行的猴子。

1958年，一位叫布雷迪的学者进行了一项名为"执行猴"的实验，他把一对猴子同时绑在两个并排的椅子上。每隔20分钟给它们一次电击。一只猴子叫做"执行猴"，它可以按一杠杆来避免电击，如果间隔20分钟按一次杠杆，它就永远不会受到电击。如果到了20分钟的间隔时间它没有按杠杆，就要被电击，另一只猴子同时也受到一次电击；"执行猴"避开电击时，另一只猴也不受电击。也就是说，另一只猴子和"执行猴"所受的电击次数是相等的，所不同的是它无事可做，只有把命运交给"执行猴"。在这个每天连续6小时的实验过程中，"执行猴"患了胃溃疡，6周之后死于穿孔性胃溃疡，而无能为力的猴子却没有患胃溃疡。很显然，压力"杀死"了"执行猴"。

在现代社会，因紧张压力而引起身体疾病甚至死亡的现象是较为普遍的，大家熟知的"过劳死"可以说是压力影响身体健康的最好体现。

过高的工作压力不仅会影响个体的身体健康，同时还影响人们的心理健康。

2021年3月31日，中国青年报以《2020版"心理健康蓝皮书"关注研究生群体抑郁焦虑状况》为题，报道了中国科学院心理研究所科研团队发布的《中国国民心理健康发展报告（2019—2020）》（以下简称《报告》），《报告》对研究生群体的心理健康问题及影响因素进行了专题调查：2019年研究生心理健康状况与影响因素——以中国科学院大学研究生为例。《报告》认为，过长的工作时间对心理健康有负面影响。工作时间越长，抑郁、焦虑的得分越高。当日常工作时间超过10个小时，抑郁平均分超过10分，即可能出现一定程度的抑郁表现，因此日常工作时长控制在10个小时以内可能更有利于心理健康。参与本次调查的研究生每周平均工作时长为61.95小时，从分布比例上看，约70.0%的研究生每天工作时长8个小时或以上,36.5%的研究生每天工作时长10个小时或以上,表明研究生的工作任务较重,可能带来工作—生活不平衡的风险。

工作压力的心理症状的表现形式有紧张、焦虑、抑郁、记忆力减退等。

案例:走得太累,就停下来看看风景,别逼自己太紧

据《郑州晚报》消息,2014年5月4日下午,《都市快报》一位副总编辑自杀离世,年仅35岁,膝下两子。据透露,自杀原因疑系抑郁症。

《都市快报》现任总编辑,在新浪长微博上发文:"你要走,我怎么一点也没有觉察呢?年前,我把两个部门又压到你身上。过完年,我问你,新媒体工作要上早班,报纸工作要上夜班,工作时间这么长,休息怎么保证?要不要做些调整?你说,没有大问题,自己能克服。我就这样信了。"

总编辑在微博的最后表达了深深的歉意。"对不起,我不能早一点看出你的疲惫。对不起,我们同在战壕,除了不停地面对挑战,却忘却了隐藏在内心的敌人。这个敌人,才是生命的死敌。"

在最近的工作压力对心理健康影响的研究文献中,提及较多的是工作压力对工作倦怠的影响。工作倦怠是工作压力的特殊心理反应形式,国内外有关工作压力的研究表明,多数人在面对压力时会出现身心紧张反应,如果这种状态得不到有效的缓解,持续下去就可能会出现对工作的倦怠感。

32岁的陆帆是一家知名企业的高层主管,年纪轻轻的他能获得这么好的位置除了他的才华,更多的是靠他的勤奋,每天工作20个小时是常事。他一直认为自己年纪轻精力充沛,但忽然有一天他发觉身体上越来越多的困扰向他袭来,心悸、失眠、易怒、多疑、抑郁,以前10分钟就能解决的问题现在却要花费1个小时,他甚至对工作产生了极其厌倦的情绪。

工作倦怠或职业倦怠和肉体疲倦劳累不一样,它源自心理疲乏,是一种在工作重压之下所体验到的身心俱疲、能量被耗尽的感觉。

中国人力资源开发网主持完成了一个《中国"职业倦怠指数"调查结果》的报告,调查显示,"职业倦怠"正成为社会流行病。另外调查发现,男性更容易发生倦怠,这与男性在工作中承担更多的压力和社会期望有直接联系。调查还发现,工龄越长,越容易倦怠,中层干部问题最严重。高级员工和中层干部处于所在组织的运转核心,所以职业倦怠现象比较严重。

许多人由于长期从事某种工作,在日复一日重复机械的工作中,渐渐会产生一种疲惫、困乏甚至厌倦的心理,工作中难以提起兴致,打不起精神,只是仗着一种惯性来工作。也就是说,产生了倦怠。面对这种情况,学会调整心态是非常必要的。

那我们如何减压呢?从个体层面上来说,工作压力管理的策略主要有以下几点:

第一,调整认知方式。

首先,调整心态面对讨厌的人或事。其次,降低自我期望值,使期望与能力相称,这样才能减少期望过高的压力。

第二,释放压力。

英国萨塞克斯大学心智实验室研究表明,阅读能使压力水平降低68%,听音乐能降低61%,喝茶或咖啡能降低54%,散步能降低42%。

无论是在日常生活中,还是在影视剧里,我们都听到过这样的话语,"别愁眉苦脸的啦,咱们去跑步机上出出汗,你的心情就会好些的";"工作压力好大啊,咱们去打场球,好好放松放松"。这些描述绝不是空穴来风,运动减压是十分有效且无副作用的"良药"。体育锻炼在缓解和预防压力中能够起到关键作用。

科学研究发现,运动本身可以促进人体的内分泌变化。大脑在运动后会产生名为内啡肽的物质,人心情的好坏与大脑分泌出来的内啡肽多少相关。在内啡肽的激发下,人的身心处于轻松愉悦的状态中。内啡肽因此也被称为"快乐激素",它能让人感到欢愉和满足,可以帮助人排遣压力和不快。因而,体育运动能使你很好地发泄,运动完之后你会感到很轻松,不知不觉间就可以把压力释放出去。当然,中等偏上强度的运动,比如健身操、跑步、登山、羽毛球等,运动30分钟以上才能刺激内啡肽的分泌。

第三,随它去。

判断一下你能控制和不能控制的事情,然后把事情分开,归为两类,并列出清单。不要试图控制无法控制或改变的事实,做自己能够解决的问题。生活中许多事情是我们无法左右的,只要是自己不能控制的就由它去,不要过多地考虑,给自己增添无谓的压力。

第四,自我鼓励,做自己的加油站。

品味工作中那些令人愉悦的事,它可能是自己完成的一份漂亮的建议书,或客户的一个肯定微笑,或上级对自己工作的赞赏,等等,给自己以积极的自我暗示。

第五,分散压力。

可能的话把工作进行分摊或委派,以减小工作强度。千万不要认为你是唯一一个能够做好这项工作的人,否则就可能把所有工作都加到你的身上,工作强度就要大大增加了。有效的授权是一项重要的管理技巧。若授权得当,所有参与者均可受益。

第六，会工作也要会休息。

当你的大脑一天到晚都在想工作的时候，工作压力就形成了。这时要分出一些时间给家庭、朋友、爱好等，只知工作而无任何业余爱好的人更容易感到烦恼、紧张与压力，也更容易出现健康问题。

无论工作多么繁忙，每天都应留出一定的休息时间，尽量让精神上绷紧的弦有松弛的机会。或一段时间的繁忙工作之后，要有放松，在日程表上要有休闲、休息的时间。

第七，寻求社会支持。

社会支持是指人们感受到的来自他人的关心和支持，社会支持可能来自家人、朋友、同事等，也可能来自与我们关系一般的其他人，甚至陌生人。从支持的形式上看，既可能是情绪上的支持，也可能是物质援助。

20世纪70年代，社会支持的概念就被引入精神病领域，医学和社会学采用定量评定的方法对社会支持和身心健康的关系进行了大量的实证研究。目前大量的研究证明，社会支持与健康之间有明显的正相关，因为你的社会支持系统丰富，你的朋友多，家人关系好，那么你的减压渠道自然就会多了。社会支持系统可以帮助我们宣泄不良情绪，获得情感支持和各种形式的帮助，有效缓解压力。因而，为了保证自己的心理和生理健康，我们有必要去寻求和利用生活中的种种支持。

三、个性特征

每个人的个性不同，不同的个性都有自己的优势和不足。但有共同的一点：个性特征是影响心理健康的一个重要因素。而且，现代研究证明，很多疾病的发生与人的某些心理类型密切相关。

我们前面说过，气质没有好坏之分，不具有社会道德评价的含义，不能决定个人的成就大小。但气质对人的身心健康有影响。开朗、活泼、乐观的人不易患精神疾病；暴躁、容易激动的人，易患高血压和冠心病；忧郁、消沉多虑的人，易患溃疡病、神经官能症等。生活实践也表明，胆汁质与抑郁质的人在不良环境和外界压力下，容易产生心理健康问题。

我们在个性篇中还提到 A 型行为模式。A 型行为模式的提出是心理学对于身心疾病研究的一大贡献，长期以来医学界认为诱发心脏病的原因是高血压、血清胆固醇、吸烟等，但这些因素解释或预测不到心脏病的半数。后来心理学提出易患心脏病的人有一种共同的行为模式，称为 A 型行为模式。目前在临床上，用是否是 A 型行为模式来预测是否易患心脏病具有很高的准确性。经过临床医生、心理学家的共同研究,发现A型性格所包含的"敌意",是心血管疾病的易患因素。A型性格中对外界的敌意态度和高度生气、发怒的特征联合作用,成为患冠心病与高血压的诱因。由此可见,不良的人格因素危及人体健康。大量的研究亦表明,与B型人格的个体相比,具有A型人格的人无论是在工作中还是其他情境中都容易产生压力感。

A型行为并不完全是天生的行为,它可以通过自我调节而改变。比如:学会放松,学会授权,提高自己的倾听能力,控制工作量等。

相关链接:A型行为自我测试表

1. 在谈话中,你是否过分强调一些词,并且对句子中最后的几个词一带而过?
2. 你行动、吃饭、走路的速度是不是总是很快?
3. 当事情的进展速度不能如你所愿时,你是不是会变得不耐烦或生气?
4. 你是否经常在同一时间(时期)干几件事?
5. 你是否经常把话题转到你所感兴趣的问题上来?
6. 当你休息时,你是否有点负罪感?
7. 你是否更关心结果而不是过程?
8. 你是否经常注意不到环境中的新事物?
9. 你是否经常在很短的时间内安排很多的事情?
10. 你是否发现你和也喜欢赶时间的人在暗地里竞争?
11. 在交谈时,你是否喜欢用一些有感染力的手势,比如为了强调某一个问题而握紧拳头或敲桌子?
12. 你是否认为行动迅速是成功的关键?
13. 在日常生活中,你是否经常用数字给你的成就打分,比如卖出货物的数量、赚到的金钱数,等等?

如果你对多数问题的回答是"是",你就可以被认为是一个典型的A型行为的人。如果你对一半问题回答"是",你仍然是一个A型行为的人,但不太极端。反之则是B型倾向。

四、挫折

在心理学上,挫折是指一种情绪状态,指挫败、阻扰、失意之意。一般说来,挫折的压力如果没有超过个体的承受力,在某种程度上具有积极作用,挫折会成为一种磨练。但若挫折过于强烈或承受挫折的能力低,超过了个体的耐受能力,而个体在承受不了的情况下又不能正确对待,就可能引起情绪紊乱,心理失去平衡,出现心理障碍或是心身疾病。所以,挫折与心理健康的问题应引起重视。

(一) 挫折的容忍力

生活中,每个人对待挫折的态度与耐受力是有明显差异的。能引起某个人产生挫折的情境,不一定构成其他人的挫折情境。而且人们对待挫折的心态也有明显差异。

所谓挫折的容忍力是指个人遭受打击后免于心理与行为失常的能力。换句话说,指个人能承受环境的压力和经得起挫折的能力。

能忍受挫折的打击而保持自身心理平衡与人格完整,这是一个人适应力强和心理健康的标志。心理学的研究表明,一个人对挫折的容忍力的高低受四个方面因素的影响:一是个体的生理条件,二是个体的挫折经历,三是个体的个性特点,四是个体对挫折的判断。

每个人都有一定量的心理承受能力,当个体遭受挫折、遇到失败或犯了错误时,给予批评或处罚是应当的、必要的,但要根据每个人的不同心理容量、心理承受能力区别对待。

(二) 挫折的心理防御机制

人们在遇到挫折时,常用的解决心理问题的方法有哪些?哪些是理智的?哪些是非理智的?这就是挫折的心理防御机制。心理防御机制是弗洛伊德提出的心理学名词,后来,弗洛伊德的女儿安娜·弗洛伊德(Anna Freud)及其他后来者又补充和完善了心理防御机制的类别。这里我们介绍其中的几种。了解这些不仅有利于我们自己对抗挫折,也会有助于及时识别与援助他人。

挫折的心理防御机制可以分为两大类:理智的对抗、非理智的对抗。

1. 理智的对抗

理智的对抗包括固执、妥协等形式。

(1) 固执

固执表现为人受挫以后在行为上反复重复着某种无效的动作和行为。这往往是因为暂时找不到适当的应对行为所造成的。人们在社会生活环境中反复遭受同样的挫折,一时又难以克服,就可能慢慢失去信心,而形成刻板化的反应方式,也一再重复同样而无效的行为。

固执的反映,较为严重的是心理强迫症的发生,这是一种病态的固执,表现为不能为主观意志所控制,没完没了地重复一些单调、机械的动作。如某公司的职员,因为下班时漏锁了一份文件而受到了领导的批评,从此以后他每次锁好文件柜,都要反复打开数遍检查。有时,他明知文件已经锁好,可刚刚离开两步又返回来检查,自己已经不能控制。对于这种情况,必须及时接受心理治疗。

(2) 妥协

人们受到挫折时会产生心理或情绪的紧张状态。这种状态在心理学中被称为"应激"。人们长期处于过度应激状态会引起各种疾病,因此需要采取妥协性的措施减轻应激状态。妥协性措施主要有下面几种表现形式。

第一,文饰。文饰也叫合理化作用,是采用合理的理由来解释所遭受的挫折,以减轻心理痛苦。这是人们经常使用的一种心理防卫方法。

合理化的一种常见表现是,在追求某种东西得不到时,为了冲淡内心的不安,为自己找到这样一个理由:认为不值得追求,而不是自己条件不够或不太卖力,也就是借着贬低对方来安慰自己。

我们都知道《伊索寓言》中"酸葡萄"的故事:狐狸想吃葡萄,但由于葡萄长得太高无法吃到,就说葡萄是酸的。因此,心理学上把个体在追求某一目标失败时,为了冲淡自己内心的不安而将目标贬低说"不值得"追求而聊以自慰的现象,称为"酸葡萄效应"。

相反,有的人得不到葡萄,而自己只有柠檬,就说柠檬是甜的。这种强调凡是自己认定的较低的目标和自己有的东西都是好的,借此减轻内心的失落和痛苦的心理现象,被称为"甜柠檬效应"。

"酸葡萄效应"与"甜柠檬效应"在日常生活中都很常见。比如,有的大学生参加某一个竞聘或招录活动,初选即被淘汰,当别人问起状况时,会对人说"我本来就对这个岗位不感兴趣,只是别人叫我一起去凑凑热闹而已"。再比如,你在购物直播间里抢购了一套衣服,收到以后觉得价钱太贵,颜色也不如意,但你和别人说起时,你还是会强调这是今年最流行的款式,等等。

这两种心理防卫方式的实质是一样的,是一个问题的两面:都是因自己的真正需求无法得到满足并产生受挫感时,为了消除或减轻内心的不安,编造一些理由,进行自我安慰。这些所谓的理由不过是"自圆其说",但从心理学上讲,却有维护心理平衡,实现心理自救之效。有些不如意的事情摆在那里,如若能改变,当然该向好处努力,如果已成定局,无法挽回,就该宽慰自己,接纳自己,承认现实。这是释放压力的重要方法。

酸葡萄和甜柠檬效应也提醒我们,对于相同一件事,如果从不同的角度去看,结论会不尽相同,心情也会不一样。

有一部阿根廷拍摄的动画短片——《雇佣人生》,在世界上获得了102个奖项,12分钟的短片,没有一句台词,却让观者震动、反思。

笔者曾在课堂上让学生们一起观看了这部片子,然后交流观影感受。

有学生说:看完后好郁闷、好压抑啊,心里很不舒服、说不出的难受。有的学生说:片子的拍摄者很有创意,很佩服他对生活的敏锐的观察力、深刻的洞察力。也有学生说:既看到了"人的异化"、人沦为工具,也看到了"我为人人,人人为我"。

同样的情节,有人看到阴暗与冰冷,也有人看到超脱与淡然。

当我们遇到问题时,换个角度看,结论不同,心情也不同。所谓"换个角度换片天"。

案例:钟南山院士的"喜事"

钟南山院士自恃身体好,工作起来不顾一切,结果在2005年8月的一天晚上,觉得心脏不适,呼吸困难,幸亏抢救及时,进行了心脏支架手术,才得以康复。就在钟南山情绪低落之际,他接到了表哥的电话,第一句话是:"祝贺你!"钟南山心里说:"我这么倒霉,还有什么好祝贺的?"没想到表哥接着说:"之所以祝贺你,第一是因为你这个病没有发生在出差途中,可以很及时地到达医院;第二,梗塞的只是很小一段血管,不是重要部位;第三,这件事正好给你一个警告:要注意身体了!"

任何事物都有两面性,如果从一个角度看,可能引起消极的情绪体验,陷入心理困境;从另一个角度看,就会发现积极意义,从而使消极情绪转化为积极情绪。

第二,表同。表同指为了应付挫折压力,有意识地模仿他人的思想和言行,从而减轻内心的压力。比如,有人把自己和在某项事业中获得成功的人或有名望的集体联系在一起,从而求得一些间接的光荣,借此以减少挫折的影响。

第三,投射。投射的表现是把自己的不当、失误转嫁到他人身上以减轻内心压力。人在遇到挫折后,通过投射方法可以将自己的失败、罪过推到别人身上去,以此来减轻自己的不安、内疚和焦虑。投射实际上就是一种通过以己度人的方法而达到心理防御的目的。它可使个体获得暂时的内心平衡。因而也是一种心理防御反应。

第四,反向。反向是指人受挫以后表现出与自己内心体验相反的行为。比如,明明是自己内心需要、喜爱的对象,在行为上反而极力排斥。又比如,过分炫耀自己的优点,可能是由于严重的自卑所致。这种做法虽然可以减轻焦虑,获得暂时的安静,但并不能根本解决问题,而且压抑情绪的过程对人的身心健康有极大的危害。

第五,替代或升华。替代或者升华是指人受挫以后,另选目标取代原来目标,减轻内心压力,达到一种积极的心理平衡。升华作用能使原来的动机冲突得到宣泄,消除焦虑情绪,保持心理上的安定与平衡,还能满足个人创造与成就的需要。这对于社会和本人均有积极意义。歌德失恋后曾出现自杀的想法,后听闻好友威廉·耶路撒冷因为失恋开枪自杀,受刺激的歌德将失恋的痛苦转化为创作的动力和素材,用四周的时间写出了《少年维特之烦恼》这本几乎让他在德国一夜成名的世界名著。所以,升华是一种很有建设性的心理防御机制,也是维护心理健康的必需品。

第六,冷漠。冷漠是指人反复受挫,又不能攻击使之受挫的对象,把愤怒的情绪积压在内心,失去喜怒哀乐,对一切无动于衷。比如,一个关心集体、爱提意见的员工,如果他的合理化建议和要求不但长期得不到领导的重视和解决,而且还说他多事,那么他的积极性就会受挫,从而对工作中的问题漠然视之,对领导产生反感。

2. 非理智的对抗

非理智的对抗包括攻击、倒退和轻生等。

(1) 攻击

攻击是一种破坏性行为。有直接攻击,受挫者直接攻击使之受挫的对象。比如,一个人受到他人不公正对待时,会针锋相对,对他人怒目而视,反唇相讥,表现为直接的攻击。也有转向攻击,当事人由于某些原因,无法直接攻击使之受挫的对象,转向攻击自己或转向"替罪羊"或胡乱攻击,比如有的人受挫后摔门、砸东西,有的人转向父母或爱人、孩子发火。心理学上著名的"踢猫效应"也是一种转向攻击的表现,"踢猫效应"是指对弱于自己或者等级低于自己的对象发泄不满情绪而产生的连锁反应。我们来看一则真实的故事:

2004年5月23日,沈阳市铁西区一位丁姓男子,因为在单位受了领导的训斥,心里很恼火,回家冲妻子发起了脾气。妻子无来由地挨骂,也很生气,于是摔门而去。走在街上时,一条宠物狗拦住了去路,冲她"汪汪"地狂吠,妻子更生气啦,就一脚踢过去。小狗受到踢打,狂奔而去,蹿到一个老太太面前,把老人吓了一跳。正巧这位老人有心脏病,被突然冲出的小狗一吓,当场心脏病发作,不治身亡。

现代社会中,工作与生活的压力越来越大,竞争越来越激烈。这种紧张很容易导致人们情绪的不稳定,一点不如意就会使自己烦恼、愤怒起来,如果不能及时调整这种消极因素带给自己的负面影响,就会身不由己地加入到"踢猫"的队伍当中——被别人"踢"和去"踢"别人。要减轻"踢猫效应",一要有宽容的心态,二要习得控制情绪的本领,不被情绪左右。

(2) 倒退

倒退是指人受挫以后,表现出与自己年龄、地位、身份不相称的行为。比如,有些人在工作中受挫或受到批评时,会像小孩那样装病、嚎啕大哭、为一点小事暴跳如雷等,还有些人受挫之后会拼命吃东西、咬指甲等。这些都是成熟心理的倒退现象,也是挫折的表现形式,对个人心理上虽有暂时的缓冲平衡作用,但对解决问题,无济于事。

(3) 轻生

轻生是人反复受挫,周围又无助,以自杀减轻内心压力。

相关链接:改变对自杀的模糊观念

社会上对自杀这种行为所持的态度和认识差别很大。其中有些错误的观念,若不加以纠正,对自杀预防非常不利。

模糊观念一:自杀无规律可循。

自杀事件常常带有突发性,一旦发生,周围的人常感到意外、诧异。其实大部分自杀者都曾有过明显的直接或间接的求助信息。他们在决定自杀前会因为内心的痛苦和犹豫发出种种信号。任何人谈及对生命的厌恶时,都应予以注意,将其视为一种求救的信号。

模糊观念二:宣称自杀的人不会自杀。

当有些人向他人透露自己会自杀,听者往往以为他不过是说说而已,真正想死的人是不会把自己的打算告诉别人的。其实研究表明,80%的自杀企图者在自杀前曾向他人谈论过自杀,这种人很可能会有自杀的举动,必须高度重视。宁可反应过度,也不要麻木不仁。

模糊观念三:所有自杀的人都是精神异常者。

有人认为只有精神病患者才自杀,但事实证明,自杀的人大多不是精神病人,只有20%

的自杀者患有抑郁症和精神分裂症。大多数自杀者是正常人,他们只是有暂时性的情绪障碍。

模糊观念四:自杀危机改善后就不会再有问题。

有自杀企图的人经过危机干预,状态改善后,情绪会好转。周围的人常常会误以为自杀危险性减低了,而放松防范措施。自杀危机改善后,至少在3个月内还有再度自杀的可能,尤其是抑郁病人在症状好转时最有危险性。

模糊观念五:对有自杀危险的人不能提及自杀。

很多人担心,对那些有情绪困扰的人,有自杀意念的人,主动谈及自杀会加重他们的自杀动机;实际上受自杀困扰的人往往愿意别人与他倾谈,听他诉说对自杀的感受,如果故意避开不谈,反而会因被困扰的情绪无从分解而加重情绪问题。

相关链接:自杀会不会传染?

当有关富士康员工跳楼事件的报道频现于报端后,人们惊讶地发现,这些自杀的员工似乎被下了"魔咒",一个"传染"给一个,不到半年内富士康连续发生10余起员工自杀案件。

在富士康事件中,人们有一种疑问,自杀会不会传染?从心理学角度分析,情绪确实有一种"传染"特质,它会刺激、影响、左右、暗示其他人员,这也是特定环境下群体内的人常常同悲同喜的原因。

我们都知道,1774年德国大文豪歌德发表了《少年维特之烦恼》,该小说讲了一个青年因失恋而自杀的故事。小说发表后,不但使歌德名声在欧洲大噪,而且在整个欧洲引发了模仿维特自杀的风潮,"维特效应"因此得名,并从此被定为引发自杀模仿行为的学术名词。

加利福利亚大学圣地亚哥分校的社会心理学家大卫·菲利普斯(David Philips)通过对1947年到1968年之间美国自杀事件的统计得到"维特效应"证据。他发现,每次轰动性自杀新闻报道后的两个月内,自杀的平均人数比平时多了58人。因此从某种意义上来说,每一次对自杀事件的报道,都杀死了58个本来可以继续活下去的人。在媒体报道了玛丽莲·梦露的自杀新闻之后,那一年全世界的自杀率增长了10%。菲利普斯同时发现,自杀诱发自杀的现象主要发生在对自杀事件广为宣传的地区。而且,这种宣传越是广泛,随后的自杀者就越多。所以,"维特效应",就像情绪上的"流感",媒体过分关注可能会对"维特效应"起到引发和放大的作用。

社会可以关注自杀现象,但不应炒作自杀个案,或者把自杀"娱乐化"处理,而应该在报道中采访一些专家学者等,突出心理危机干预,避免类似事件再次发生。

组织管理实践中,挫折无处不在,无时不有,管理者了解人们受挫时可能采取的一些行为表现,对于管理者自身克服挫折的影响有一定的意义,同时也会有助于管理者了解受挫员工的心理状态和行为特点,以利于更好地引导和帮助受挫员工。

(三)管理者帮助员工克服挫折

1. 原则

第一,尊重受挫折者的人格,即使其行为严重违反纪律,甚至触犯刑律,其人格都必须被尊重。第二,理解受挫折者的心情,即使有所不当,也应调换位置,即站在受挫折者的立场上加以理解。第三,关心受挫折者的工作、学习和生活,并给予必要的帮助。第四,帮助受挫折者对挫折进行正确的归因,引导其升华和替代。

2. 方法

第一,加强思想政治教育和法治教育。第二,改善不恰当管理方式,调整人际关系。第三,借助心理治疗,消除挫折心理。心理治疗的方法有很多,有情境转移法、精神发泄法、心理咨询法等。

人的挫折是在一定的社会情境中产生的,受挫折者继续停留在引起挫折的情境中,很容易触"景"生情,反复体验挫折,就会更加情绪悲伤,加重心理负担。因此,创造条件,让受挫者转移到新的环境中去,是减轻挫折感的有效途径。情境转移不仅是指自然环境和物理因素的改变,而且也包括社会心理因素的变化。比如,同一科室、部门的成员对受挫者多一些关心和帮助,改变人群关系氛围,这种心理氛围的转变也是情境转移的一种方式。

精神发泄法是要创造一种情境,使受挫者可以自由地表达他们受压抑的情感。精神发泄法的理论根据是精神分析理论。该理论认为,个体受挫后会产生紧张、焦虑的情绪,这种情绪一定要通过某种形式发泄出来,心理才能保持平衡。

心理咨询主要是通过求助于心理学专家,帮助分析挫折原因,排除不良情绪的方法。心理咨询方法对于挫折程度较轻的受挫者比较适用,而对于受挫情况严重,已引起严重的心理疾病和行为偏差者来说,单纯依靠咨询是不够的,还应该及时求助于临床医学心理学家,进行更深入的精神治疗。比如,辅之以药物治疗,增强人体机能等。

课 堂 讨 论

1. 有两个老太太在聊天,其中一个问道:"你儿子还好吧?""别提了,真是不幸哦。"另一个老太太叹息道,"我儿子他实在是很可怜,娶个媳妇懒得要命,不烧饭、不扫地、不洗衣服、不带孩子,整天就是睡觉,我儿子还要端早餐到她的床上呢!"

"那你的女儿呢?""我女儿她可就好命了。"老太太满脸笑容,"她嫁了一个不错的丈夫,不让她做家事,全部都由他一手包办,煮饭、洗衣、扫地、带孩子,而且每天早上还端早点到床上给她吃呢!"

讨论题:上面是生活中的一个场景,请从心理健康的角度谈谈你从中获得的启发。

2. 沈先生在一家出版社担任编辑部主任。他对上,要顶着主编、社长的种种压力,确保好书都能印刷、销售;对下,他要处理编辑之间的矛盾,协调好利益纠纷,还要加强和其他部门的沟通、合作。一天忙到晚,却还能经常听到上级、下属对他的不满。这让沈先生变得情绪越来越不稳定、易怒,常因为一件小事或意见遭驳斥就暴跳如雷,甚至摔东西,严重影响了他的发展。

讨论题:如何看待案例中沈先生的表现?你对沈先生有些什么建议?

3. 王先生是某科研院所里德高望重的人物,这次老所长退休,他是理所当然的接班人。他每天都急切地等待着这个好消息,但是新所长却是从其他单位调来的,王先生的希望一下子破灭了,十分懊恼,想找朋友谈谈,又觉得说不出口,很丢人。当他漫无目的在路上走的时候,正巧路过一家商场,就走了进去。在商场中,服务员热情地介绍了他要看的东西,当他买下的时候,还夸王先生有眼光,有品位。这样,王先生把兜里的现金花光后,又接着刷卡,卡透支后,才拿着东西,兴冲冲地回家了。到家后,他看自己买的东西很多是可有可无的或没多少用的,又想到妻子回家后的一顿唠叨,心情更加郁闷。

杨小姐是外企的白领,平时的工作压力很大,老板交代的任务很艰巨,完成得不好还要受到老板的质疑,有时也情不自禁地想,自己能力是否存在问题。一次她在很压抑的时候到商场逛了一圈,买了很多的东西后觉得很过瘾。于是,她接着买了更多的东西,在商场中重新找到了自信。回到家中才想起,明天要交的创意还没做,自己的房租还没交。

讨论题:请对上述两个案例中当事人解压方式进行点评,和小组里的同学分享自己的解压方式。

附录一　　常用心理评估量表

一、气质类型测验

指导语：

下面 60 道题可以帮助你大致确定自己的气质类型。请认真阅读下列各题,并根据自己的实际行为和表现如实回答,你认为很符合自己情况的记 2 分,比较符合的记 1 分,介于符合与不符合之间记 0 分,比较不符合的记 -1 分,完全不符合的记 -2 分。

回答时不要考虑应该怎样,而只回答你平时怎样,所有问题没有对错之分;回答要迅速,不要在某道题上花费太多时间;每一题都必须回答,不能有空题。

测试题：

01. 做事力求稳妥,一般不做无把握的事。
02. 遇到可气的事就怒不可遏,想把心里话全说出来才痛快。
03. 宁可一人干事,不愿很多人在一起。
04. 到一个新环境很快就能适应。
05. 厌恶那些强烈的刺激,如尖叫、噪音、危险的镜头等。
06. 和人争吵时,总是先发制人,喜欢挑衅。
07. 喜欢安静的环境。

08. 善于和人交往。

09. 羡慕那种善于克制自己感情的人。

10. 生活有规律,很少违反作息制度。

11. 在多数情况下情绪是很乐观的。

12. 碰到陌生人觉得很拘束。

13. 遇到令人气愤的事,能很好地自我克制。

14. 做事总是有旺盛的精力。

15. 遇到问题总是举棋不定,优柔寡断。

16. 在人群中从不觉得过分拘束。

17. 情绪高昂时,觉得干什么事都有趣;情绪低落时,又觉得什么都没意思。

18. 当注意力集中于一事物时,别的事很难使我分心。

19. 理解问题总比别人快。

20. 碰到危险情境,常有一种极度恐怖感。

21. 对学习、工作、事业怀有很高的热情。

22. 能够长时间做枯燥、单调的工作。

23. 符合兴趣的事情,干起来劲头十足,否则就不想干。

24. 一点小事就能引起情绪波动。

25. 讨厌做那种需要耐心、细致的工作。

26. 与人交往不卑不亢。

27. 喜欢参加热烈的活动。

28. 爱看感情细腻、描写人物内心活动的文学作品。

29. 工作学习时间长了,常感到厌倦。

30. 不喜欢长时间谈论一个问题,愿意实际动手干。

31. 宁愿侃侃而谈,不愿窃窃私语。

32. 别人总是说我闷闷不乐。

33. 理解问题常比别人慢些。

34. 疲倦时只要短暂地休息就能精神抖擞,重新投入工作。

35. 心里有话宁愿自己想,不愿说出来。

36. 认准一个目标就希望尽快实现,不达目的,誓不罢休。

37. 学习、工作同样一段时间后,常比别人更疲倦。

38. 做事有些莽撞,常常不考虑后果。

39. 老师讲授新知识时,总希望他讲得慢些,多重复几遍。

40. 能够很快地忘记那些不愉快的事情。

41. 做作业或完成一件工作总比别人花时间多。

42. 喜欢运动量大的剧烈体育运动或参加各种文艺活动。

43. 不能很快地把注意力从一件事转移到另一件事上去。

44. 接受一个任务后,就希望把它迅速解决。

45. 认为墨守成规比冒风险强些。

46. 能够同时注意几件事。

47. 当我烦闷的时候,别人很难使我高兴起来。

48. 爱看情节起伏跌宕、激动人心的小说。

49. 对工作抱认真严谨、始终一贯的态度。

50. 和周围人的关系总是相处不好。

51. 喜欢复习学过的知识,重复做熟练的工作。

52. 希望做变化大、花样多的工作。

53. 小时候会背的诗歌,我似乎比别人记得清楚。

54. 别人说我"出语伤人",可我并不觉得这样。

55. 在体育活动中,常因反应慢而落后。

56. 反应敏捷,头脑机智。

57. 喜欢有条理而不甚麻烦的工作。

58. 兴奋的事常使我失眠。

59. 老师讲新概念,常常听不懂,但是弄懂了以后很难忘记。

60. 假如工作枯燥无味,马上就会情绪低落。

计分方法:

将每题的分数填入下表相应的题号下面,然后同类型题号得分相加,得出总分。

气质类型	测试题题号														总分
胆汁质	2	6	9	14	17	21	27	31	36	38	42	48	50	54	58	
多血质	4	8	11	16	19	23	25	29	34	40	44	46	52	56	60	

续表

气质类型	测试题题号														总分
黏液质	1	7	10	13	18	22	26	30	33	39	43	45	49	55	57	
抑郁质	3	5	12	15	20	24	28	32	35	37	41	47	51	53	59	

评价方法：

对比以上四类题的得分总和：

（一）如果某气质类型得分明显高于其他三种，均高出4分以上，则为该气质类型；如果该气质类型得分超过20分，则为典型型；如果该气质类型得分在10～20分之间，则为一般型。

（二）有两种气质类型得分接近，其差异低于3分，而且又明显高于其他两种类型，高出4分以上，则为两种气质类型的混合型。

（三）如果有三种气质类型的分数接近而且均高于第四种，则为三种气质类型的混合型。如多血-胆汁-黏液质混合型或黏液-多血-抑郁质混合型。

二、抑郁自评工具(PHQ-9)

序号	在过去的两周内，以下情况烦扰您有多频繁？	评分			
		完全不会	好几天	一半以上的天数	几乎每天
1	做事时提不起劲或没有兴趣	0	1	2	3
2	感到心情低落，沮丧或绝望	0	1	2	3
3	入睡困难，睡不安稳或睡眠过多	0	1	2	3
4	感觉疲倦或没有活力	0	1	2	3
5	食欲不振或吃太多	0	1	2	3
6	觉得自己很糟或觉得自己很失败，或让自己或家人失望	0	1	2	3
7	对事物专注有困难，例如阅读报纸或看电视时	0	1	2	3

续表

序号	在过去的两周内,以下情况烦扰您有多频繁?	评 分			
		完全不会	好几天	一半以上的天数	几乎每天
8	动作或说话速度缓慢到别人已经察觉?或正好相反烦躁或坐立不安、动来动去的情况更胜于平常	0	1	2	3
9	有不如死掉或用某种方式伤害自己的念头	0	1	2	3

PHQ-9 量表的评分规则及建议

分值	结果分析	建 议
0~4 分	没有抑郁	无
5~9 分	轻度抑郁	观察等待,随访时复查 PHQ-9
10~14 分	中度抑郁	制定治疗计划,考虑咨询,随访和(或)药物治疗
15~19 分	中重度抑郁	积极药物治疗和(或)心理治疗
20~27 分	重度抑郁	立即首先选择药物治疗,若严重损伤或治疗无效,转至精神疾病专家进行心理治疗和(或)综合治疗

三、焦虑自评量表(SAS)

指导语:

下面有 20 个项目,请仔细阅读每一项,并根据自己最近一周的状况,选出最符合你的描述。

没有或很少有:过去一周内,出现这种情况的日子不超过一天。

有时有:过去一周内,1~2 天有过这类情况。

大部分时间有:过去一周内,3~4 天有过这类情况。

绝大部分时间有:过去一周内,5~7 天有过这类情况。

测试题：

评 定 项 目	没有或很少有	有时有	大部分时间有	绝大部分时间有
1. 我觉得比平时容易紧张和着急	1	2	3	4
2. 我无缘无故地感到害怕	1	2	3	4
3. 我容易心里烦乱或觉得惊恐	1	2	3	4
4. 我觉得我可能将要发疯	1	2	3	4
5. 我觉得一切都很好，也不会发生什么不幸	4	3	2	1
6. 我手脚发抖打颤	1	2	3	4
7. 我因为头痛、颈痛和背痛而苦恼	1	2	3	4
8. 我感觉容易衰弱和疲乏	1	2	3	4
9. 我觉得心平气和，并且容易安静坐着	4	3	2	1
10. 我觉得心跳得快	1	2	3	4
11. 我因为一阵阵头晕而苦恼	1	2	3	4
12. 我有过晕倒发作，或觉得要晕倒似的	1	2	3	4
13. 我呼气吸气都感到很容易	4	3	2	1
14. 我手脚麻木和刺痛	1	2	3	4
15. 我因胃痛和消化不良而苦恼	1	2	3	4
16. 我常常要小便	1	2	3	4
17. 我的手常常是干燥温暖的	4	3	2	1
18. 我脸红发热	1	2	3	4
19. 我容易入睡并且一夜睡得很好	4	3	2	1
20. 我常做噩梦	1	2	3	4

总分：_____　　　标准分：_____

评定方法及标准：

评定采用1~4分计分，评定时间为过去一周。把各题的得分相加得到总分，把总分乘以1.25，四舍五入取整数得到标准分。意义评定的临界值为标准分50，分值越高，焦虑倾向越明显。其中：50~59分为轻度焦虑，60~69分为中度焦虑，70分以上为重度焦虑。

四、人际问题处理能力自测问卷

指导语:

请根据你的实际情况,认真考虑下列问题,从所给备选答案中选出最适合你的一个。

测试题:

(1) 你感到上个月工作干得不错,可到发奖金时只发给三等奖。你一位知心朋友告诉你说:"这是因为李翔在'头'面前说了你的坏话。"你听了后:

A. 很生气,要找经理讲清楚

B. 首先对自己上月工作进行反思,必要时澄清一下

C. 生闷气,借酒消愁

(2) 你是个有妻室(丈夫)的正派人,由于工作需要常和某女士(男士)来往、接触,但耳闻有人对你们捕风捉影地妄加议论,你:

A. 发誓要找出造谣者并找他算账

B. 不理那一套,该怎么干就怎么干

C. 感到委屈,为了不使人议论想辞掉那个工作

(3) 你和同事外出办事,因缺少某方面的知识而办了一件尴尬事,回来后同事拿你这件事当众寻开心,出你的洋相。这时你:

A. 面红耳赤,下不来台

B. 和同事们一块大笑,事后说明原委

C. 揭对方老底寻开心

(4) 你因工作有成绩而晋升一级工资,同事们要你请客,这时:

A. 你认为没必要而加以拒绝

B. 感谢同事们的关照,必要时有个表示

C. 只找几个要好的朋友到餐厅吃一顿

(5) 你因工作中一时失误,受到上司批评处罚,原来和你不错的人不但不来安慰还躲得远远的,你的反应是:

A. 你骂你的朋友是白眼狼、势利眼、没良心

B. 认为是人际关系中的弊病,毫不介意

C. 随他的便,地球照转

(6) 你的一位很要好的朋友因工作变动要离开你到另一个单位去,你:

A. 为他饯行,祝他如意

B. 不冷不热,听便

C. 陈说利害,设法不让他离开你

(7) 你们公司从外地购来苹果出售,掌秤的人给别人称得都不错,但轮到给你称时却大小不一,还有烂了的,这时你:

A. 认为这是偶然发生的,并不是故意为难你,高兴付钱

B. 心中不悦,认为他不公平,但还是付钱了

C. 认为他见人下菜碟,倒掉不要,悻悻而去

(8) 市场上某种食品涨价了,而这种食品又是你平时喜欢吃的,你怎么办呢?

A. 你少买些,但把菜谱适当调整一下

B. 它涨它的,照买不误

C. 你大发牢骚,但还是买了

(9) 你有一门远亲患病,从外地投奔你,请你帮助联系医院或请名医治疗,而你工作忙不说,住宿就是大问题。这时你将会:

A. 尽管有困难,你也热情接待,想办法满足其要求,劝他多住些日子治疗

B. 你热情接待,但告诉他你爱莫能助,请他谅解

C. 你厌烦之情溢于言表,借故推托了事

(10) 你的朋友、同事、邻居中,有人结婚、生日、丧葬、迁居等,难免要破费一点表示表示,你:

A. 尽管要花点钱,还是选点有特色的小礼品表示心意

B. 假装不知道或借故躲开

C. 对一般人不屑一顾,但对体面的人则送重礼

(11) 朋友借了你一笔钱,可过了很久总不还你。你不了解他是一时无力偿还,还是忘在脑后了,而你近期又急用这笔钱,你怎么办呢?

A. 只好等一等再看

B. 你找到他讨还

C. 请一位与你与他都要好的朋友去提醒一下

(12) 你给孩子买了一件刚上市的服装,回家一试小得不能穿。你找到商店,但售货员拒绝退货。你:

A. 心里有气,回到家里把衣服丢在一边

B. 和她大吵大闹,引来众人围观

C. 找到经理说明,表示歉意,商量一个双方都能接受的方案

评分规则与结果解释:

第(1)、(2)、(3)、(4)、(5)项选 A 选项得 5 分,选 B 得 3 分,选 C 得 1 分;第(6)、(7)、(8)、(9)、(10)项选 A 选项得 1 分,选 B 得 3 分,选 C 得 5 分;第(11)、(12)项选 A 选项得 3 分,选 B 得 5 分,选 C 得 1 分。将所有项目的得分相加即可得到总分。根据总得分情况,可作出如下解释:

12~22 分:具有深刻的分析能力和敏锐的反应能力,对人际交往中出现的难题能以合乎逻辑的方法解决。

23~40 分:具有一定的人际问题的处理能力,但偶尔会出现优柔寡断或偏激冲突的倾向。

41~60 分:对人际交往问题的处理不善变通,较少考虑后果,往往对人际关系产生不良影响。

五、大学生心理适应性测量问卷

指导语:

本问卷共 20 题,每题均给出 5 个备选答案,请从中选择一项最适合你的答案。

问卷:

(1) 假如把每次考试的试卷拿到一个安静、无人监考的房间去做,我的成绩会更好

一些。

    A. 很对　　　B. 对　　　C. 无所谓　　　D. 不对　　　E. 很不对

(2) 夜间走路,我能比别人看得更清楚。
    A. 是　　　B. 好像是　　　C. 不知道　　　D. 好像不是　　　E. 不是

(3) 每次离开家到一个新的地方,我总爱闹点毛病,如失眠、拉肚子、皮肤过敏等。
    A. 完全对　　　B. 有些对　　　C. 不知道　　　D. 不太对　　　E. 不对

(4) 我在正式运动会上取得的成绩常比体育课或平时练习的成绩好些。
    A. 是　　　B. 似乎是　　　C. 不确定　　　D. 似乎不是　　　E. 正相反

(5) 我每次明明已把课文背得滚瓜烂熟了,可是在课堂上背的时候,却总要出点差错。
    A. 经常如此　　　B. 有时如此　　　C. 不确定　　　D. 很少这样　　　E. 没有这种情况

(6) 开会轮到我发言时,我似乎比别人更镇定,发言也显得很自然。
    A. 对　　　B. 有些对　　　C. 不知道　　　D. 不太对　　　E. 正相反

(7) 我冷天比别人更怕冷,而热天又比别人更怕热。
    A. 是　　　B. 好像是　　　C. 不知道　　　D. 好像不是　　　E. 不是

(8) 在嘈杂混乱的环境里,我仍能集中精力学习、工作,效率并不会大幅度降低。
    A. 对　　　B. 略对　　　C. 不确定　　　D. 有些不对　　　E. 正相反

(9) 每次检查身体,医生都说我"心跳过速",其实我平时脉搏很正常。
    A. 是　　　B. 有时是　　　C. 时有时无　　　D. 很少有　　　E. 根本没有

(10) 如果需要的话,我可以熬一个通宵,精力充沛地学习和工作。
    A. 完全同意　　　B. 有些同意　　　C. 无所谓　　　D. 略不同意　　　E. 不同意

(11) 当父母或兄弟姐妹的朋友来我家做客的时候,我尽量回避他们。

A. 是　　　　B. 有时是　　C. 时有时无　　D. 很少有　　E. 完全不是

(12) 出门在外,虽然吃饭、睡觉、环境等变化很大,可是我很快就能习惯。
A. 是　　　　B. 有时是　　C. 是与否之间　　D. 很少是　　E. 完全不是

(13) 参加各种比赛时,赛场上越热烈,观众越加油,我的成绩反而越上不去。
A. 是　　　　B. 有时是　　C. 是与否之间　　D. 很少是　　E. 不是

(14) 上课回答问题或开会发言时,我能镇定自若地把事先想好的一切都完整地说出来。
A. 对　　　　B. 略对　　　C. 对与不对之间　D. 略不对　　E. 不对

(15) 我觉得一个人做事比大家一起干效率高些,所以我愿意一个人做事。
A. 是　　　　B. 好像是　　C. 是与否之间　　D. 好像不是　E. 不是

(16) 为求得和睦相处,我有时放弃自己的意见,附和大家。
A. 是　　　　B. 有时是　　C. 是与否之间　　D. 很少　　　E. 根本不是

(17) 当着众人和生人的面,我感到窘迫。
A. 是　　　　B. 有时是　　C. 是与否之间　　D. 很少是　　E. 不是

(18) 无论情况多么紧迫,我都能注意到该注意的细节,不会丢三落四。
A. 对　　　　B. 略对　　　C. 对与不对之间　D. 略不对　　E. 不对

(19) 和别人争吵起来时,我常常哑口无言,事后才想起该怎样反驳对方,可是已经晚了。
A. 是　　　　B. 有时是　　C. 是与否之间　　D. 很少是　　E. 不是

(20) 我每次参加正式考试或考核的成绩,常常比平时的成绩更好些。
A. 是　　　　B. 有时是　　C. 是与否之间　　D. 很少是　　E. 不是

计分方法:

凡单号数题(1)、(3)、(5)……从 A 到 E 这 5 种回答依次计 1、2、3、4、5 分,即:很对 1 分,对 2 分,无所谓 3 分,不对 4 分,很不对 5 分。

凡双号数题(2)、(4)、(6)……从 A 到 E 这 5 种回答依次记 5、4、3、2、1 分。

结果解释：

81～100 分:适应性很强。

61～80 分:适应性较强。

41～60 分:适应性一般。

21～40 分:适应性较差。

0～20 分:适应性很差。

六、大学生人际关系综合诊断量表

指导语：

这是一份人际关系行为困扰的诊断量表,共 28 个问题。在每个问题上,选"是"的打"√",选"非"的打"×"。请你认真完成,然后看后面的评分计分办法和对测验结果的解释。

问卷：

(1) 关于自己的烦恼有口难言。   （   ）

(2) 和生人见面感觉不自然。   （   ）

(3) 过分地羡慕和妒忌别人。   （   ）

(4) 与异性交往太少。   （   ）

(5) 对连续不断的会谈感到困难。   （   ）

(6) 在社交场合感到紧张。   （   ）

(7) 时常伤害别人。   （   ）

(8) 与异性来往感觉不自然。   （   ）

(9) 与一大群朋友在一起,常感到孤寂或失落。   （   ）

(10) 极易受窘。   （   ）

(11) 与别人不能和睦相处。   （   ）

(12) 不知道与异性相处如何适可而止。   （   ）

(13) 当不熟悉的人对自己倾诉他的生平遭遇以求同情时,自己常感到不自在。（   ）

(14) 担心别人对自己有什么坏印象。   （   ）

(15) 总是尽力使别人赏识自己。   （   ）

(16) 暗自思慕异性。   （   ）

(17) 时常避免表达自己的感受。　　　　　　　　　　　　　（　）

(18) 对自己的仪表（容貌）缺乏信心。　　　　　　　　　　（　）

(19) 讨厌某人或被某人所讨厌。　　　　　　　　　　　　　（　）

(20) 瞧不起异性。　　　　　　　　　　　　　　　　　　　（　）

(21) 不能专注地倾听。　　　　　　　　　　　　　　　　　（　）

(22) 自己的烦恼无人可申诉。　　　　　　　　　　　　　　（　）

(23) 受别人排斥与冷漠。　　　　　　　　　　　　　　　　（　）

(24) 被异性瞧不起。　　　　　　　　　　　　　　　　　　（　）

(25) 不能广泛地听取各种意见、看法。　　　　　　　　　　（　）

(26) 自己常因受伤害而暗自伤心。　　　　　　　　　　　　（　）

(27) 常被别人谈论、愚弄。　　　　　　　　　　　　　　　（　）

(28) 与异性交往不知如何更好地相处。　　　　　　　　　　（　）

评分标准：

打"√"的给 1 分，打"×"的给 0 分。

结果解释：

如果你得到的总分是在 15～28 分之间，那就表明你在同朋友相处上的行为困扰较严重。分数超过 20 分，则表明你的人际关系的行为困扰程度很严重，而且，在心理上出现较为明显的障碍。你可能不善于交谈，也可能是一个性格孤僻的人，不开朗，或者有明显的自高自大、讨人嫌的行为。

如果你得到的总分是在 9～14 分之间，那么，你与朋友相处存在一定程度的困扰。你的人缘很一般，换句话说，你和朋友的关系并不牢固，时好时坏，经常处在一种起伏波动的状态之中。

如果你得到的总分是在 0～8 分之间，说明你在与朋友相处上的困扰较少。你善于交谈，性格比较开朗，主动关心别人，你对周围的朋友都比较好，愿意和他们在一起，他们也都喜欢你，你们相处得不错。而且，你能够从与朋友相处中得到许多乐趣。你的生活是比较充实而且丰富多彩的，你与异性朋友也相处得很好。一句话，你不存在或较少存在交友方面的困扰，你善于与朋友相处，人缘很好，获得许多人的好感与赞同。

附录二　学生作业展示

管理心理学学习体会

董思雨

在这一学期管理心理学的学习中,令我印象深刻的内容之一就是印象管理的策略、应用和心理学效应。印象管理是我们升学和求职中重要的一环,其管理策略主要包括留下良好的第一印象、角色互换、自我显示,等等。

印象管理策略的第一条就是留下良好的第一印象,这让我想到自己的例子。在我大三获得保研资格联系导师时,我本科的老师以及原来在同一组里的师兄帮助我向导师极力推荐,让我在导师那里留下了不错的第一印象。在后来的面试中我也准备比较充分,简历、PPT、给导师的邮件都小心翼翼准备,其中一些简历的内容甚至措辞都专门向本科老师请教过,我也仔细研究了导师的研究方向以及招生方向,在简历中和面试时我都把自己相应的一些研究成果和科研经历展示出来,很幸运,最终在很多人的竞争中胜出,顺利加入了导师的课题组。虽然我当时并不知道这是印象管理的重要内容,但幸运的是我得到了正确的指导。我舍友大四考完研联系导师时,她一直没有得到老师的回信,于是舍友让我帮助她给老师写邮件,我如法炮制写了和我当初联系导师相似的内容,邮件最后还写了:我拜读了老师的文章、对老师的研究方向非常感兴趣,等等。发完邮件之后我让舍友赶紧搜老师文章来看看。

果然，老师很快回信说要第二天上午 8:00 腾讯会议面试，可我没想到的是舍友并没有提前约一个实验室或者找一个正式的场合，而是在宿舍床上穿着睡衣（当时我们还没睡醒，宿舍里乌漆麻黑的）就开始了腾讯会议。而且我让她看的论文她也没看，老师问她看了哪些论文、对哪个方向感兴趣等问题，舍友一概答不上来，老师问简历上写的学过 C 语言编程学得怎么样，舍友回答基本都忘了，最后老师直接表达了婉拒。

现在看来我舍友的经历显然是近因效应大于了首因效应。首因效应指双方形成的第一印象对今后交往关系的影响，虽然这些第一印象并非总是正确的，却是最鲜明、最牢固的，并且决定着以后双方交往的进程。近因效应是指在多种刺激呈断续性出现的时候，印象的形成主要取决于最近一次出现的刺激，最新的认识占了主体地位，掩盖了以往形成的对他人的评价。给老师发送的邮件得到了老师的回应，应该是留下了不错的第一印象，但舍友的不充分准备和面试的表现让老师打了低分，之后舍友又继续联系了那位导师两次，还是被婉拒，可见后期面试表现的影响是大于前面的第一印象。现在学了管理心理学这门课之后，我知道原来这门课的内容对我的升学包括以后的求职都是宝贵的建议，我当即推荐给了我那位舍友一起学习。

在课堂气质测试时，我是多血质，这种气质的特点是乐观积极、容易适应环境、善于人际交往，缺点是注意力不稳定、兴趣容易转移、浮躁、轻率。任何事情都有两面性，这种气质使我在哪都能很快融入很快交到好朋友，通过学习也让我了解到我适合的一些工作领域，但困扰我的就是兴趣容易转移。当然，人无完人，既然知道存在的问题，我以后就会多加注意。在了解周围同学的气质和性格特点之后，我也知道了该如何与他们相处。其实本身我是属于比较粗心的性格，平时不太注意其他同学一些敏感的地方，通过课堂上气质的测试，我知道有些表面乐观同学其实也是抑郁质，一些社交平台上活跃的同学其实是黏液质，不同气质的同学有不同的个性特点和相处的方法，了解自己和朋友的气质能够帮助我们更好相处。

总的来说，这门课能够让我们更好地了解自己的心理活动，教给我们生活中交朋友求学求职的一些经验，这些都是宝贵的知识。

管理心理学学习体会

郑玉霞

在开学初选课的时候看见"管理心理学"这门课就比较感兴趣，刚开始想着："我这个人性格比较直接，遇到事情比较容易沉不住气，选这个课可以学着管理自己的情绪也不错。"所以一开始以为这是一门管理自己复杂心理的课，后来随着每周课程内容的更新，就会慢慢觉得这门课比想象中有意思。

老师课件上举的那些生活中、工作上的"雷",都让我们有所收获。例如在上课的时候让我们做一些测试题目,从而更好地了解自己的特质,知道自己性格的优势和劣势,虽然大部分人在这个年龄性格已经定型,但是还是可以就重避轻地让自己更好;师兄师姐找工作面试的例子等,这些都是将来我们的必经之路,现在早早了解真的可以预防一些问题,着实让我们了解了很多求职的技能;工作上与领导同事下属之间的矛盾如何化解如何进步等,也让我们深受启发。

很多人抱怨工作后好累,但是工作本身是不累的,累的是跟人打交道。目前我们是学生,但是到研究生阶段,我们应该学会与人打交道,上课的时候老师通过举例各种性格的人还有各种环境的不同,让我们了解自己的处境以及与不同处境的他人交往。这里分享一个我遇到的实例:

背景:2020年5月28日班长在群里通知关于返校和打卡的事,有同学反应过激在群里给出了负能量的反馈。

这个案例是学生阶段经常遇到的现象,老师或者班长的通知得不到同学们的理解,同学们通过匿名的形式在群里抱怨。因为目前我们还是学生,面对的主要还是同学、班委和老师,而同学之间友好相处是迈入社会的第一步。

这个案例中,覆盆子同学给出负能量的反馈后,班长的回答实在是太惊艳:"覆盆子、杏子和人参果同学的疑惑和不开心,应该是所有想开学同学的疑惑和不开心,大家把内心的不满说出来,一起吐槽也比憋着强,这样会使心情好一些。在我们没有能力改变现状的情况下,支持吐槽。"

班长的这个回复安抚了三件事:一是安抚了由于不能开学着急在群里给出负能量的覆盆子同学,让覆盆子同学知道班长并没有生气,不必自责;二是安抚了班级所有人,全班都有这个疑问,就一起通过匿名释放自己,不必压抑;三是说明现状,现状确实不能返校,所以让大家保持一颗在家等待的心。

当日晚上看见群消息的其他同学都通过匿名的形式,轻松诙谐地询问返校的事,等到群里的气氛没有因为覆盆子而尴尬时,覆盆子同学主动出来说自己之前言语太过激动,请求班长原谅。

"知己知彼,百战不殆。"如果我们在跟他人相处时,通过角色置换的方式,第一时间了解到、关注到他人的心理需求,运用PAC分析理论的技巧,关注、分辨自己和他人的沟通状态,是不是就会更容易打开交往的节奏呢!通过这件事反省自身,我平常在通知事情的时候会觉得,如果同学有不满意,解释一下就可,但如果能像班长这样做到安抚三方的话,效果最佳。

十几周的课程,可以笃定地说每一次上课多多少少都有收获,但现在突然让我写出来又有点如鲠在喉。作为理科生,平常接触最多的可能就是数理化的课程,很多时候为人处世都比较直接,有时候自捶胸口:做人真难!当然,也正是因为形形色色的人,才组成了这多姿多彩的世界。老师孜孜不倦地讲授管理心理学的知识,就像评论区同学说的,我们比听专业课还认真。就像科大给大家的感觉就是主攻数理基础,但是学校每次举办文艺节目时大礼堂总是人满为患,说明理科生心里还是住着一个文学少女的,科大的学生还是渴望人文情怀的。

"管理心理学"真的是一门很有趣的课程,值得用一生去学习。

商赛中的管理心理学

周俊伟

高中的一个寒假,我和几个同学一起报名参加了某机构组织的商业模拟挑战赛,那是我离现实中的公司管理最近的一次。

和我一起参加比赛的是三个朋友,殷同学、何同学、孙同学。殷同学是学校的学生会主席,而我是团委的主要负责人,因此殷同学是我在学校的工作搭档,他的气质类型偏向于多血质和胆汁质的混合类型,热情、活泼、爱社交、喜欢接触新鲜事物,但有时也有些自负和刚愎自用。何同学是殷同学的好朋友,和我见过几次面,因此并不是特别了解,只知道他的父母是经商的,身为高中生的他已经在炒股了。孙同学是位女生,我的初中同学。至于我自己,是多血质和黏液质混合气质,平时做事比较认真、谨慎,但也喜欢涉足新奇的领域。

一、准备阶段

按照赛制要求,一个队伍需要十个人,因此,组委会将来自湖州的我们和杭州的六位高中生组成了一队。比赛前夕,为了在比赛中更好地合作,我们决定前往杭州和那六位同学见面,进行团队破冰。由于社会刻板印象,杭州人在我们心中的印象总是高高在上,看不起浙江省其他地方的人。为了不让杭州同学凌驾于我们之上,在出发前,我们四个人就定下了"争夺"团队管理权的方针。正是这一社会刻板印象,对我们日后的团队建设造成了重大的影响。

到达杭州后,我们才得知,对方的六人中只有两人可以到场,分别是葛同学和邵同学。初次的缺席给我们留下了非常不好的印象。相较之下,葛同学和邵同学的赴会以及初次见面时的表现给我们四个留下了很好的印象,从管理心理学的角度来说,这就是首因效应。在这次见面会上,我们定下了未来团队(模拟公司)发展的方向和模拟公司产品的初步想法。而那四位同学的缺席使他们错过了模拟公司一系列重大事项的确定,也让我们四人"争夺"管理权的计划获得了初步的成功,因为在人数优势下,这次见面会上,向来有领导才能的殷同学被确定为了公司的CEO。

十几天后,比赛如期在上海举行。比赛前一天,我们湖州的四人早早地就到了比赛所在的酒店,但杭州的六人却迟迟未到。他们到达时已经接近傍晚,虽然相较于很多其他团队并不是很晚,但由于前一次爽约的月晕效应,这一次的迟来让我们对他们的印象变得更差了。于是,当时已是CEO的殷同学对我们说,杭州的几个人不太靠谱,让我们尽快争取到公司三个部门的部长,把整个模拟公司的经营权拿到手。我和何同学对这一计划表示赞同,但作为女生的孙同学提出应该保持团队内部的和谐,但她的建议并没有被采纳。其实,现在想想,当时杭州同学的行为远远算不上"不靠谱",只是因为我们的思维定式和刻板印象才导致了对他们的偏见。之后,在部长竞选中,我和何同学凭借着对公司发展方向的了解顺利成为了营销部和运营部的部长,而孙同学没有屈服于我们的计划,没有参与部长的竞选,最终葛同学成为了销售部部长。

公司建立之初,其实就存在很严重的问题。第一,就是由刻板印象导致的湖州的四位对杭州同学的不满和排挤,导致了团队的分裂。虽然并没有处在公司核心位置,但杭州的几位同学还是很乐意参加公司的事务,但由于缺乏对公司发展方向的了解,他们在一些事物的处理上总是犯错,因而遭到了CEO殷同学的责怪,我和何同学平时也有些排挤他们,因此,杭州六人中的四人不再参与公司事务,只是躲在房间里玩游戏。四个人的缺席使公司的效率大打折扣。第二,CEO殷同学对其余九位下属的心态把握不到位。在这样的比赛中,大多数人的心态应该与"社会人"或是"自我实现人"相似,但CEO却并没有以"社会人"或"自我实现人"的标准对待我们。许多时候,他会一个人和其他公司的CEO进行商议,也不将商议结果告知其他人,甚至我们这几位部长也不清楚公司之后的发展方向,无法参与公司的管理。这极大地挫伤了我们的积极性。

二、正式比赛

带着这些问题,我们的比赛开始了。在第一财年时,这些问题还没有那么严重,公司的十个人都在岗,大家的积极性也不低。不过,公司的主要工作都在湖州的四位同学和杭州的两位同学手中。那四位给我们留下不好印象的同学并没有被分配到足够的工作,有些无所事事。但第一财年总体上还可以,当负责财务工作的我算出报表上的利润时,心里还是挺有成就感的。

但是,随着第二财年的开始和第一财年成绩的公布,我们才发现我们已经远远落后。经过原因分析，我们认为问题出在 CEO 对发展方向的决策和产品的定位上，于是，我们要求调整发展方向和产品定位，并要求参与与其他公司的商讨。但这时的 CEO 却有点像《学徒》中的那位女队长，对自己十分自信，并一直让我们不要干涉决策过程，坚持自己一人去和别的公司商讨。由于第二财年的成绩依旧不理想，于是，我和孙同学、葛同学又提出了之前的要求，还是遭到了拒绝。我掩饰了内心的不满，但此时我已经没有了比赛的积极性，孙同学和葛同学也和我一样，有些消极怠工了。

在第三财年，大家的积极性普遍不高，特别是杭州的四位同学，由于两个财年没有接到重要的工作，已经没有了参加比赛的热情。并且在第二财年，那四位同学中的一位不小心把一件简单的工作搞砸了，受到了 CEO 严厉的指责，他们俩都有着胆汁质的气质类型，在经过激烈的争吵后，那位同学带着其余三人离开了团队，孙同学想做一些补救措施，试图改善公司内的关系，但因为得不到 CEO 的支持，最终没能成功。第三财年，成绩继续下滑。这一次，CEO 终于有了危机感，开始调整经营策略。在我们的要求下，他同意让我们参与和其他公司的商讨，并让我去找离开的四个同学缓和关系。当晚，我和另外两个公司的营销部部长进行了接触，并且和销售部部长一起为公司拉到了几笔生意，另外，我也找了离开的几位同学，他们答应下一个财年回公司帮忙。那晚的工作让我真正拥有了"自我实现"的感觉，我意识到了自己在公司中的价值。自此，工作越来越得心应手。其他几个同学也和我有同样的感觉，积极性提高不少，公司内部的争吵也少了很多。在大家的努力下，第四财年的成绩有了明显好转。

三、比赛意外

但好景不长，当公司上下都想在最后一个财年奋起直追之时，比赛却出现了意外。原来，是主办方的比赛系统在第三财年开始之前就出现了问题，许多公司的资产值出现了较大的偏差，并且主办方并没有及时通知我们，而是让我们拿着错误的数据进行了两个财年的经营。

得知了这一点，大家都十分愤慨，和主办方进行理论，甚至提出了退还参赛费用的要求。就在主办方和参赛选手僵持不下时，我们公司的 CEO 主动找到了主办方总负责人并和他进行了谈判，并带领着各个公司的 CEO 与主办方进行协商，最后达成了一个双方都能接受的方案，维护了参赛者的权益。这一切也都被我们看在眼里，这时，我们对他的看法也发生了改变，他从一个刚愎自用的上级成为了一个为大家争取权益的 CEO。因此，颇受感动的我们在最后一个财年加倍努力，最终获得了一个中等偏上的成绩。

四、关于学生团队管理的总结

经过这一次的商赛,我对团队的管理颇有感触。

不管是商赛队伍,还是学生会、社团等的管理,其实和真正公司的管理还是有一定差别的。最重要的区别就是一个以学生为主的团体是不能以经济手段作为激励方式的,因此不能把团队成员当作"经济人"对待,并且大多数学生加入这些团队并不是为了金钱,而是为了锻炼能力、积攒人脉或是追求成就感,他们更接近"社会人"和"自我实现人"。所以,在对这些团队进行管理时,一定要注重团队内部良好的人际关系,同时要让团队成员参与管理,团队负责人应该懂得下放权力,让成员拥有参与感,进而形成对团队的归属感,提高成员的工作积极性。

在这次的商赛中,我们公司的CEO殷同学在一开始没有准确把握大家的心理,没有给予大家足够的参与度,导致了公司发展的问题。并且在初期,公司的发展方向由CEO一人决定,出现了一些失误,也造成了公司利润的下降。在比赛的后期,殷同学及时调整了策略,下放了权力,提高了大家的参与度,才终于扭转颓势,最终让公司取得了不错的成绩。这也是管理心理学在团队管理中的体现。

五、关于社会知觉和印象管理的总结

湖州同学对于杭州六位同学的印象,大多都受首因效应的影响。最初见面的赴约与爽约,很大程度上决定了湖州的四位同学对杭州同学的看法。因此,赴约的葛同学、邵同学被接纳,并进入了团队的核心,而其他四位同学则在大多数时候被边缘化。而殷同学甚至受到了月晕效应的影响,仅仅因为他们的爽约与迟到就对他们作了全盘的否定。

我对于殷同学的看法,受近因效应影响。殷同学是我的老搭档,因此我对他最初的印象是敬佩和尊重,但当公司因他而颓败时,我对他则是不满甚至带有一些厌恶,等到后来他调整策略并且为大家的利益而努力时,我对他的态度又回到了最初那样。

对于印象管理,在商赛中,我曾经在与其他公司的部长商谈时特别注意了第一印象,表现出非常有礼貌、十分稳重的样子,给对方留下了很好的印象,对我之后在多个公司的营销部部长中脱颖而出,成功与这家公司签约起到了很大的作用。这家公司的部长直到现在还与我保持联系,从她口中我得知,她当时就是因为我很有礼貌、很稳重才选择与我们公司签约。从中可见印象管理的重要性。

首因效应、近因效应、月晕效应对于社会知觉的影响很大,在团队管理中,要尽量避免这些效应的影响,应该对团队成员进行客观的评价。并且,当作为团队的一员时,我们也要善于使用印象管理,给团队负责人留下一个较好的印象。在与他人的交往中,印象管理也往往能让我们更容易受到他人的青睐。

管理心理学学习体会

杨 晨

作为一名金融系的学生,我在选课之初仅是抱着想要丰富自己专业素养的愿望,选择了管理心理学这门课。起初我认为,管理心理学,顾名思义,应该是说如何从心理上去深入地了解员工以达到正确对其进行管理的目的。但是经过一学期的学习之后,我发现如果按照自己之前的理解,那么我所想的"管理"未免太过生硬,也太过刻板。管理心理学这门课告诉我们要充分全面地看待别人,也客观真实地了解自己,作为管理者,洞察员工的内心、性格、情绪的同时,也要适当调整自己的主观心态;而作为被管理者,与上级的相处时也要了解其所思所想。"管理"其实是一个相互磨合,相互适应的过程,真正出色的管理者不是完全地支配员工,而是充分利用心理要素,将自己调整到一个合适的位置,在不同情况下,用不同的方式,识别优秀的员工,并让员工的价值和优势较大程度地发挥出来;而被管理者也要明白上级的期望和他管理的方式,充分发挥自己的能力,使双方都获得满意的结果。

学习管理心理学,不论是从心理角度去思考如何作出正确的"管理",还是与人相处的细节,待人处事的角度等方面,都让我受益匪浅。我开始在生活中处处留意与"管理"心理相关的事,将自己所学所感运用进去,思考获得新的经验。就从前不久的一件事说起:

我的父亲在国企下属的热电厂的检修班组工作,检修班组共有班长一人,副班长两人,以及和我父亲一样的普通员工四人。热电厂在冬季要供暖,机器一旦运转起来,检修班组就不需要检修,自然没有工作可做,所以冬季检修班组经常轮休,员工都很清闲,工资分配就按照"班长—副班长—普通员工"职位递减分配,每阶层相差不多,大家都很满意。而现在进入夏季,供暖停止后机器停机检修,父亲所在的班组就要开始"大修",也就是一年中工作最集中的时候。有一天父亲在晚饭时说,昨天班长下班后又独自留下加班,今天看到班长时,班长很不高兴。其实这样的情况也有很多天了,因为工期紧张,眼看着期限将近,班长只得加班加点抢工时,但是班长一直没有开口叫大家留下加班,工人们也都视若无睹。我很好奇为什么会出现这样的情况,因为班长和班组的工人们都共事多年,彼此非常熟悉,究竟是什么形成了班组中不和谐的气氛。从父亲的讲述中我才知道,起因是随着夏天临近,班长并没有更换之前在冬天时按照职位分配工资的方法。而在干活时,班长带头工作,两位副班长,一个管理办公文档,另一个经常以自己年龄稍长几岁身体不好为由不跟大家一起工作,四名普通工人中的三个和班长一同工作,另一个因为资历较浅无法胜任技术工作在一旁做些简单的工作。我听完父亲的描述,觉得问题确实出在班长身上,在淡季轮休时大家可以接受按照职位分配工资的方法,而在旺季工作集中的时候,再用这种方式分配明显不合理。现在班里只有两类工人,"少干活的人"和"多干活的人",只有按劳分配才最合理。班长的做法得罪了"多干活的人",维护了"少干活的人",极大地打消了"多干活的人"的积极性,那么大家都选择少干活,班长想要赶工期进度,就只能自己一个人埋头苦干、加班加点。作为一名管理者,班长没能按照正确的方式分配工资,导致班组成员都失去了工作的积极性;而上层管理者在任命班长时,也没能很好地考虑到班长的性格特质问题,只看到了班长十分勤奋任劳任怨,但恰恰班长性格较为内向,很少对大家提要求,例如在"少干活的人"早退之后,他也不好意思再让"多干活的人"留下干活,就造成了除了班长外其他人都早退的现状,那么此时哪怕班长再能干,也无法在工期内按时完工。我向父亲提出,他们可以对班长提出建议。针对工资问题,班长作出整改是十分必要的,在工作日中,"按劳分配"一定是第一位的,班长可以将每半天算作一个工作日,当有人只上半天班就趁午休早退时,他只能得到一个工作日的工资,而上满一整天班的人可以得到两个工作日的工资,这样那些早退的工人就因为比别人少拿一半工资而不得不留下上满一整天的班,那么本质来说,大家的工资还是一样的。另外,干重活和干轻活在工资上也应当区分,以免产生不公。此外,工人们不但是"经济人"也是"社会人",班长要想工期缩短,就要对"多干活的人"多一些关怀,而对"少干活的人"少一些迁就。父亲参考我的建议,向班长提出"半天班算一个工时"的新方法,实行后果然趁午休早退的现象明显减少。管理心理学讲求既要揣摩被管理者的心理,又要了解管理者的心理,因情况合理分析,找到最可能被大多数人更好地接受的解决办法。

因为感兴趣并想要去尝试管理类的工作,去年和今年我都在自己加入的社团中申请成为副社长。在学习管理心理学的过程中,我经常在前一次的工作经历中反思,并在今年的新工作中尝试新的管理方式。我现在所在的社团是一个配音社团,虽然社团归属于表演艺术类,但又不属于传统意义上的表演,它比一般的表演更小众化。不论是平时的训练,还是节目类的表演,社员们很少有在一起排练的机会,这导致了社团内部相熟的成员都在自己的小范围内活动,平时参加社团活动的成员数量十分有限。这种现象其实是校园内许多社团的通病,再加上我们社团的局限性更大,情况就更加严重。社团平时最常开展的活动,就是每周的训练,拿出一些剧本段落,配音演员们可以逐一进行尝试,目的是让配音演员们面对面地磨合,在试配音的过程中学习,并在配音技术上切磋,教学相长。但出现的问题是,由于训练都是自愿参加的,在学期初的一个多月,社员们积极性还比较高,到了期中及学期后半段,参与人数明显下降,甚至到了人数过少无法开展训练的程度,而且在正式制作广播剧时,参与的社员就更少。社团的管理不像企业,社团管理人员与社员们没有上下级之分,社员们都是凭借兴趣爱好参与进活动中来,社团的管理人员也没有权力要求社员为社团服务,这导致了社团的凝聚力较弱,社员们到了学期后半段,课业任务加重,人也会陷入疲劳状态,不愿意参与太多的活动。正因为平时的训练不够,在正式制作广播剧时,许多社员认为自己能力不足,不敢参与进来,长此以往,社员没有属于自己的作品,在社团中就找不到归属感,慢慢就会脱离群体,造成社员的流失,形成恶性循环。所以在前不久一次更改训练形式的线上讨论会议中,我提出了一个新的方案:在每周的训练中,不再像以前一样用剧本片段仅仅去练习,而是让编剧产出小型的、短时间内就可以完成配音的剧本,让配音演员们直接尝试在训练中为剧本配音,经过简单的处理,即可作为短剧产出,放置于公众号平台上。这样的好处是,配音演员们不仅仅是在训练中提升自我,还可以在训练中参与短剧的创作,在公众号平台上拥有属于自己的作品,以大大提高社员们参与的积极性。而且社员们参与到剧组中有了自己的角色,每次的练习就不再只是练习,也是大家合作完成一部短剧的过程,参与其中的每个社员都对这部短剧负有自己的责任,也就不会因为一时的惰性忽略训练。而且因为只是练习产出的小短剧,社员们可以不必太在意自己因为实力不足无法参与的问题,从而解决了社团制作广播剧时无人问津的状况,也增加了社团的日常产出。

  其实在从前的许多管理工作中,有许多值得我去学习和积累经验的地方,但是由于没有在意而忽视了。在学习了管理心理学后,上课时的一些案例给了我很大的启发,也让我发现有些案例中巧妙的解决办法也曾发生在我身边,值得我去积累与感悟。我曾在书画协会做过一年的副会长,会长对于人员安排方面,有着自己的一套体系,十分值得学习借鉴。社团共有一名会长和两名副会长,还下设宣传、外联、学术、财务等部门,每个部门各一名部长。虽然协会事务不少,但会长每次都能够合理地进行分配,他负责与管指委的沟通以及信息的传达收集,我和另一位副会长主要负责活动的举办,在平时会长很少向我们指派任务,每次活动的新闻稿和宣传页由会长、副会长和几位部长轮流承担,采购由学术部完成,报销由财务部掌管,与图书馆学生会联合举办的活动由外联部进行沟通协商。每次有大型活动举办之前,会长都会组织社团管理人员召开会议,听取大家的意见,分配任务。因为活动策划细致完善,成员们参与度高,活动举办得也都非常成功。会长还考虑到大家的时间问题,不会把任务都堆积给一个人完成,也不会让一个人有连续不断的任务。同时他还充分考虑到协会成员的参与度问题,避免在考试前后或课业压力大的时间段内举办活动。在会长的带领下,每个人都觉得自己的工作并不费时费力,所以在有活动时也都愿意积极响应会长的号召,充分参与到活动中来,而会长因为自己安排得当,只需要分配任务,不需要凡事亲力亲为,也大大减轻了自己的工作负担,而且因为他集中负责信息的上听下达,与管指委及协会内部的管理人员信息交流都十分到位,避免了信息闭塞的现象。良好的管理可以使管理者和被管理者都快速高效地完成工作且并不会感觉到过重的压力,会长深入了解协会每一位管理人员及会员们的心理以及他们的详细情况,例如他会根据同学所住校区和活动举办场地所在校区不同,合理分配任务,避免发生有同学在两个校区之间来回跑的情况,既公平公正地分配任务,又充分照顾大家的特殊情况,也因此获得了大家的赞誉和支持,在协会有任务时,大家也愿意主动承担。

"管理"对身处在大学之中的我们来说,是熟悉又陌生的,参与班级或社团的管理,与传统意义上的上下级之间的管理,可能又有所不同,但本质上都是考验如何与人相处,待人处事的学问。管理心理学的学习,让我不仅站在管理者的角度看被管理者,也站在被管理者的角度看管理者,还告诉我如何审视自我,无论是管理还是被管理,都可以通过了解自己的心理,找到更适合自己性格的工作方式。人与人的相处,处理事物的态度,是在生活中,甚至人生中,最普遍却又最难真正做到尽善尽美的事情,需要我们在课程中听取建议,悉心学习,也在生活中不断地积累经验,用心感悟。

对抑郁质气质类型的分析及建议

魏 蕊

数周之前,我在课堂上做了气质类型测试,结果如下:胆汁质,0分;多血质,3分;黏液质,5分;抑郁质,12分。抑郁质的得分如此之高,几乎是压倒性的优势。于是我查阅了有关资料,结合自身情况,对抑郁质表现较明显的人群做了一些分析。

抑郁质的学生对感知觉的感受性极高,表现在情感细腻,考虑周全,在复习中注重细节、条理清晰,能较好地把握重点难点。但过于细腻的情感和较高的情绪兴奋性会使他们在学习中易受外界无关事情的影响,而且适应行为的可塑性差,因此抑郁质的学生往往会迷失在他们内心的深沉体验中,无法自拔。我们在学习和生活中遇到事情多往积极的方面想,培养我们的自信心,尤其是学习自信心。除此之外,抑郁质的学生对刺激的耐受性差,表现在学习上则是易疲劳,需要多休息,尤其要注意考前的睡眠质量。抑郁质的人原本睡眠质量就远低于胆汁质的人,入睡速度慢,睡眠质量不高,在四种气质类型的学生中是最容易考前焦虑的,考前的睡眠质量更应关注。但是,如果抑郁质的学生羡慕胆汁质的学生,并在考前开夜车,不但学习效率低下,还会影响之后的发挥,更甚者则会给自己带来挫败感,加重睡眠问题,得不偿失,这是非常不可取的。因此,我们要清楚地认识自己学习上的强项与弱项,客观看待"得"与"失",消除学习焦虑,学会放松,采用适合自己的学习方法。在考试过程中,抑郁质学生要做好考试的时间规划,不能为了某些题目优柔寡断,犹豫不决而浪费时间影响考试结果。

抑郁质的学生在平时的学习生活中，对严厉的批评接受能力较差，会引发消极情绪，产生自卑心理，应及时自我调节，对批评抱有则改之无则加勉的态度。人的性格是多样的，抑郁质的人既可能是情感深刻、处事谨慎的人，也可能是性情孤僻、郁郁寡欢的人。抑郁质学生应多参加户外活动与集体活动，增强适应能力，克服内心的孤僻与敏感，对自己的要求应逐渐提高，不可操之过急，清楚地认识到自己的气质中对成长不利的一面，培养自己积极的一面。

抑郁质并不是抑郁症，二者大相径庭。所以抑郁质的学生不要以为自己和抑郁症冥冥中有什么联系，这种想法只会误导我们，加深自己的消极情绪，有百害而无一利。

对我而言，由于从小缺乏父母的陪伴与交流，于是会自己和自己互动，做梦、幻想等。这部分的思维逐渐壮大，成为我思维模式的一部分。我自己特别敏感，虽然洞察力比较强，但是生活中总是不可避免地带有悲观情绪。这样的好处是做事比较冷静，不会因为过于激动的情绪做出不合理的事情，也不会对某些事情抱有不切实际的幻想。当然，这样的坏处也很多。思虑过多会导致过分焦虑担心，心情也郁郁寡欢，甚至身体也会受到影响。但是总而言之，事物都有正反两面，没有绝对的好处，也没有绝对的坏处。关键在于如何正确地看待、利用它们。同时也要切记"水能载舟，亦能覆舟"，不要过度地依赖某种气质特点带给自己的心理上的愉悦或者物质上的好处。

抑郁质类型的学生在平时的生活中要多多与人接触，克服自己内心的抵触情绪。我曾经在课堂上和同学讨论过一个案例，是说小华拒绝参加公司例行举行的生日会，虽然没有人责怪她，但是她的职场发展之路却一直不顺遂。当时我十分理解小华，但是事后细细想来，也许小华可以适当作出一些改变。虽然在她自己看来独来独往无伤大雅，但无形之中也给自己带来了一定的利益损失，某种意义上得不偿失。在抑郁质类型学生的平时生活中，也应该放下对别人的戒备，多多与人交往，尝试多种不同的相处模式，找到最适合自己的。在大学生活中，抑郁质的学生更要以兴趣为导向选择自己的专业，不然继续学习的动力会很渺茫，大学生活也有可能会很痛苦。

大学学院的激励制度与管理

刘 恒

小刘考上大学后，进入了自己理想的学院，在学院里，同学们都很刻苦，也都很和善。学院保研率较高，奖学金名额也有不少，并且学院很早就告诉同学们院里很多活动对于保研和评选奖学金是有加分的，因此同学们也都很积极，平时有什么活动或者讲座，都会积极参加。

学院为了让同学们早起,规定了每天早上都要指纹签到,为了让同学们课后时间多学习,学院组织晚自习,并将这些出勤状况列到奖学金评选和保研评选中。总之,学院把同学们的各种活动都和奖学金与保研相联系,而为了评选上奖学金和争取到保研名额,整个学院学习氛围浓厚,纪律良好。

然而,当保研名额确定后,好像大家都变了。为了方便交流和发布通知,学院建有微信和QQ通知群,改变从这里慢慢开始,同学们的言语不再像之前那样和谐了,抱怨也越来越多了。慢慢地,同学们对学院里的活动响应越来越少了。在大三下半年还好,那时还有奖学金评选,平时表现和奖学金直接挂钩,同学们也还算配合,但是到了大四学期,学院里有什么活动,基本上没有人响应,不论是保上研的同学,还是没保上的。有一次学院里有一个讲座,辅导员规定,保研的同学必须参加,然而,最终出勤率还不到一半。最后辅导员说,下次活动缺席的人员,如果需要找他签字开证明的,将会被推迟一周再办理。就这样,每次类似活动参加的成员基本就是那些保研的同学了。

对于个人来说,改变也是很大的。小刘之前为了能够评上奖学金和成功保研,一直刻苦学习,积极参加各种活动,最终他也如愿以偿,顺利取得保研名额,并且也通过夏令营进入了理想的学校。本应该高兴的他,却陷入了深深的苦恼。保研后的他再也无心学习,每天都以打游戏度日,一段时间后,他意识到不能再这样堕落下去,于是拿上书到自习室去自习,可是再也没有以前的动力了,怎么也学不进去。最后一年就这样匆匆过去。读了研究生的他,更加后悔最后一年没有好好学习,不仅没学到新知识,还把前几年学的给忘得差不多了。

对于学院来说,这种以奖学金评选和保研为奖惩措施的管理确实很有成效,它调动了学生的积极性,也成功营造了很好的学习氛围,但是,这样的管理也有缺点。学院的管理更像以"经济人"假设出发,以物质利益来刺激同学们努力学习,而一旦这个利益不存在了,那么就很难再管理了,因此,到了大四年级很多学生便不再服从管理。我认为,首先,学院的激励方法太单一。根据马斯洛的需要层次理论,人的需要从低级到高级依次为生理需要、安全需要、社交需要、尊重需要和自我实现需要,管理者应该根据不同层次的需要来找出激励因素和采取相应的组织措施。同学们不只需要物质的激励,同样需要精神上的激励,需要实现自我价值的满足。要把内在激励和外在激励相结合,这样同学们就不会因为没有了奖学金和保研的激励而失去了学习的目标。其次,学院还缺少个性化管理,个体之间存在差异性。学院的这种激励措施是针对全院学生的,然而有的学生或许并无意保研和评选奖学金,因此激励要多样化,管理要个性化。针对小刘的这种情况,学院应该对其加以引导,及时帮助他建立新的人生目标。

对于小刘来说,应该及时建立新的目标来激励自己学习,多与人交流,满足社会需求,同时,要清楚自己的兴趣和爱好,并根据自己的兴趣建立起职业和人生规划,这样有了长期的目标,才能持续不断地激励自己前进。

招生之旅中的管理心理学

潘志东

我在去年参加了学校的招生工作,招生过程中难免会和其他 C9 高校竞争高分同学(俗称抢学生),我把管理心理学的知识运用到了这次的招生工作中,和同组的招生老师密切配合,制定了一系列措施,较好地完成了招生任务。

一、心理效应与需要层次理论

如何使更优质的学生心满意足地进入科大?

首先,一张漂漂亮亮的宣传纸是必不可少的,它清晰而又准确地说明我们科大办学的理念和育人政策。招生老师上台演讲的 PPT 是有关科大的特色与办学的宗旨等,而我则站在考生的角度去思考他们会有哪些更加关注的问题。于是,我将学校新建的宿舍楼住宿设施提前拍了下来,床位的摆置,宿舍的大小,冬暖夏凉的暖气和空调,怡人的阳台,将科大的宿舍描绘得像五星级酒店一样,通过我拍摄的校园图片,让学生觉得这是一个风景优美的校园,适合读书的天堂。

在这里,我简要分析一下这么做的策略。首先是利用首因效应,一张宣传纸简要概括了科大的办学理念和特色,让学生有一个对科大印象的基本轮廓,再通过招生老师的 PPT 演讲去构筑这些轮廓的细致部分,这样会对线下与考生交流带来显而易见的效益,决定着招生人员与考生后来交往的进程,这是首因效应带来的奇效。其次,根据马斯洛层次需要理论,我给学生讲述食住行的方面满足了学生的底层需要即生理需要和安全需要,这样学生才会往更高的需要层次去进一步考虑,这也有益于后面线下交往的进行。

在得知某个中学有一个分数适合进入我们学校的学生时,我和招生老师立马去了那个学校,见到学生时我们首先是闲聊一会,让他不要太紧张,在初步的了解过程中,我们发现他了解大学信息的渠道主要来源于网络和高中老师,并没有与哪所学校进行过接触,所以我们利用首因效应,特别强调我们学校百分百自由转专业的优势(这也是我们学校与其他 C9 高校有重要区别的地方)。根据该学生的家庭情况,我们还重点讲述了科大对学生补助的优势,比如绿色通道、隐形补助、学校的各种奖助学基金会,满足该学生的生理需要(即马斯洛需要层次的最底层)。

在招生的过程中,我们得到我母校那个清华北大班的学生的成绩信息与联系方式,我和招生老师开始了我们打电话的策略,先给他们介绍一下我们学校的基本信息,并且让这些家长知道他们孩子的成绩比较符合我们学校的招生标准,让他们对科大有基本的印象。不过尴尬的是,有的家长和学生根本不知道我们学校是做什么的,并且误以为科大在北京,这具有一定的社会刻板印象,还认为不在北京的大学会比在北京的要低一等。这是由于清华和北大的名气太盛,再加上首都这个因素,使偏离城市的人民群众对北京的高校都有浓重的爱屋及乌的心态,清华、北大的光环使他们忘却了去了解其他高校的想法,这种月晕效应非常的不利,以至于我再次跟一个高分家长通话的时候,那家长说:"我查了你们学校,都不在北京的,给的都是一些奇怪的专业,我的儿子已经填了北航了。"

二、多血质的学弟,黏液质的学妹

有个学生 A 受到邻居一位科大毕业叔叔的影响,非常喜欢科大,也顺利成为我的学弟,跟他的聊天中发现他是一位多血质的学生,想到我们有一个学生 B 还没拿下,就请了这位学生 A 去跟学生 B 交涉(他们是同班同学),学生 A 表现了他气质类型的特点,热情活泼爱交际,用了不到一天的时间,就把我花了几天也没拿下的学生 B 给劝进科大了,多血质的学生思想非常的灵活,更容易与别人沟通,多血质的人做事情的效率也往往是很高的,这也是为什么高层管理人员中多血质或多血质和其他类型混合型占了很大一部分的一个原因。

还有一个学妹,在和她交流的过程中,我发现她的气质类型为黏液质,对于这种学生我们应该如何去宣传和制定一些比较重要的策略呢?这类学生性子特别的稳,不急不躁,考虑问题非常全面,比如各个学校的差异,在科大生活以后学习的压力,科大的环境,科大与其他 C9 高校的优势和劣势(当然招生的时候,要扬长避短),这类学生,不到最后不会作出非常明确的决定,我和老师磨了这位黏液质学妹两天。第一天的计划,让她认识科大,了解有关科大的培养计划、校园风气,讲述科大是如何极其重视学生生活的。因为她家庭条件不是很好,所以我们着重提到了学校的资助,宣传了一波隐形资助,先满足她最底层的需要,并摸清该女生的秉性,粗略地确定该女生最看重的地方,了解她是否会更喜欢其他的 C9 高校,然后去跟我的其他 C9 高校的老同学取要一些我们看不见的"黑料"。比如该女生在某浙和科大之间取舍,然后我发现某浙并不能百分之百转专业。所以在第二天,问老同学当初为什么转专业的时候没有选自己喜欢的专业,老同学说:"专业都是按分数来取定的,高考的分数和一学年的成绩进行综合划分。并不能喜欢啥就一定能学啥。"得到了重要的信息,我立刻告知该女生,而且还将我们科大百分之百转专业着重地讲给她听(就算是因为绩点低被面试老师无情拒绝,也可以通过个性化选课选到自己喜欢的专业课,最后也可以得到这个专业的学位。)利用这个优势,大大降低了该女生对某浙的期望,加深了她对科大的印象,满足了她的成长需要的一部分,并且在她心里种下一颗选不到喜欢的专业将会带来不必要的麻烦的种

子。人会因为某些人对自己做了很多的事而生出感激之情，我们这么努力地给她分析讲解，心中总会有些许动摇。第三天，给她介绍科大出国的情况，讲述科大出国的优势，并且又一次提到了转专业的问题，让第二天留下来的种子发芽，许诺她现在还可以选我们这个批次的任意专业（她的分数是在我们确定名单里最高的），加上招生老师也给她保证的一些事之后，满足了她高层次的需要，终于把这位黏液质的女生招入科大。

  招生策略中，我们利用首因效应，尽可能扬长避短地介绍科大，给了学生一个对科大美好的印象，让我们之后在线下能与学生有更深入了解的机会。按照马斯洛需要层次理论，招生时不仅考虑到满足学生的高层级需要，也考虑到学生的底层需要。遇到不同气质类型学生时，要针对不同气质类型特点，制定不一样的策略，就像前文提到的多血质和黏液质考生。

参考文献

[1] 马克思.资本论:第1卷[M].北京:人民出版社.1975.

[2] 马克思,恩格斯.马克思恩格斯文集:第1卷[M].北京:人民出版社.2009.

[3] 弗洛伊德.梦的解析[M].孙名之,译.北京:商务印书馆.2020.

[4] 阿尔弗雷德·阿德勒.自卑与超越[M].韩阳,译.北京:北京时代华文书局.2018.

[5] 华生.行为主义[M].潘威,等,译.北京:商务印书馆.2022.

[6] 宋专茂.心理健康测量[M].广州:暨南大学出版社,2006.

[7] 苏宗伟,苏东水.管理心理学[M].上海:复旦大学出版社,2021.

[8] 徐晓飞.情绪与健康[M].合肥:中国科学技术大学出版社,2021.

[9] 高玉祥.个性心理学[M].北京:北京师范大学出版社,2007.

[10] 郑全全,俞国良.人际关系心理学[M].北京:人民教育出版社,2005.

[11] 俞文钊.管理心理学[M].兰州:甘肃人民出版社,1989.

[12] 俞文钊,苏永华.管理心理学[M].大连:东北财经大学出版社,2018.

[13] 张友苏.管理心理与实务[M].广州:暨南大学出版社,2003.

[14] 陈学军,余琛,林志红.管理心理学[M].浙江:浙江教育出版社,2015.

[15] 亚当·斯密.国富论[M].西安:陕西人民出版社,2006.

[16] 詹姆斯·彭尼贝克.《书写的疗愈力量》[M].何丽,译.北京:机械工业出版社,2018.

[17] 戴晓阳.常用心理评估量表手册[M].北京:人民军医出版社,2011.

[18] 郑日昌.心理测量学[M].北京:人民教育出版社,1998.

[19] 戴海崎,张锋,陈雪枫.心理与教育测量:修订本[M].广州:暨南大学出版社,2007.

[20] 鲍勃·纳尔逊.1001零成本奖励员工好方法[M].钱峰,等,译.北京:中华工商联合出版社,2016.

[21] 沃尔特·米歇尔.棉花糖实验:自控力养成圣经[M].任俊,等,译.北京:北京联合出版公司,2016.

[22] 刘玉梅.管理心理学理论与实践[M].上海:复旦大学出版社,2009.

[23] Burger J M.人格心理学[M].北京:中国轻工业出版社,2019.

[24] 罗杰·霍克.改变心理学的40项研究[M].北京:人民邮电出版社,2018.

[25] 黄希庭,郑涌.心理学十五讲[M].北京:北京大学出版社2008.

[26] 程正方.现代管理心理学[M].北京:北京师范大学出版社,2017.

[27] 卢盛忠.管理心理学[M].4版.杭州:浙江教育出版社,2016.

[28] 王垒.组织管理心理学[M].2版.北京:北京大学出版社,2020.

[29] 原光.管理心理学[M].北京:中国政法大学出版社,2018.

[30] 毕雪阳,刘立明.管理心理学[M].2版.上海:上海财经大学出版社,2015.

[31] 刘鹏凯.心力管理[M].上海:上海人民出版社,2010.

[32] 毕淑敏.毕淑敏文集[M].长沙:湖南文艺出版社,2014.

[33] 朱智贤.心理学大辞典[M].上海:上海教育出版社,1989.

[34] 李凌江,马辛.中国抑郁障碍防治指南[M].2版.北京:中华医学电子音像出版社,2015.

[35] 乐国安,管健.社会心理学[M].3版.北京:中国人民大学出版社,2017.

[36] 王茜.牛肉面的难题[J].企业管理,2005(3):90-92.

[37] 彭嵩嵩.你愿意照顾她吗?[J].中外管理,2008(8):52.

[38] 邓序波.企业生命周期与独裁式领导[J].中外管理,2008(8):50-51.

[39] 戴春勤,杨莉.横向思维与经营创新[J].企业管理,2008(9):25-26.

[40] 屈有明.日升昌票号之用人[J].企业管理,2012(4):3.

[41] 刘建利.经济奖惩的失灵[J].企业管理,2011(2):2.

[42] 刘红霞.怎样管理"隐形员工"[J].企业管理,2010(5):2.

[43] 张薇.跳出"经济人"藩篱[J].企业管理,2011(5):42-43.

[44] 宋圭武."经济人"的现实悖论[J].管理科学,2004(8):24-25.

[45] 吴兵.马克思"现实的个人"观对"经济人"假说的批判意义[J].哲学视界,2011(2):33-37.

[46] 朱艳艳,孙安琪,叶一霏,等.分析大学生自拍使用美颜滤镜的社会行为:基于印象管理理论[J].传媒论坛,2021(2):156-158.

[47] 刘鹏凯.刘鹏凯心力管理故事[J].经营与管理,2017(3):71-73.

[48] 徐维芳,彭漪,陈柄全,等.GAD-7和PHQ-9自评心理测评量表评估心内科门诊患者焦虑、抑郁状态[J].世界最新医学信息文摘,2018(16):12-14.